辽宁省社会科学规划基金项目（L21BFX010）的阶段性成果
本书得到国家留学基金资助和沈阳工程学院博士科研基金资助

碳中和目标下碳税征收公平原则研究

赵 君 著

中国财经出版传媒集团
中国财政经济出版社

图书在版编目（CIP）数据

碳中和目标下碳税征收公平原则研究 / 赵君著. --
北京：中国财政经济出版社，2022.10
ISBN 978-7-5223-1308-5

Ⅰ.①碳… Ⅱ.①赵… Ⅲ.①二氧化碳-排气-征税-研究-世界 Ⅳ.①F811.4

中国版本图书馆 CIP 数据核字（2022）第 054197 号

责任编辑：卢关平　　责任印制：张　健
封面设计：孙俪铭　　责任校对：徐艳丽

碳中和目标下碳税征收公平原则研究
TANZHONGHE MUBIAOXIA TANSHUIZHENGSHOU GONGPINGYUANZE YANJIU

中国财政经济出版社 出版
URL：http：//www.cfeph.cn
E-mail：cfeph@cfeph.cn

社址：北京市海淀区阜成路甲 28 号　邮政编码：100142
营销中心电话：010-88191522
天猫网店：中国财政经济出版社旗舰店
网址：https：//zgczjjcbs.tmall.com
北京财经印刷厂印刷　各地新华书店经销
成品尺寸：170mm×240mm　16 开　13 印张　210 000 字
2022 年 10 月第 1 版　2022 年 10 月北京第 1 次印刷
定价：54.00 元
ISBN 978-7-5223-1308-5
（图书出现印装问题，本社负责调换，电话：010-88190548）
本社质量投诉电话：010-88190744
打击盗版举报热线：010-88191661　QQ：2242791300

序

党的十七届五中全会明确提出“树立绿色、低碳发展理念”。推广绿色建筑、绿色施工，发展绿色经济，发展绿色矿业，推广绿色消费模式，推行政府绿色采购等。绿色发展被明确写入《中华人民共和国国民经济和社会发展第十二个五年规划纲要》（以下简称《国家“十二五”规划》）并独立成篇，表明我国走绿色发展道路的决心和信心。党的十八大报告再次论及生态文明，并将其提升到更高的战略层面。环境保护、资源节约、循环经济等概念在党的十八大报告中被纳入生态文明建设。习近平总书记强调保护生态环境就是保护生产力，改善生态环境就是发展生产力。良好的生态环境是最公平的公共产品，是最普惠的民生福祉。2020年9月22日，中国政府在第七十五届联合国大会上提出：“中国将提高国家自主贡献力度，采取更加有力的政策和措施，二氧化碳排放力争于2030年前达到峰值，努力争取2060年前实现‘碳中和’。”

从全球来看，极端天气频发，给各国造成了巨大的损失。世界各国将环境问题提上日程，对于温室气体排放给全球带来的诸多问题进行研究。联合国多次召开国际会议协商，期望对减排问题达成一致，减少二氧化碳的排放，缓解气候恶化。由于发达国家要求发展中国家承担强制减排义务，而发展中国家要求发达国家承担历史责任，国家间的公平问题越来越受到国际社会的关注。

在国内生态环境恶化和国际碳减排的双重压力下，我国急需采取切实有效的措施减少碳排放，阻止气候的进一步恶化。在众多的减排手段中，碳税不失为一种具有可操作性的有效减排措施。但碳税如果征收不当，也会引发许多社会公平问题。如果说效率是经济学追求的目标，那么，公平则是法学追求的价值目标。

碳税的实践最早是在北欧国家，他们对碳税的理论也研究得较为深入，加拿大、澳大利亚、日本等国家也在逐渐引入碳税。我们国家还没有实行碳税，对碳税的研究比较晚。无论是经济学领域还是法学领域对其基础理论的研究都比较少，更多地集中在碳税的制度构建上，以解决我国正在和即将面临的现实问题。对碳税征收中的公平问题很少有学者论述，事实上，公平原则应该成为我国未来碳税法的基本原则之一。

对此问题的研究是在以上的时代背景和学术背景基础上进行的，碳税除了具有一般税收的特征外，还具有自身的特殊性。由于二氧化碳的排放发生在全世界的每一个角落，如果不采取控制措施，最后都会进入大气空间，它的负外部性是跨国界的。另外，二氧化碳不是有毒气体，对环境本无害，只有当大气中二氧化碳存量过多的时候，才会产生危害。排放空间不是无限的，作为一种公共产品与其他的公共产品的区别在于它的全球性特征，所以备受世界各国的关注。由于碳税是对二氧化碳的排放征税，所以碳税征收和其他的税收相比具有了全球性特征，碳税的征收需要世界各国的协调与合作。

由于碳税征收的特殊性，使得碳税征收公平原则也具有了自身的特点：第一，碳税征收公平不仅包括国内公平，也包括国际公平；第二，碳税征收公平追求的不仅是形式公平，更是实质公平；第三，碳税征收公平不仅包括经济公平，更强调社会公平。因为碳税征收公平原则的这些特征，所以它不仅是各国碳税立法要遵循的基本原则，也是碳税国际协调与合作必须遵循的基本原则，而共同但有区别的责任原则就是碳税征收公平原则在国际协调与合作中的具体化。

碳税的国际实践表明，如果碳税制度设计不当，很容易引发社会公平问题。这些问题主要包括如下几个方面：第一，加重低收入者的经济负担，恶化他们的生活状况，降低他们的生活水平；第二，增加能源密集型企业的成本，降低企业的国际竞争力，减少其出口数量；第三，使区域经济发展受限，减缓不发达地区经济的发展速度，加重区域发展的不平衡；第四，限制发展中国家的发展，抑制他们生活水平的改善，拉大发达国家和发展中国家的差距。

由于世界各国所处的经济发展阶段不同，它们所面临的问题也千差万别。征收碳税会给那些经济不发达的国家造成很大的负担，一些贫穷的国家更急于解决的是生存和发展问题。发达国家要求发展中国家现在也要承担强制性减排义务，这是违背公平原则的。发展中国家坚持共同但有区别的责任原则，这也是联合国从公平原则出发，考虑到发达国家历史排放的问题，允许发展中国家先采取自主减排的方式减少碳排放，给发展中国家一个过渡期，以实现全球的公平发展。

碳税征收公平原则的实现路径可分为两部分，前半部分主要回答公平原则是如何在碳税法律制度设计中实现的，后半部分则主要回答公平原则是如何在碳税国际环境责任承担中实现。对于前半部分是从如下五个方面来论述的：第一，在税率确定方面，要由低到高，循序渐进；第二，在征税对象方面，以企业的排放为主，主要针对企业消耗的化石燃料；第三，在纳税主体方面，以企业缴纳为主，先不对居民个人征税；第四，在税收优惠方面，要给予低收入群体税收减免的优惠；第五，在税收归属与用途方面，通过转移支付为不发达地区和低收入群体提供帮助，以实现调节社会公平的作用。后半部分着重对“共同但有区别的责任”原则作了详细的解读，其要义是在全球环境保护中，所有国家都负有共同的义务和责任，但是责任的大小又是有区别的，即发达国家承担主要责任，发展中国家承担次要责任，这是碳税征收公平原则在碳税国际协调与合作中的具体化。

是为序。

赵　君

2022年春于沈阳

目　录

第 1 章

绪　论

1.1 研究背景

全球正在变暖的科学证据比比皆是。1988 年，联合国环境规划署和世界气象组织组建了政府间气候变化专门委员会（IPCC），它提供了关于气候变化所有方面的客观的科学分析。最近的一份 IPCC 报告是 2007 年 11 月发布的，得出的结论是在最近的 12 年（1995—2006 年）里有 11 年排在 12 个最热年份的名单上，那是有仪器记录的全球表面温度的年份（从 1850 年开始）。IPCC 在报告中表示全世界的气温都已经增加了，但是最显著是在北半球的高纬度地区。

北极冰层的融化经常被认为是全球变暖问题的先兆警示。2007 年，北极冰层融化达到了创纪录水平，导致了传说中的西北航道的首次通航。在 2007 年的夏天，有创纪录的 5520 亿吨冰从格陵兰冰原融化下来。格陵兰岛融化的重要性是难以用语言表达的。气候学家预测，如果全球变暖的趋势有增无减，整个格陵兰冰层将会融化，将造成几公尺高的海平面上升和海岸洪灾，这可能危及世界上很多国家，尤其像日本这样的岛国。

尽管有些怀疑论者认为全球变暖是正常气候变化的一部分，但几乎没有气象学家同意这种说法。地球曾经历过冷热变化时期，但从没有以现在这样的速度变暖。最近的 IPCC 报告指出，“自从 20 世纪中叶以来，全球平均温度的明显增高更可能是由于温室气体排放的增多造成的。”

人为原因造成的温室气体包括二氧化碳、甲烷、氧化亚氮、氟烷、全氟化碳和六氟化硫。二氧化碳是到目前为止最重要的温室气体，在 1970 年和 2004 年之间，二氧化碳大约占人为温室气体排放的 75%。在近一个世纪里，每年全球二氧化碳的排放量几乎增加了 5 倍；自从 1950 年以来，这些排放量已经增加了 3 倍。在二氧化碳排放量增加过程中起最重要作用的是化石燃料的燃烧，通过它的燃烧来提供电力、取暖、运输货物、改变土地的用途，特别是森林的采伐也起着重要的作用。

伴随着气候变化问题，温室气体的排放在继续增长，速度快得令人担忧。如果温室气体的排放保持目前的水平不变，那么到 21 世纪末，世界上有许多地方可能已无法居住。然而，全球温室气体排放的速度不是平稳增长，它是加速发展。在 1970—2004 年，由于人类活动的影响，全球温室气体排放的速度增幅为 70%。伴随着发展中国家工业化的快速发展以及世界上一些国家控制温室气体排放制度的缺失，在 2004—2030 年，二氧化碳的排放量预计将达到全球温室气体排放量的 55%。

气候变化危机的一个极大的讽刺是像美国这样的发达国家曾在促使全球变暖过程中起了很大的作用，然而，很少有发达国家愿意承受它的负面影响。也很少有发达国家会面临那样的生存挑战，因为他们中许多国家都位于自然资源丰富、有大量的水和食物供给的地方，很少会遭受甚至不太可能遭受全球气候变化的不利影响。此外，由于自然资源条件和经济发展情况，很少有发达国家不能适应气候的变化。

在未来的 10 到 20 年间，为了避免全球变暖的严重后果，就必须大幅减少温室气体的排放。气候学家警告我们必须限制全球气温升高 2℃或 4°F 来防止灾难性的环境效应。用长远的目光看这些数字，在过去的一万年里，平均气温只有 1.8°F 的变化。从最后的冰河世纪开始算，平均气温仅增长了 5°F—9°F。

为了限制全球气温上升2℃或4°F，就需要稳定大气中二氧化碳的浓度，使之保持在450ppm左右，最近的一些分析认为，应稳定在400ppm甚至更低的浓度以防止温度的升高。把那些目标放在一定的背景下，前工业化时代，大气中二氧化碳浓度是280ppm；而如今，大气中二氧化碳浓度大约是380ppm，这比过去65万年里的总和还高。按目前的速度，每年碳浓度将会增加2ppm，这意味着，如果不减少二氧化碳的排放量，到21世纪中叶前，二氧化碳的浓度将达到450ppm。不幸的是，如果我们不采取有效措施来减少二氧化碳的排放，我们可能很快就将达到450ppm。在应对气候变化中也许最糟糕的事情就是对降低大气中二氧化碳浓度的问题不采取措施，一拖再拖。几十年来甚至几个世纪，大气中的二氧化碳依旧没有得到治理。

碳税和碳排放权交易是碳减排的两种有效方法，碳税的实践最早是在北欧国家，它们对碳税的理论也研究得较为深入，加拿大、斯洛文尼亚、澳大利亚、法国等国家也在逐渐引入碳税。我们国家还没有实行碳税，对碳税的研究比较晚。首先是经济学领域里的专家对碳税的研究，主要的关注点是碳税对碳排放、能源消费和经济的影响；其次是对国外先进经验的介绍，研究如何根据我国的国情进行借鉴，并建立有自己特色的碳税制度。许多学者从不同方面进行了论述，如碳税制度的框架设计、最优税率的选择、税收优惠的设置等。可见，经济学领域里的研究越来越丰富，研究在不断地深化，也有学者从国际层面来研究碳税问题。

法学领域对碳税的研究比较晚，主要在研究碳税立法的必要性和可行性、碳税立法的框架设计等，在为我国未来碳税法的制定做准备，无论是法学领域还是经济学领域对基础理论的研究都比较少，大多数学者在研究碳税的制度构建，试图为我国面临的现实问题提供一条解决的途径。对碳税征收中的公平问题很少有学者论述，事实上，公平原则应该成为我国未来碳税法的基本原则之一。

尽管我国碳减排已经取得了一定成果，并且正在积极借鉴国外节能减排方面的先进经验，不断引进先进技术，但我们还应该看到自己的不足，根据《联合国气候变化框架公约》及其议定书的指引，依据《中国应对气候变化国家方案》及其执行白皮书的要求，不断完善我国碳减排制度，并对碳税作进一步的深入研究，寻找合适的时机将碳税引入我国的税收体制。

1.2 研究目的与意义

1.2.1 研究目的

本书的研究目的可简述为：围绕着碳税征收公平原则，从理论和实践等维度客观地论述其产生的背景、基本内容、必要性、存在的问题、面临的困境和解决的途径等。通过深入的论述和分析，从中寻找这一原则的合理性、正当性和现实性以及对中国碳税立法和实践的指导意义和实际作用等。

1.2.2 研究意义

为在理论上研究碳税征收公平原则提供系统的理论论证，为将来出台的“碳税法”提供理论依据，公平原则应是碳税法最基本的原则之一；本书为解决贸易中有关碳排放的纠纷提供理论上的支持。

第一，理论价值。对碳税征收公平原则的研究将会丰富我国的财税法学理论。碳税是一个较新的问题，法学界对碳税法律制度的研究并不多，对碳税征收公平原则的讨论就更少。本书对碳税征收公平原则的研究具有一定的创新性，这将丰富我国法学理论研究。

第二，应用价值。碳税征收公平原则研究为我国未来碳税立法提供了理论基础，碳税征收必须坚持公平原则，这样才能达到碳税征收的最初目的，否则不公平的碳税征收会造成负面的社会和经济影响。碳税征收公平原则也是国际碳减排责任分担的基本原则，为国际碳排放纠纷的解决提供了一个路径。事实上，碳税征收公平原则研究为我国碳税法的制定提供了理论依据。

1.3 研究现状

1.3.1 国内研究现状

近年来，随着对气候变化问题认识的加深，促进节能减排、发展低碳经济已经成为中国的可持续发展战略。在国内生态环境的压力和国际碳排放双重压力下，引入碳税在中国有着紧迫性和必要性。相关政策部门对我国碳税制度的设计做了详细的研究，并获得了一些成绩。中国当前对开征碳税的必要性和可行性已经进行了充分论证，认为开征碳税是应对国际、国内压力，节能减排、发展低碳经济的必然选择。碳税的税制设计也差异不大，其中碳税的税率设计大多主张由低向高，循序渐进，动态调整。只是对具体的税率水平还没有完全达成一致，但差异不大。对于碳税的开征时机，大部分学者认为最慢也必须在2020年前推出。

有些研究认为，如果碳税税率水平设计合理，那么会减少对经济的负面影响，使得征收碳税对整体经济影响不大。大多数研究结果表明，征收碳税对限制能源消费能起到积极作用，减排作用是随着税率的提高而增大，在税率很低的情况下，减排作用虽小但却能传达一种积极信号，对促进我国碳减排也能起到一定的作用。和发达国家相比，我国的碳税研究较晚，大部分的研究侧重于碳税的税制构建以及征收碳税的必要性和可行性。针对当前的“碳关税”问题，国内大多数学者都在探讨“碳关税”的合理合法性。通常的看法是，碳税的边境调整机制在世界贸易组织（WTO）框架下的合法性尚不明确；但它在《联合国气候变化框架公约》下违反了“共同但有区别的责任”原则，所以是不合理的。作为积极应对碳减排的手段，我国应适时引入碳税制度。对国内有关碳税的研究可以概括如下：

1.3.1.1 财税学的研究

关于碳税内涵的研究，国家发展和改革委员会（以下简称发改委）

和财政部课题组（2009）（以下简称部委课题组）从碳税与其他资源税的关系上认为，碳税属于包括消费税、资源税、硫税、氮税、废水税在内的整个环境税税收体系中的成员之一，并对我国目前征收的资源税和消费税与碳税存在的区别进行分析。苏明等（2009）还对碳税和碳排放权交易进行了比较和分析，认为两者都属于环境经济政策，碳税在开征灵活、符合污染者付费原理和相对公平等方面比碳排放权交易具有一定优势。王珉、聂利彬（2010）在《低碳经济研究现状述评》中也对碳税和碳排放权交易进行了比较，认为两者是减少温室气体排放的两种不同的经济手段，两者的目的相同，实际效果和途径不同。实际上，尽管两者存在差异，但并不导致两者彼此冲突，恰恰相反，两者可以实现优势互补。

关于碳税课税对象的研究，部委课题组（2010）对我国碳税的征收对象进行了明确界定，指明是向自然环境中直接排放二氧化碳的单位和个人。关于碳税税率的研究，苏明等（2009）认为应实行定额税率，采取从量定额形式，并分不同年份时间段来对不同燃料进行碳税的设计。

关于碳税的国际协调，邢丽（2010）在《碳税的国际协调》一书中认为与一般环境问题相比，气候变化问题的特殊性在于它已超出了环境和气候领域，不仅仅是科学问题，更多地涉及政治、经济、外交和科技等诸多领域，也是重大的国际问题。应对气候变化，不仅需要单个国家的行动，更需要全球合作、共同治理。有研究报告指出，碳税除非是国际层面的统一碳税，否则是无效的。这对中国是否应当单独开征碳税，是否至少应当与周边国家联合行动，提出了一个值得深入思考的重大问题。

1.3.1.2 经济学的研究

关于碳税内涵的研究。王淑芳（2005）在《碳税对我国的影响及其政策响应》中从经济学角度阐述了碳税的经济含义。关于碳税引入时间的研究，高广生（2009）认为现在时机还不成熟，我国还没有条件开征碳税。周艳（2010）建议我国征收碳税的时间最好在2012年。

关于碳税的影响因素分析。对碳税的影响因素进行定量分析的不多，仅见有李齐云、商凯（2009）通过建立以碳排放为因变量的STIRPAT模型，分析了我国、发达国家及世界的人口、人均实际GDP、能源效率和城市化率对碳排放量的影响，得出人口对碳排放量的影响最大，人均实际GDP对碳排放量的影响随着经济发展水平的提高而呈下降趋势。

关于碳税税率的研究。杨杨、杜剑（2010）认为我国碳税应根据实际情况来确定税率，不要“一刀切”实行统一的税率。周艳（2009）认为，征收碳税时，可以在不同时期使用不同的税率。崔军（2010）在关于《我国开征碳税的思考》中认为税率应根据各种不同情况综合确定。

关于碳税对我国经济的影响。第一种观点认为，开征碳税对我国经济会产生很大的负面影响。魏涛远和格罗姆斯洛德（2002）在《征收碳税对中国经济与温室气体排放的影响》中利用一个可计算一般均衡模型定量分析了征收碳税对中国经济和温室气体排放的影响，研究结果表明，征收碳税将使中国经济状况恶化，但二氧化碳的排放量将有所下降。高鹏飞（2002）等在《碳税与碳排放》中应用国际上广泛使用的建模工具MARKAL—MACRO建立了一个用于评价我国能源系统碳减排政策的模型，研究了碳税对我国碳排放和宏观经济的影响，指出征收碳税将会导致较大的GDP损失，当碳税水平较高时，减排的效果并不显著，而GDP损失却急剧增加。张景华（2010）在《碳税的经济效应分析》中认为征收碳税会加大社会收入分配的不公，扩大劳动要素和资本要素收入分配的差距。

第二种观点认为，开征碳税对我国经济的影响甚微。国家发改委能源研究所发布的《2050中国能源和碳排放报告》称，如果考虑中国减少进口对经济的促进作用，以及减少国内对能源产业的投资而增加对一些新兴产业投资所带来的效果，征收碳税对GDP带来的损失非常有限，甚至可能成为正面影响，并且对抑制能源价格产生积极作用。中国气候变化国别研究组采用ERI－SGM模型，结合我国实际试算了两种碳税税率方案，即100元/吨碳和200元/吨碳，其结果初步显示：征收碳税可显著地降低能源消费的增长，改善能源的消费结构，并能有效地削减温室气体的排放。

关于碳税对区域经济的影响。彭红枫、吴阳（2011）在《碳税对我国区域经济发展的影响》一文中认为，与中部、西部地区相比，东部发达地区大部分产业部门的碳排放强度较低，生产技术水平相对较高，不同碳税水平下各地区税负有较大差别。林桢（2011）在《碳税开征对可持续发展的影响——结合河南省实际情况》一文中针对河南经济发展的特点，详细分析了碳税开征对河南经济的积极与消极影响，并在应对策略上提出了一些思考建议。蔡岩兵、王云洋（2010）在《碳税征收对山东地区经济的影响》一文中认为，碳税一方面会使化石能源价格上升，增加生产成本，降低私人投资的积极性，对经济增长产生抑制作用；另一方面可以增加政府的财政收入，扩大政府的整体投资规模，对经济增长起到拉动作用。

关于碳税在OECD国家开征的国际经验和借鉴。清华大学能源环境经济研究所的周剑、何建坤（2008）在《北欧国家碳税政策的研究及启示》一文中根据北欧五国的实际经验，从税率、征税对象、税收循环、免税条款、减排效果等方面来研究北欧碳税政策，并提出我国未来碳税政策的思考与建议。财政部财政科学研究所的苏明等（2009）在《碳税的国际经验与借鉴》一文中认为，在各种减缓气候变化的政策工具中，碳税是减少碳排放的一种重要经济手段。上海市发展改革研究院的汪曾涛（2009）在《碳税征收的国际比较与经验借鉴》一文中指出，碳税已在芬兰、瑞典、丹麦、荷兰、意大利以及加拿大的魁北克省和不列颠哥伦比亚省得到了运用，但这些国家和地区在碳税基本要素、税收偏离、碳税地位及效果等方面各不相同。国外开征碳税的实践为我国提供的借鉴经验是：开征碳税应选择合适的时机和合适的征收方式，应遵循逐步推进的原则，采取税收中性的改革措施等。

1.3.1.3 法学的研究

关于碳税的必要性和可行性研究。张梓太（2010）在《关于我国碳税立法的几点思考》中认为，在我国目前大力推进节能减排，促进发展方式转变以及积极应对气候变化的大背景下，我国的碳税立法已是势在必行。李传轩（2010）在《气候变化背景下的碳税立法：必要性与可行性》一文中认为，碳税立法的必要性和可行性是需要首先解决的问题，现在我国开征碳税的可行性基本具备。熊彬（2011）在《基于低碳经济背景的碳税立法思考》一文中对我国设立碳税的必要性和可行性也进行了深入的剖析。

关于碳税立法的理论基础研究。宋志刚（2011）在《我国碳税立法理论初探》一文中指出，碳税的立法理论主要包括外部性理论、庇古税理论、权利成本理论、侵权行为理论、社会整体经济利益理论和可持续发展理论。

关于碳税立法框架的研究。李传轩（2010）在《应对气候变化的碳税立法框架研究》一文中认为，碳税是当前国际上应对气候变化问题的一项重要措施。我国的碳税立法尚属空白，应从碳税制度的基本要素切入，从征税对象、征税方式、税率和税收优惠等方面进行框架研究。张建伟、钟钦才（2010）在《论碳税制度在中国的构建》一文中也认为，碳税的税制要素应包括征税对象、纳税主体、计税依据、税率、税收优惠等方面。

关于碳税立法的基本原则。赖超超和郑伟（2010）在《碳税征收的科学基础与立法确立的基本原则》一文中认为，碳税作为一个新税，其开征必须先经过严谨和慎重的立法，汲取其他国家碳税征收的经验和教训，更需要在立法原则上予以准确把握。关于碳税的起源和发展，宋一欣（2010）在《碳税及其法律制度》一文中对碳税起源作了详细的介绍，并阐述了碳税在中国的演进和发展。

关于碳税与碳排放权交易的比较研究。王慧、曹明德（2011）在《气候变化的应对——排污权交易抑或碳税》一文中指出，作为市场机制的排污权交易和碳税如今成为各国应对气候变化的主要选项，但由于气候变化存在不确定性，所以很难对排污权交易和碳税的优劣做出一般判断，需要具体问题具体分析。向昉（2011）在《对排污权交易和环境税的比较研究》一文中认为，经济调节效果最为直观且手段多样，将环境税和排污权交易加以同时使用，可以在不同的领域发挥各自的作用。

关于碳税的国际经验与借鉴。夏璐（2010）在《浅议"后哥本哈根时代"中国碳税之路》一文中以国际的视角对北欧各国碳税法律制度及实践作了详细的介绍，并总结出现行国际碳税的特征，提出关于我国征收碳税的一些建议。

1.3.1.4　评述

通过以上梳理可以看出，经济学领域里的研究前期主要集中在碳税对经济和碳排放的影响方面。后期先是介绍国外的先进经验，研究如何借鉴，并建立符合我国国情的碳税制度。之后，很多学者详细论述了我国碳税制度的具体框架设计，现在已有人在深入研究碳税制度中的税率问题，试图利用模型计算出最优税率。当然，以前也有学者曾提出存在最佳税率，只是没有深入探讨。可见，经济学领域里的研究在逐步地深入和细化，研究的视角也逐渐变得开阔，能够从国际的角度来研究碳税问题。

和法学领域里的研究相比，经济学领域里的研究要早很多，而且更加深入，成体系化发展，已取得一系列的成果，不少研究机构的科研成果和个人专著陆续出版。经济学者大多通过各种数据模型来研究碳税对经济、碳排放、能源消费、收入分配和环境的影响，而法学学者更多在研究碳税立法的理论基础、碳税立法的基本原则、碳税立法的框架设计等，试图制定一部更适合中国国情的碳税法，为我国即将开征的碳税提供法律上的依据。无论是经济学领域还是法学领域对基础理论的研究都比较少，更多地集中在碳税的制度构建上，以解决我国正在和即将面对的现实问题①。

关于碳税征收公平原则研究，国内对碳税的研究时间不长，从2009年起才有更多的学者关注并从不同的领域和视角对其进行探讨，论证碳税在我国的可行性，逐渐积累科研成果，但有关碳税征收公平原则的研究目前还很少。

1.3.2 国外研究现状

关于碳税的基础理论研究。国外对碳税的研究最早是英国经济学家Arthur C. Pigou（1962）做的，他认为国家可以通过补贴或税收的手段使环境外部成本内在化。Baumol and Oates（1975）为解决庇古税的实施问题，对庇古税进行了发展。在不完全的信息条件下，Burrows（1979）认为政府可以有两种选择。

关于碳税的实践研究。碳税已经在经济合作与发展组织（OECD）的部分成员国开始征收，学者们深入分析了碳税的效应，也取得了一些成果。Greedy and Sleeman（2006）分析了新西兰社会福利和消费品价格受碳税的影响。Goto（1995）分析了碳税对工业部门和宏观经济的影响。Krouse等（2000）研究了有关碳税对美国经济的影响。Lee（2008）分析了碳排放权交易和碳税对不同部门的影响。Zhongxiang Zhang（2004）对世界各国的碳税和能源税的相关情况进行了全面探析。

关于碳税制度构建的研究。Gilbert E. Metcalf 和 David Weisbach（2009）在“*Design of a Carbon Tax*”一文中通过对碳减排的几种方式比较，认为碳税方案更可行并存在优势。J. Andrew Hoerner 和 Frank Muller（2010）在“*Greening State Energy Taxes: Carbon Taxes for Revenue and the Environment*”一文中指出碳税的双重功能：增加财政收入和保护环境。

关于碳税与其他二氧化碳减排措施的比较研究。目前的研究结果有：Thomas S. Fiddamom 认为碳税比碳排放权交易制度更优。Reyer Gerlagh 认为碳税在解决全球碳减排问题上是一种有效的措施。Berger 认为碳排放权

① 赵君．我国碳税研究综述［J］．生态经济，2014（3）：76－79.

交易制度在国际化石燃料市场不完全竞争条件下，通常会造成比碳税更高的生产价格。Reuven（2009）对碳税和排污权交易分别进行了研究，碳税与碳排放权交易两者都是构成碳价格信号不可缺少的部分。碳税提供了确定的价格，碳排放权交易提供了确定的效益，通过分析它们各自的优缺点，最后得出碳税是比碳排放权交易更优的一种方法。Roberta F. Mann（2006）比较了碳排放权交易制度和碳税这两种减排方法，认为碳税更简单、有效、透明和成本更确定。

关于碳税的国际协调与合作的研究。碳减排应该具有国际通行的标准，因为温室气体排放是一个国际性问题。Hoel（1992）曾说要对二氧化碳的排放收费，应根据所用燃料的含碳量，同时，他也认为国际碳税的实施难度很大。K. Matsumoto 和 T. Fukuda（2006）认为从全球公平角度看，应实行不同税率的碳税，发达国家税率高些，发展中国家税率低些。Schelling（1992）指出，对巨额税收的控制，发达国家不愿意让给国际性组织。James M. Poterba（1993）认为在化石能源的税制方面发展中国家同发达国家存在很大差异，其常因经济和政治等原因而给予相关产业一定的补贴。

锡德里克·桑德福在《成功税制改革的经验与问题》第四卷（2001）中认为碳税时代已经来临，所有国家都应在解决全球环境问题方面联合起来，共同努力。OECD 一直在对碳税进行研究，在《国际经济手段和气候变化》一书中，设计了几种温室气体排放税模式。之后，Hans Gersbach（2008）提出了一种全球性碳返还制度，这种制度的设立实际上是按照有利于发展中国家的规则而进行的。

发达国家对于碳税的研究比较深入，大部分研究集中在征收碳税对经济和碳排放的影响上，还有部分学者在研究建立区域性的碳税国际协调与合作，关于碳税征收公平原则的研究目前还很少。

1.4 研究思路

本书共有7章，第1章为绪论；第2章是对碳税征收公平原则界定及其理论基础的研究；第 3 章是对碳税征收公平原则的特殊性和判断标准及其意义的研究；第 4 章是对碳税征收公平原则国外法律制度的比较分析；第 5 章是对碳税征收公平原则所面临的困境的分析；第 6 章是对我国碳税征收公平原则的实现路径阐述，主要从国内和国际两个层面进行分析。第 7 章是碳税与碳排放权交易制度的协同机制分析，碳税与碳排放权交易两者都是构成碳价格信号不可缺少的部分。

第 1 章，绪论。主要介绍研究背景、研究意义、研究方法、国内外文献综述、本书结构框架以及本书的创新和不足。

第 2 章，首先，界定碳税征收公平原则，这是本书研究的逻辑起点，碳税是一个新生事物，它是随着经济的发展和对生态环境的破坏而逐渐被人们所认识的。其实二氧化碳不是有毒气体，对环境本无害，只是当大气中二氧化碳存量过多的时候，才会产生危害。由于这种危害具有全球性特征，所以受到了世界各国的关注。其次，对碳税征收公平原则的理论基础进行阐述，主要包括税收学理论基础、生态伦理学理论基础和法学理论基础等。最后，较全面地论述了碳税征收公平原则与效率原则的辩证关系。

第 3 章，首先，对碳税征收公平原则的特殊性进行分析：第一，碳税征收公平不仅包括国内公平，也包括国际公平；第二，碳税征收公平追求的是实质公平，而不是形式公平；第三，碳税征收公平不仅包括经济公平，更强调社会公平。其次，对碳税征收公平原则的判断标准给予论述，判断标准包括税益分配公平和税负分担公平两个方面。最后，阐述碳税征收公平原则的意义。

第 4 章，碳税征收在北欧国家较早实行，各国碳税税制各不相同。本章主要从碳税税率、碳税纳税环节、碳税纳税主体、碳税税收优惠和碳税收入的使用等方面进行分析，发现碳税实践与理论发生了较大的偏离，然后对这种偏离分别从政治视角、经济视角、制度视角、技术视角和社会视角给予了分析和解释，得出社会公平问题是造成偏离的一个最重要的因素。

第 5 章，分析碳税征收公平原则所面临的困境，包括国内碳税征收中存在的公平问题：碳税利益的高端化和碳税成本的底层化。也包括碳税征收在国际中存在的冲突与协调，但碳税征收公平原则始终是碳减排中应遵循的一项基本原则。

第6章，介绍了我国碳税征收公平原则的实现路径，可分为两部分，前半部分主要回答公平原则是如何在碳税法律制度设计中实现的，后半部分则主要回答公平原则是如何在碳税国际环境责任承担中的实现。对于前半部分是从如下五个方面来论述的：第一，在税率确定方面的实现；第二，在纳税对象方面的实现；第三，在纳税主体方面的实现；第四，在税收优惠方面的实现；第五，在税收归属与用途方面的实现。后半部分着重对“共同但有区别的责任原则”作了详细的解读，其核心内涵是每一个国家在国际环境保护问题上都承担着一定的责任，而这种责任的轻重程度是不同的，也就是说，发达国家在职责体系中占据主导地位，而发展中国家次之，这是碳税征收公平原则在碳税国际协调与合作中的具体化。

第7章，是碳税与碳排放权交易制度的协同机制分析。碳税与碳排放权交易两者都是构成碳价格信号不可缺少的部分。碳税提供了确定的价格，碳排放权交易提供了确定的效益。通过对两者的比较分析，最终认为碳税和碳排放权交易在减少碳排放方面各有优势，两者并不相互排斥，在一个国家中可以同时采取这两种方法，它们相辅相成，共同为“碳达峰”、“碳中和”发挥作用。

1.5 研究方法

第一，比较分析的方法。由于国外一些国家的碳税征收实践进行得比较早，碳税制度较为完善，我国可以从中借鉴有益的经验。本书第4章运用了比较分析的方法，通过对这些国家碳税征收制度的比较分析找出其公平性问题，为我国碳税征收法律制度的建立与完善提供有益参考。

第二，制度经济学的方法。碳税征收不仅仅涉及法律层面上的问题，更涉及技术层面上的问题。首先，从技术层面来看，碳税征收需要选择合适的税基，这样才能保证碳税实现减缓碳排放的目的；其次，碳税征收需要选择最佳的税率，否则碳税制度可能无法获得公众在政治上的支持。不管是碳税税基的选择还是碳税税率的设定都涉及一定的技术问题，制度经济学的方法可以为这些技术问题的解决提供有益的启示。

第三，法律社会学的方法。对法律的研究可分为法律的外部分析和法律的内部分析两种进路，法律的内部分析侧重于法律的技术层面、科学层面；而法律的外部分析则针对法律体系的输入因素和法律体系对社会的影响。这外部分析就是一种社会学的方法，社会学重视的是行动者对法律的反应，而不是法律规定的内容。

任何税制的改革都会引发政治上的争议，碳税制度的制定同样伴随着激烈的政治争辩。导致碳税政治争议的问题通常是诸如分配公平、产业竞争力之类的社会问题，要想使碳税获得政治上的成功显然需要解决这些社会问题。如何有效地解决碳税的征收涉及的这些问题，法律社会学方法无疑会提供有益的帮助。

本书主要运用法学方法和其他学科的方法进行分析，并注意理论和实践相结合以完成本书写作。

1.6 难点与创新点

1.6.1 难点

第一，在征收碳税的时候如何在国际范围内找到一个实现公平的平衡点是非常困难的。此外，碳税征收公平原则的研究本身就是跨法学学科的选题，本书的研究需要打破法学学科的羁绊，综合运用法理学、经济法学、环境法学、财税学等学科理论，探讨碳税征收公平的理论基础、特殊性和实现途径等问题。

第二，我国经济的快速发展常常是以环境的破坏为代价，在发展经济与保护环境的问题上，碳税的开征可能会对经济的发展造成负面影响。如何确定最恰当的税率（达到减排二氧化碳的边际成本），使我国经济发展和环境保护的目标都能得以实现，并实现社会的相对公平。由于笔者在税收经济学方面和环境技术方面知识的欠缺，论证起来可能会比较吃力，不够充分。

第三，在碳税与碳排放权交易孰优孰劣问题上一直存在争议，两者各具优势，也许目前应该搁置争议，寻找一条以其中之一为主、另外一个为辅的能够发挥两者优势的中间道路。对这个问题的比较研究是一个难点，需要分析大量的资料与数据，并根据我国的现实情况建立最适合我国国情的能够体现公平原则的碳税制度。

第四，由于碳税征收的理论蕴含十分丰富，而笔者的理论功底有些不足，可能会在分析论证碳税征收公平原则时不够深刻，所以自身的理论基础有待加强，知识结构还需完善。

1.6.2 创新点

第一，研究内容的创新。法学学者大多在研究碳税立法的必要性与可行性、碳税立法的框架设计、碳税与碳排放权交易的比较等，试图制定一部更适合中国国情的碳税法，为我国将来征收碳税提供法律上的依据。而对碳税征收的基础理论的研究比较少，对碳税征收中的公平问题就更少有学者论述，事实上，对碳税征收公平原则的研究本身就具有创新意义。公平原则应该成为我国未来碳税法的基本原则之一。

第二，研究视角的创新。由于二氧化碳排放的负外部性是跨国界的，所以碳税征收公平原则具有全球性特征，本书的研究以全球化为视角，拓宽了原有的研究视域。

第三，提出创新性观点。首先，提出碳税征收公平原则的概念，并阐释了碳税征收公平原则的特殊性：碳税征收公平不仅包括国内公平，也包括国际公平；碳税征收公平追求的不仅是形式公平，更是实质公平；碳税征收公平不仅包括经济公平，更强调社会公平。其次，我国碳税制度的建立必须在《联合国气候变化框架公约》和《京都议定书》的引导下，与国际接轨，构建有中国特色的公平正义的碳税征收体系。

第 2 章

碳税征收公平原则界定及其理论基础

2.1 碳税征收公平原则的提出

2.1.1 碳税征收的一般分析

2.1.1.1 碳税概念释义

简单而言，针对二氧化碳排放征收的税就是碳税。牛津大学在线词典认为碳税旨在减少化石燃料消耗而针对化石燃料使用的税，这样可以减少二氧化碳排放，避免气候恶化。也就是说，碳税是对那些燃烧时排放二氧化碳的能源产品征收的税。外部性理论最早是由英国经济学家阿瑟·庇古在《福利经济学》一书中提出的，由于碳税强调负外部性，所以也是一种庇古税。

征收碳税的目的是要减少二氧化碳的排放，主要通过提高化石燃料和其他高耗能产品的价格，降低化石燃料的消耗，最终实现减缓全球气候变化的目标。广义上的碳税，即对化石燃料按照其碳含量或碳排放量征收的税即为碳税，主要是以减少二氧化碳的排放为目的。碳税被认为是各种减缓气候变化手段中的重要经济手段之一①。

2.1.1.2　碳税的法律性质

按照国家干预强度和作用力来源的差异，法律管制措施可被划分为行政管制措施、经济管制措施和社会管制措施三种类型。第一，行政管制措施。行政管制措施以命令和控制为特征，国家干预程度较高，管制作用力主要源自政府，由政府充当着标准、许可、限额等环境管制措施的制定、实施和监督主体。该类措施以规定为前提，即命令。单位或个人若违反了制度规定，将遭受法律消极制裁，即管制。一般而言，政府会集中设定一系列标准，通过许可或授权，允许特定人群去实施对环境有影响的活动。同时，对于违反法律的行为进行必要的制裁。第二，经济管制措施。尽管行政管制手段存在效率高、约束力强等优势，但是它也存在着实施成本过高、有碍技术进步等局限性。与之相比，经济管制措施具有实施成本低、促进技术进步等优势，可以弥补行政管制类法律措施之不足。经济管制措施以基于市场的数量或价格控制为特征，国家的干预仅限于产权划分、交易规则设置、税费制定等为市场管制体系形成所提供的制度保障上，管制作用力主要源于市场的激励作用，常用的管制方式有补贴、税费、押金、补偿、可交易许可证等。第三，社会管制措施。一般来说，越多元化的管制手段体系越有助于法律实施，原因在于各种措施各有优劣，把相关措施融合在一起，可以发挥互补优势，达到最佳的管制效果。因此，在对某一行为进行法律管制时，除了运用行政管制措施和市场管制措施之外，还需要运用新兴的社会管制措施。社会管制方式则以公众参与为特征，政府的干预也仅限于信息公开、标识制定等为公众参与环保所提供的制度保障上，作用力主要源自社会公众。

碳税明确了排放二氧化碳的价格，以此引导市场主体理性行为，同时市场主体也享有自由选择权，可以根据自身需求作出多排放、少排放或不排放二氧化碳的意思自治。由于碳税的作用力主要来源于市场机制，且政

① 邢丽．碳税的国际协调［M］．北京：中国财政经济出版社，2010：25－30.

府对税收征管的干预度较小，其应被归入经济管制措施。此外，考虑到二氧化碳与污染物的类似性，可以把管制二氧化碳排放的碳税归入到污染防治类法律措施体系。因此，可以说碳税是一种基于经济管制的污染防治类法律措施①。

2.1.1.3 碳税征收的必要性

中国的自然生态系统和经济社会系统因气候变化已产生了一定的影响，而且中国的发展面临着各种严重约束，如人口、资源、环境等。因此，中国政府为了实现生态环境的可持续发展和经济的可持续发展，已经采取了相关的政策措施，并把当前工作的重点放在节能减排上。碳税就是一种非常有效的减排措施，目前，我国还没有碳税法，也没有征收碳税，但我们正在积极地进行碳税方面的研究与立法。

1. 征收碳税是实现“碳达峰”、“碳中和”的需要

“碳中和”（carbon neutrality）是指企业、团体或个人测算在一定时间内直接或间接产生的温室气体排放总量，通过植树造林、节能减排等形式以抵消自身产生的二氧化碳排放量，实现二氧化碳“净零排放”（net - zero emission）。

“碳中和”作为一种新型环保形式，目前已经被越来越多的大型活动和会议采用。“碳中和”能够推动绿色的生活、生产，实现全社会绿色发展。2020 年 12 月 24 日在北京正式挂牌成立的中国科学院大气物理研究所“碳中和”研究中心，是全国第一家从事碳中和基础研究的机构。

“碳中和”兴起于 2018 年 10 月联合国政府间气候变化专门委员会（IPCC）发布的《全球升温 1.5℃特别报告》（以下简称《1.5℃报告》）。该报告结合了《巴黎协定》第 2 条的温升控制目标，指出：在没有或有限过冲 1.5℃的模式路径中，到 2030 年全球净人为二氧化碳排放将在 2010 年的基准上减少约 45%，并在 2050 年左右达到净零；在全球温升限制在 2℃的情况下，在大多数路径中二氧化碳排放预估到 2030 年减少约 25%，并在 2070 年左右达到净零。自此，各国陆续进入净零排放“赛道”。据统计，截至 2021 年 11 月，除了苏里南和不丹已经达到“碳中和”，全球共有 13 个国家和地区制定了相关法律、3 个国家处于正在立法

① 毛涛．碳税立法研究［M］．北京：中国政法大学出版社，2013：28 - 29.

中、53 个国家颁布了一系列政策、76 个国家提出了“碳中和”目标。

尽管如此，“碳中和”在国际法层面仍难以寻其踪迹。从源流上来看，它是 1.5℃目标和 2℃目标的变体——1.5℃目标对应 2050 年“碳中和”、2℃目标对应 2070 年“碳中和”。因而，严格意义上，《巴黎协定》并未提到“碳中和”。各国之所以将之纳入法律和政策中，主要是基于《1.5℃报告》的科学性，再经由“国家自主贡献（National Determined Contributions，NDC）—《巴黎协定》遵约机制”这一桥梁，实现两者的连通。具体而言，IPCC 自 1990 年发布首份评估报告以来，便被视为气候变化领域的权威性科学机构，而《1.5℃报告》更是由 40 个国家的 91 位作者和编辑共同编写，引用了 6000 多篇科学文献，其结论已被广为接受和认可。因此，在根据《巴黎协定》第 4 条提交国家自主贡献时，各国往往将上述结论作为指引和参照。所以，尽管《1.5℃报告》并非国际法，但经其形成的国家自主贡献承诺却因属于遵约事项而在《巴黎协定》遵约机制下对缔约方产生了拘束力。

2020 年 9 月 22 日，中国国家主席习近平在第 75 届联合国大会上作出了“2030 年前碳达峰、2060 年前碳中和”的国际承诺。2021 年 5 月，中央层面成立了“碳达峰碳中和工作领导小组”，作为指导和统筹相关工作的议事协调机构。2021 年 10 月 24 日，中共中央、国务院发布了《关于完整准确全面贯彻新发展理念做好碳达峰碳中和工作的意见》，成为碳达峰碳中和“1 + N”政策体系的统领性和纲领性文件。

随后，2021 年 10 月 28 日，中国向《联合国气候变化框架公约》（UNFCCC）秘书处提交了《中国落实国家自主贡献成效和新目标新举措》。与 2015 年 6 月提交的《强化应对气候变化行动——中国国家自主贡献》相比，此次承诺在减排目标和强度上均有所更新——首次引入了“碳中和”的通用指标，并将单位 GDP 中排放二氧化碳降幅从 60%—65% 提高到 65% 以上，同时将非化石能源占一次能源消费比重从 20% 左右上升为 25% 左右。但是，从现有国际国内形势来看，中国还面临双重挑战——一方面，全球气候治理所面临的危机与日俱增，单边主义和保护主义抬头，发展中国家的外部发展环境更加复杂化，在履行国家自主贡献承诺上存在不确定性；另一方面，作为拥有 14 亿人口的发展中国家，中国承担着发展经济、改善民生和治理环境等艰巨任务，发展不均衡不充分等问题凸显，对落实国家自主贡献提出了更高要求①。

因此，要确保长期、持续和深度减排，以有序推进“碳中和”，法律发挥着至关重要的作用，经其建立起来的长效机制可为之提供制度支撑。但在法律相对稳定性和社会无限变动性下，“昨日”法律与“今日”现实之间产生了时空差异，导致法律出现了滞后性。换言之，法律所关注的并非已经发生的事实，而是正在或将来发生的事情。因此，“碳中和”作为一种新生现象，相关立法很少。但是，法制体系薄弱远无法满足国家的战略需求，制约着“碳中和”行动开展。尽管“1 + N”政策体系下的部门行动方案仍在紧锣密鼓地制定，但它不具有法律的稳定性、明确性和强制性，难以形成鲜明的确权机制，无法落实相关主体责任。征收碳税是实现“碳中和”的一种有力措施，如果我国要在2060年实现“碳中和”，只依靠碳排放权交易制度是很难实现的。征税需要以法律为依据，我国应适时颁布《碳税法》或将碳税写入其他相关法律之中。

2. 征收碳税是建设生态文明和健全生态环境保护制度的需要

《国家“十二五”规划》提倡建设环境友好、节约资源型社会。我国的资源环境在逐渐恶化，我们必须意识到将要面对的困境，树立可持续发展的理念，节约能源并减少碳排放，大力发展绿色经济。倡导环境友好、节约资源的消费模式和生产方式，完善相关激励机制，将生态文明建设放在重要的位置，努力提高可持续发展能力。在其第二十一章的第一节中指出要加强对温室气体排放的控制，强调综合运用多种手段，如节约能源、提高能效、调整产业结构、增加森林碳汇等。通过这些措施减缓二氧化碳排放，大幅度降低能源消耗强度，对能源的消费总量进行科学管控，全面进行能源结构的设计，明确总量控制目标和分解落实机制。要控制交通、建筑、工业和农业等部门的温室气体排放，加强研发低碳技术，确立低碳产品标识、建立低碳产品标准和认证制度。先在全国大城市建立碳排放交易的试点，然后再逐步推广，同时，要完善碳减排的统计核算制度。

改革开放以后，我国的经济得到了飞跃发展，人民群众的物质文化需求得到了很大满足，与此同时，人们提出了对良好生态产品的需求，而且这种需求随着环境的恶化变得越来越迫切。呼吸新鲜空气、饮用干净水、吃绿色食品、享受宜人气候是广大人民的强烈愿望，也是衡量人们生活质

① 冯帅．论“碳中和”立法的体系化建构［J］．政治与法律，2022（2）：16.

量的一个标志。相反，对企业排污行为、日益严重的雾霾现象、食品安全问题，公众会表示强烈不满并要求政府采取有力措施予以解决。习近平同志在中央政治局第六次集体学习时指出，生态兴则文明兴，生态衰则文明衰。这一深刻论述，科学回答了生态与人类文明之间的关系，丰富和发展了马克思主义生态观。他还指出，良好生态环境是最公平的公共产品，是最普惠的民生福祉。为了提供良好的生态产品来满足人民群众的需求，就要增强生产生态产品的能力。

党的十八届三中全会明确提出，建设生态文明，必须建立系统完整的生态文明制度体系，用制度保护生态环境。在我国生态领域中，制度问题是现存的一个根本问题。习近平同志指出，要依靠法治、依靠制度来解决生态环境问题。最严密的法治和最严格的制度是建设生态文明的可靠保障。在我国的一些地方，破坏生态环境的行为总是屡禁不止，究其原因在于法制体系不完善、执法不严。所以，必须加强我国立法、执法等方面的建设，充分发挥法律在保护生态环境方面的作用，真正做到有法可依、有法必依、执法必严、违法必究，确保生态环境的良性发展。

3. 征收碳税是树立负责任的国际形象的需要

中国是《联合国气候变化框架公约》的签约国。该公约是世界上第一个关于控制温室气体排放和遏制全球变暖的国际公约，它于 1992 年通过。1997 年，公约第三次缔约方大会在公约实施方面取得了重大突破。在日本京都，缔约方通过了《京都议定书》，对主要发达国家的减排时间表和额度、减排温室气体的种类等作出了具体规定。“巴厘岛路线图”在 2007 年出台，这为进一步落实公约指明了方向。虽然目前公约没有要求发展中国家承担强制性减排义务，但根据“巴厘岛路线图”达成的协议，在可持续发展的前提下，发展中国家也要在 2012 年以后采取合适的减排行动。首次明确提出了发展中国家的责任，并要求这种行动要以可报告、可测量、可核实的方式提供资金、技术和能力建设方面的支持。

中国在 2007 年成为世界上最大的二氧化碳排放国，限排和减排的国际压力与日俱增。虽然现在还没有承诺减排的义务，但我国应该主动采取减排行动，因为碳减排是有益于人民和子孙后代的事业。所以，征收符合我国国情的碳税，不仅符合国际环境政策的发展趋势，也可以掌握未来谈判的主动权并提高自身的国际形象。

2014 年 7 月 11 日，生态文明贵阳国际论坛 2014 年年会在贵阳召开，主题为“改革驱动，全球携手，走向生态文明新时代”。李克强向论坛发来贺信，他表示，生态文明源于对发展的反思，也是对发展的提升，事关当代人的民生福祉和后代人的发展空间。他强调，人类只有一个地球。保护生态环境、促进绿色发展是各国利益的汇合点。中国把生态环保作为对外开放的重要领域，将继续加强同世界各国、国际组织的环境合作，深入推进国际环境公约的履约，携手应对气候变化，共同推动人类环境与发展事业。

4. 征收碳税是转变经济发展方式的需要

经济发展方式粗放，特别是经济结构不合理，是我国经济发展诸多矛盾和问题的主要症结之一。节能减排是进行经济结构调整、转变发展方式的重要途径。而碳税作为重要的环境政策工具，既有利于调整产业结构，也有利于促进节能减排技术的发展，还符合我国发展低碳经济的方向。

具体来看，为了抑制化石能源消费的目的，通过实施碳税可以推高化石燃料和其他高耗能产品的价格，这样此类产品的消费量就会下降，二氧化碳的排放量就会减少。因此，征收适度的碳税会加重排放企业的负担，抑制这些高耗能企业和高污染企业的增长。同时，征收碳税有利于加快淘汰高耗能和高排放的落后工艺，鼓励和刺激企业研究和使用可再生能源、碳回收技术等，结果必然是加快节能减排技术的开发和应用、降低能源的消耗，同时促进了产业结构的调整和优化。总之，为了促进我国经济发展方式的转变以及将来实现低碳经济，碳税是一种非常有效的措施。

5. 征收碳税是完善我国环境税制的需要

世界上的发达国家几乎都建立了绿色税制，它包括燃油税、碳税、硫税、氮税等环境税税种。当前，我国也存在着包括资源税、消费税等一些与环境保护相关的税种，但是还缺乏独立的环境税种，环境治理的效果不佳，尚未建立符合市场经济的环境税收制度。

碳税的征收能够增强对于二氧化碳减排的调控力度，因为这是一种直接针对碳排放而征收的税。碳税作为环境税的一个税目或者作为一个独立税种，配合其他税收共同发挥作用，可以弥补环境税的缺位，也有助于我国将来环境税制的完善，加大税收制度的绿化程度。为了实现整个税制结构的完善和优化，通过碳税减少其他扭曲性税收。此外，碳税还对进一步完善税制和深化税制改革具有重要意义[①]。

6. 征收碳税是减少对我国贸易影响的需要

2009 年 6 月 22 日，美国众议院通过了《清洁能源与安全法案》。该法案规定：美国政府从 2020 年起，可以对（钢铁、水泥等）征收二氧化碳排放税，前提是这些碳排放密集型产品来自不实施碳减排限额的国家，这种税被通称为“碳关税”。

有些欧盟国家也提出了“碳关税”的主张。这会引起我国的一些耗能较高、附加值较低的制造业产品的出口中间费用及附加费用增加，从而使出口产品的生产成本提高，国际竞争力面临着挑战。因此，发展中国家认为其违反了 WTO 关于自由贸易的相关规则，许多国家强烈反对“碳关税”的提法。

对于“碳关税”的问题，目前存在争议，我们不能简单地批判和反对。首先，因为 GATT 第 20 条（b）款[②]有可能成为“碳关税”的合法性依据，所以无法确定“碳关税”是否违反 WTO 的相关规则，最终可能需要通过 WTO 终端解决机制的个案裁定来解决这一争议。其次，在环境问题上，WTO 的立场也会发生变化，尤其，在生态危机和环境恶化之下，WTO 也在逐渐转变看法，认为要调整有关的规则，使其与环境税的有关规定相协调和相融合。尽管在全球范围内征收统一的碳税目前看还不现实，并不是说将来没有可能，欧盟已经着手建立区域性的碳税机制。

所以，在发达国家将来可能征收“碳关税”的情况下，我国尽快建立碳排放权交易制度和碳税制度才是最好的应对策略，获得主动权，减少对外贸易中的损失。同时，为适应未来的全球性碳税环境也有必要建立碳税制度[③]。

2.1.1.4　碳税征收的可行性

经过多年的发展，碳税理论与实践日益完善，从环境负外部性和庇古

---

① 苏明，傅志华等．中国开征碳税理论与政策［M］．北京：中国环境科学出版社，2011：6－8.

② GATT 第 20 条（b）款规定：允许采取保护人类、动物或植物的生命或健康的必要措施。

③ 李传轩．气候变化背景下的碳税立法：必要性与可行性［J］．甘肃政法学院学报，2010（3）：11－15.

税，到引入“污染者付费原则”，通过征收碳税可以把能源消耗产生的负外部成本内部化，从而增加能源的使用价值，转变能源消费结构，减少化石燃料的使用，最终达到二氧化碳减排的目的。具体来看，我国征收碳税的可行性有以下几个方面：

1. 政策可行性

中国已签署了《联合国气候变化框架公约》，并发表了《中国环境与发展十大对策》，宣布中国将实行可持续发展战略。同时，出台了一系列政策以减少温室气体排放，应对气候变化。《国家“十二五”规划》强调要科学解决气候变化的问题，既要坚持减缓气候变化，又要积极采取行动适应气候变化，充分利用创新科技的优势条件，健全政策体系和相关机制，增强自身能力以应对全球气候变化。党的十八届三中全会也提出，建设生态文明，必须建立系统完整的生态文明制度体制，用制度保护生态环境。

中国政府于2007年6月颁布了《中国应对气候变化国家方案》，为了减缓温室气体排放，采取了一系列行政、经济、法律及技术手段，以提高适应气候变化的能力。2007年12月，中央经济工作会议提出，加快出台和实施有利于节能减排的金融、财税、价格等激励政策。制订相关的税收政策、支出政策、收费和价格政策，完善与节能减排相关的财政政策体系，同时，淘汰落后的生产设备，调整产业结构，加快技术产业化示范和污染减排技术的开发。

碳税的征收不仅符合《中国应对气候变化国家方案》提出的制定有效政策机制的要求，也符合我国实现节能减排目标、科学发展观的贯彻和经济发展方式的转变等方面的目标，是当前我国采取的应对气候变化的主要措施。我国经济发展在金融危机的国际背景下，面临着调整结构和保持增长两项重要任务，而碳税正可以在调结构方面发挥重要的作用。我们必须抓紧机遇，既要重视经济增长，又要努力调整结构。

最近几年，中国政府为了控制温室气体的排放，不断颁布新的政策，为征收碳税提供了政策方面的导向。征收碳税是我国当前应对碳减排所应采取的主要措施，它不仅符合《中国应对气候变化国家方案》提出的制定有效政策机制的要求，也符合我国转变经济发展方式和贯彻科学发展观的政策目标。

2. 理论可行性

经过多年的发展，环境税收理论在逐渐完善，从环境负外部性理论到

“污染者付费原则”，再到“双重红利”理论的提出。碳税已具备一定理论基础，碳税和其他政策措施相比在减少二氧化碳排放方面具有一定的优点。首先，碳税可以把环境外部成本内部化；其次，碳税和管制、许可等相比，它的行政成本更低；最后，从长期来看，碳税可以通过提高能源使用成本以提高能源使用效率。同时，碳税已经从单纯的理论研究转向了实践，北欧的大部分国家已进行了碳税立法并实施了碳税制度，在碳税理论和实践方面都积累了很多经验。

随着国外碳税实践的发展，碳税理论的研究也得到了进一步的促进。在我国，财政部财政科学研究所通过研究提出了《我国开征碳税问题研究》等系列报告和中国环境与发展国际合作委员会提出的政策研究报告《节能效率和环境保护经济政策》。从理论与实践的角度分析了我国征收碳税的可行性，并初步设计了我国碳税制度的基本内容，为我国碳税的开征提供了理论支持。同时，碳税法律制度经过多年的国外实践，已经从对理论和政策的研究转变为成功的实践。因此，我国征收碳税具备理论上的可行性。

3. 技术可行性

经过 20 多年的实践发展，我国的环境管理方式拥有了比较有效的环境监测技术、相对完整的环境监测系统和环境收费体系。碳税和废水税、硫税等环境税相比，具有操作容易、计量简单的特点。碳税是依据化石能源燃烧排放的二氧化碳量来确定的，各种能源的含碳量是基本固定的，所以碳税计量相对来说并不复杂，也不需要过多的检测程序，所以工作人员操作起来并不困难。发达国家在碳税实践方面拥有较长的历史和更丰富的经验，为我国提供了有益的借鉴，涉及碳税制度的合理设计、最优税率的选择、对低收入群体的税收优惠与减免、充分发挥碳税的调节功能。这些先进经验都为我国碳税的征收提供了技术支持。

4. 社会可接受性

经济的快速增长总会给环境带来一定程度的破坏，征收碳税是为了保护生态环境，但征收碳税会影响经济的增长，给经济带来负面影响。首先，短期内经济增长会放缓，与之密切相关的企业需要一个适应过程。经济的转型总要付出一定的代价，但从长远来看，这种代价是值得的，而且碳税对经济的远期影响并不大。其次，碳税通常会影响那些能源密集型行业，比如钢铁、造纸、电力等行业。在国家推行碳税政策时，主要的阻力就是来自这些行业的强烈反对，在情况严重时，政府不得不推迟碳税的实施。为了能够顺利实施碳税，就需要在开始征收的时候实行较低的税率，过了过渡期再根据情况逐渐提高税率。同时，要给那些受影响较大的企业一定的税收优惠，以获得该行业对碳税的支持，减少碳税征收的阻力。最后，征收碳税会影响能源密集型出口企业的国际竞争力，从而引起这些行业的反对。同时，为了不影响我国的出口贸易，需要对这些受影响的企业进行税收返还或采取其他的税收优惠措施。

那些对征收碳税持反对意见的人是因为担心碳税会使收入分配差距拉大，进一步加剧社会矛盾。我国近些年贫富逐渐两极分化，社会问题越来越多，社会公平问题成为人们关注的焦点。碳税的征收一定要注重公平，不能加重低收入群体的负担。由于征收碳税会提高能源的价格，使广大居民的生活成本增加，而最受影响的往往是低收入居民，因为能源支出在低收入家庭支出中占有更高的比例。如果宣传教育不够广泛，社会公众往往也会持反对意见，因为碳税增加了人们的生活成本，最终的消费者常常在为碳税埋单。对于那些因为征收碳税而生活水平下降的低收入家庭进行补贴是实现社会公平的一种方法，这样可以使碳税的征收更具可行性。此外，在征收碳税的时候要坚持税收中性的原则，即在社会总税收负担不变的情况下，增强碳税的同时要减少相应额度的其他税负，比如社会保障税和个人所得税等。只有妥善解决好社会公平问题，碳税的实施才更可能成为现实。由于近几年气候的恶化，大多数人认识到征收碳税的重要性，所以会成为碳税的支持者。

总之，我国现在已成为世界上最大的二氧化碳排放国，采取碳减排措施以缓解气候的恶化是我国当前的重要任务。目前，我国正着力构建科学发展、环境友好型社会，在这种大背景下有必要制定符合我国国情的碳税法律制度。事实上，无论从理论、技术，还是从社会可接受性方面看，我国都已经具备了征收碳税的可行性①。

2.1.1.5 碳税征收的特殊性

碳税征收与一般税收不同，具有跨国性和全球性，征收的范围不是局限于国内，而是在世界范围内。碳税具有税的一般特征，如：公共目的

① 钟钦才．基于气候变化的我国碳税法律制度研究［D］．河南大学硕士学位论文，2011.

性、强制性、无偿性等，它是环境税的一种。碳税除了具有上述税的一般特征外，还有自身作为控制二氧化碳排放、减缓气候变化这一特定税的特点。

1. 碳税征收范围的跨国界性

由于二氧化碳的排放是在全世界的每一个角落，如果不采取控制措施，最终都会进入大气空间，它的负外部性是跨国界的。由于碳税是对二氧化碳的排放征税，所以碳税征收和其他的税收相比具有了全球性特征。随着经济全球化的发展，国际贸易将世界上绝大多数人们卷入经济上相互依存、文化传统相互交融的地理空间。

2. 碳税征收的对象是排放的二氧化碳

二氧化碳不是有毒气体，对环境本无害，只有当大气中二氧化碳存量过多的时候，才会产生危害。我们共有的排放空间不是无限的，作为一种公共产品与其他的公共产品的区别在于它的全球性特征。“公地悲剧”中的公地作为一种公共产品，它是属于某一个国家的，而不是全世界共有。由于二氧化碳排放占用的空间是一种全球性公共产品，所以碳税的征收需要国际社会的协调与合作。

3. 碳税征收的环境目的性

最近几年，气候恶化，极端天气频发，给人们的生存带来了威胁。二氧化碳的过度排放是和气候异常紧密相关的，所以各国都在关注二氧化碳减排问题。我国正处于经济高速发展时期，对环境的破坏也比较严重，如果不及时采取保护环境的措施会造成更大的资源浪费和无法弥补的损失。很多国家陆续建立碳税法律制度，就是为了防止人类生存环境的进一步恶化。

4. 碳税征收的技术性要求较高

征收碳税不仅要考虑税率和计税办法等技术性问题，还要考虑碳排放量的监测和化石燃料的碳含量检测等技术性很强的问题。和其他税种相比，碳税的技术性特征尤为明显。为解决技术性问题，需要大量的先进技术检测设备和专业的技术人员，不是仅靠环境监测部门和税务机关就能完成的。许多学者之所以反对征收碳税就是担心这些现实问题在短期内还无法解决。

5. 碳税征收的间接性

企业因为缴纳碳税而增加了成本，这部分成本也要计入产品的价格，最终进入市场而转嫁给消费者，实际上，碳税的税负是由消费者来承担的。无论是企业，还是个人都要衡量节能减排和缴纳碳税哪一个更划算，碳税是通过市场机制来减少二氧化碳的排放，征收碳税能影响产品的价格，从而影响产品的消费和销售①。

6. 碳税征收的累退性明显

碳税是一种累退税。与累进税相对应，累退税从低收入人群中获取税收收入的比例要高于从高收入人群中获取的税收收入比例，并且随着税基的扩大呈现税率下降的趋势。从税收占总收入的比例来看，穷人的累退税税率要高于富人的税率，所以就这一点来讲，即使征收固定单一税率的销售税或消费税，仍然是一种累退税，因为低收入人群总是会将收入的更大部分用于购买商品和服务，特别是能源消耗这类生活必需品，对这类物品的高额税收总是有"杀贫济富"的嫌疑，往往会招致强烈的反对。

2.1.2 税收公平的界说

2.1.2.1 公平

在法律价值理论中，正直、公平和公正三者的区分颇为微妙，很难界定。在汉译法学著作中，"justice"一词有时被译为"正义"，有时被译为"公平"，有时被译为"公正"。虽然一般来说，人们常常感觉"正义"的范围较广，内容较深奥，但在具体的语言环境中，作者或译者往往是根据自己的理解和偏好来做出选择②。因此，笔者在引用文献资料时，是在比较广泛的意义上使用"公平"一词。

公平是一个历史的范畴，是随着社会的发展变化而发展变化的。法学自从诞生之日就同公平、秩序之类的观念密切联系在一起。然而，直到今日也没有形成一个普遍公认的公平概念。"正义具有一张普洛透斯似的脸，变幻无常、随时可呈不同形状，并具有极不相同的面貌。"不过，"正是正义概念，把我们的注意力集中到了作为规范大厦组成部分的规则、原则和标准的公正性和合理性之上。秩序，如同我们所看到的那样，

---

① 张建伟，钟钦才. 论碳税制度在中国的构建 [J]. 公民与法，2010 (7)：14-16.

② 谢鹏程. 基本法律价值 [M]. 济南：山东人民出版社，2000：56.

侧重于社会制度与法律制度的形式结构，但正义所关注的却是法律规范和制度安排的内容、它们对人类的影响，以及它们在人类幸福和文明建设中的价值。如果用最为广泛和最为一般的术语来谈论正义，人们就可能会说，正义所关注的是如何使一个群体的秩序和社会的制度适用于是实现其基本目的的任务。"① 正如恩格斯所说，没有什么永恒的公平，"这个公平却始终只是现存经济关系在其保守方面或在其革命方面的观念化、神圣化的表现。"②

在西方思想史上，从亚里士多德开始就把正义与平等联系在一起，我们称之为正义的平等论；直到英国哲学家和社会学家斯宾塞才把正义与自由联系在一起，我们称之为正义的自由论。21 世纪初，正义的平等论与正义的自由论初步达成了谅解。在实际的社会生活中，自由与平等很容易发生冲突，一方面自由的扩大并非必然增进人类的幸福，因为它可能造成严重的社会不平等；另一方面片面强调平等也可能扼杀社会进步的动力。

西方传统的公平观念是西方社会生产方式和生活方式发展过程的反映和总结。这种公平观念的基本内容主要在自然权利、社会契约、平等、自由和功利五个方面，突出了个人的独立自主，表现了开拓进取的倾向。

在现代社会，关于公平概念的理解主要存在三派观点：一是功利主义的公平观念，主张"富人牺牲一点儿，穷人就获得许多"。因为单位货币的边际效用在富人和穷人之间是不同的。当然，纯功利主义也存在问题，因为各人的偏好不同，且效用是看不见和难以衡量的③。二是社会契约论的公平概念，主张"让情况最坏的人的福利最大化"。如果我们都厌恶风险，那么人们将认为社会成员最小幸福的状况有极大的重要性。因此，从原始状态中出现的任何契约都会要求一种"使情况最坏的社会成员的福利最大化"的收入分配。这种社会允许不平等存在，但是，唯有当那种不平等对改善全体很穷的生活有意义时才被允许存在。三是共产主义的公平概念，主张"各尽所能，按需分配"。马克思把一切价值归因于劳动，不承认资本创造价值。按照劳动价值论，利润是资本家对劳动成果的不正

---

① ［美］博登海默．法理学——法哲学及其方法［M］．邓正来，姬敬武译．北京：华夏出版社，1987：238.

② 马克思恩格斯选集（第 2 卷）［M］．北京：人民出版社，1972：539.

③ ［美］凯斯、费尔．经济学原理（上）［M］．郭建青等译．北京：中国人民大学出版社，1994：618 –619.

当占有。因此，取消财产收入，才能实现公平。各种公平概念都有其侧重和弱点，因为正义论者只有避开不可解决的形而上学的争论，才可以实现他们的主要目标。

同时，在公平的标准问题上也存在三类观点：一是贡献律。亚当斯曾提出，以人们投入的多少与其所获得结果相当为基础。这一观点与社会主义的按劳分配原则是一致的。虽然它可以反映公平的基本要求，但忽略了一些基本情况，如身体缺陷、智力缺陷、受教育机会等因素而引起的人们的能力差别、工作机会不同等，因而还需要其他原则作补充。二是平均律。有些人认为，公平应当按人分配，“大家得到的一样多”，实行平均主义、“大锅饭”、轮流坐庄等。平均律的主张主要是丧失了对人的激励。三是需要律。这种观点认为，按照各人的需要分配才是公平的。这既是人类的一种美好理想，有超越现实的一面，但也有某种现实根据和要求，如某些生活必需品的分配。显然，三大公平概念和三大公平标准都有其存在的理由和合理性，也都有局限性，我们应当根据实际情况确定其适用范围①。

2.1.2.2 税收公平

现在学术界比较认同如下观点，即在征税的过程中，相关部门要考虑纳税人的承受能力，使之与他们的经济情况相符合，并使各纳税主体的税负水平处于均衡状态。税收公平主要涵盖了横向与纵向两个层面②，横向公平要求纳税能力或经济条件相同的人负担相同的税收，即对于条件相同的人要以同等的方式对待；后者要求纳税能力或经济条件不同的人负担不同的税收，也就是说，对于条件不同的人要以不同的方式对待。杨斌认为要做到税收公平，既要在税益分配与税负承担方面做到公正合理，又要保证社会公平和经济环境的平等③。金子宏将其理解为量能征税原则和税的公平和中立性原则④。王鸿貌将税收公平拓展至国家与纳税人之间以及国

---

① 刘剑文．WTO体制下中国税收政策合法化问题研究［M］．北京：法律出版社，2007：202.

② 徐孟洲．论税法原则及其功能［J］．中国人民大学学报，2000（5）；刘剑文．税法专题研究［M］．北京：北京大学出版社，2002：91；张守文．税收原理［M］．北京：北京大学出版社，1999：32；王鸿貌，陈寿灿．税法问题研究［M］．杭州：浙江大学出版社，2004：55.

③ 杨斌．治税的效率和公平［M］．北京：经济科学出版社，1999：240.

④ ［日］金子宏．日本税法［M］．战宪斌等译．北京：法律出版社，2004：64.

家机构之间的权益分配领域，将其归纳为税收权利义务的分配公平、税收权力的分配公平和税收负担的分配公平三个方面①。

以上是从不同侧面对税收公平的内涵作了归纳，但更多的是从一般意义上加以阐释，并未能完整地揭示税收公平在法治框架内的内容。税收公平仍是以征税为财政或社会经济发展之必要为前提，但这需公平地透过租税分配予国民以负担。“国家依其主权，固得课征租税，但总体租税负担必须公平分配予国民”②。税收公平是以维护纳税人的权利为出发点的。尽管实质上税收“取之于民，用之于民”，是纳税人获得公共产品所必须和必要的付出，但税对于纳税人而言，毕竟是一种财产的侵占，是一种负担。因此，从根本上说，税收公平解决的是税收负担的问题，并以具体应遵循的若干原则来制约国家税收权力对人民自由财产的介入。公平原则的遵循关系到税收正义的实现，也是衡量国家税权合法性的实质标准。公平意味着征税内容的公平，即实现了水平公平和垂直公平。前者指对相同情况下的纳税人应相同征税，后者指不同情况下的纳税人应区别征税。无论是基于受益原则还是量能原则，征税的公平还须适当和符合比例，充分发挥收入再分配的功能作用，促进社会经济发展。在法治条件下，税收公平具有多层次含义，既包括一般意义上的内容，也具有在法治环境下自身特定的意义。

1. 税收的经济公平

从客观上来说，公平包括两个层面，其中之一便是经济公平。这样的公平与市场机制相适应，以合理竞争为条件，以市场机制为分配的基础，因此，依据内在和外在条件的差异性，各经济主体的报酬也有所区别。总之，经济公平的发展层级不高。

税收的经济公平主要体现在收入的初次分配领域，市场经济是市场机制在资源配置和经济运行中起基础和主导作用的经济体制，其运行是以实现效率为最大化。为实现效率，税收分配功能就必须充分体现横向公平，即经济公平③。经济公平实质上是一种市场公平，既要依靠市场机制的内在力量来实现，又需要政府调节的外部力量来维护。政府的调节和对市场

① 王鸿貌．税收公平原则新论［J］．浙江学刊，2005（1）：178－180.

② 葛克昌．所得税与宪法［M］．北京：北京大学出版社，2004：86.

③ 霍军．收入分配差别与税收分配调节［J］．税务研究，2002（6）：51－55.

经济的干预是适度的，应尽量避免影响经济活动，保持中性，有利于发挥市场机制为主的调节作用。

公平强调的不是结果均等，而是机会平等。税收的经济公平，就是通过税收机制建立机会平等的经济环境。也就是说，要使所有纳税人负担相同的税收，在税种、税率、税前扣除和税收优惠等方面享受无差别待遇，以便为经济活动中的各市场主体提供一个公平、合理的税收环境，从而有助于效率的提高。对于客观上存在着资源禀赋差异等不公平因素，就需要通过差别征税实施调节，以创造大体同等或者说大体公平的竞争环境。由于市场经济本身的缺陷往往难以实现机会的真正均等，因此，应通过公平的税制设计来促进经济公平，增加效率。在这一领域，税收分配功能既表现在分配起点的调节，实现机会平等，也表现在分配过程的调节，以保证公平规则在活动中得到公正实施，延续起点公平及其落实。可见，在收入分配的初次领域，经济公平是税收公平的意义所在。

2. 税收的社会公平

公平的第二个层面称为社会公平，它主张个体的收入差异要处于社会可接受的合理范围之中。税收调节分配关系的方法是根据纳税人的纳税能力适用不同的标准，拥有相同纳税能力的人适用同样的税，拥有不同纳税能力的人适用不同的税，进而实现社会公平，妥善化解各种社会矛盾。

社会不可能做到绝对的公平。即是说，社会公平只能是相对的，而社会不公平则是绝对的。恩格斯曾就此明确地指出过。另外，哈耶克也说过："社会主义所允许的不是绝对的平等，而是一种更加公平、更加平等的分配。人们认真想要达到的唯一目标，并不是绝对意义的平等，而只是'较大的平等'而已。"① 因此，对于社会公平，关键在于把握好社会不平等的"度"——社会财富占有和收入分配的差距大小，不平等规模的"过"或"不及"都会错过经济效率的高峰值而损害经济效率。

税收的社会公平主要体现在收入的再分配领域。一般来说，经济意义上的不合理会导致社会意义上的不合理，但是经济上的合理不一定在社会上就合理，经济公平的实现并不意味着社会公平的实现，而社会不公平影响着人们的心态，导致社会认知感降低，从而不利于经济活动的开展，最

---

① ［英］哈耶克．通往奴役之路［M］．北京：中国社会科学出版社，1997：107.

终有损效率。由于市场机制在初次分配领域所起的主导地位以及税收的中性作用，必然导致收入差距的扩大，这势必影响到社会公平的实现。因此，税收分配功能必须充分体现税收的纵向公平，即社会公平。

社会公平主要借助外在力量来实现，直接参与财富的再分配，它要求税收奉行非中性原则，对收入分配结果、收入的使用、收入的财富积累与转让等，按照不同的税收标准，具有不同负担能力的纳税人能够合理负担税收①。此外，社会公平还强调对低收入阶层进行照顾，通过税收支出及转移支付等实现社会福利政策，以缩小收入差异，在整个社会范围内达到公平。“税收不但可以通过征税直接调节个人收入水平，也是社会救助和福利政策等财政转移支付的资金来源，在政府强制收入再分配中起主导作用”②。在这一领域，税收分配功能注重对分配结果的调节，实现经济活动结果的客观、公正与合理。这又主要依靠所得税、财产税、社会保障税等税种发挥重要的调节作用。

可见，在收入再分配领域，税收公平价值功能在于实现社会公平，即“能否为大多数的人谋求最大的利益”，这是衡量分配是不是公平的标准之一③。但需要注意的是，税收的社会公平是相对的，要顾及经济公平，不能矫枉过正，如同过大的收入差距会影响效率和发展一样，过于追求收入分配的公平也会影响发展。因此，合理的差距是必要且有益的，只要这种差距控制在合理的区间内，这样才能既保证相对公平，又不损害市场效率的提高。

2.1.3　碳税征收公平原则的必然性

第一，碳税征收公平原则是碳税立法的基本原则，对各国碳税法律制度具有指导作用。碳税法在适用条件、行为方式和法律责任等方面明确了碳税征收公平原则的要求，而组成碳税法的各个要素都是公平原则的表现形式。碳税法除了实现公平价值之外，效率、社会策略等价值也是其要达成的目标，而且要使这些价值达到一种均衡状态。即在碳税征收公平体系

---

① 白书祥．对政府分配功能和税收分配功能的重新界定［J］．学习与探索，2004（2）：90－92.

② 邓远军．中国所得课税管理研究［M］．北京：中国财政经济出版社，2006：171.

③ Simon James & Christopher Nobes. *The Economics of Taxation*［M］. Philip Allan Publishers Limited，1983：84.

中，有一些行之有效的处理公平和各个价值目标间矛盾的方法，让法律上的公平和别的价值元素间的矛盾能基本得到解决。总体而言，在碳税制度的设计与具体操作过程中，公平原则起着非常重要的指导作用，通过税收来达到社会公平，就要保障税收公平原则的具体体现。

第二，碳税征收公平原则是国家基本政策的具体化和体现。我国在发展经济的过程中，出现了贫富差距拉大的现象，甚至出现了两极分化，所以国家把实现社会公平正义放在了更重要的层面。在党的十八大报告中，明确指出建设中国特色社会主义的重要内容就是社会的公平正义，下大力气创建机会公平、权利公平、规则公平的社会保障体制，全面构建公平化程度较高的社会制度，确保全民共同参与、共同发展的权利。注重“更公平”的发展理念，这也是对“以人为本”的升华，吹响了加强社会建设和改善民生的号角。党的十八届三中全会提出，在诸多建设成就中实现更公平，使更多的人受益，加大改革力度，妥善处理群众高度关注的实际问题，最大限度地满足群众的根本利益。在进一步推进改革的过程中，更加注重社会公平问题，把实现群众的根本利益作为终极目标。碳税征收公平原则是我国未来碳税法的基本原则之一，而碳税法的制定要符合国家的基本国策，充分体现公平正义的要求。

第三，碳税征收公平原则是国际碳减排责任分担的基本原则，也是国际协议有效履行的保障。“共同但有区别的责任”原则是碳税征收公平原则在国际领域的具体化。这个原则是在共同责任前提下的关于区别责任划分的原则，是公约和议定书各缔约国必须遵循的权利、义务和责任划分标准。为解决全球气候问题，国际社会就温室气体排放需要讨论权利分享与义务分担，温室气体排放权是国际社会共同享有的，讨论是开放式的，任何国际社会成员都有参与机会。作为分配权益的指导原则非常重要，而“共同但有区别的责任”原则能够体现这种公平性。关于国际法中“共同但有区别的责任”原则的法律公平性，可以理解为“其作为法律部分内容”所能体现的入律程序的平等与公正性、所体现精神的公平性和执法与司法结果的公平性。因此，公平原则是国际碳减排协议有效履行的保障。

2.2
碳税征收公平原则阐释

2.2.1　法律原则释义

有国内法学家认为，法律的基本构成要素分为规范、原则、概念和技术。法律原则是指在一定法的体系中作为法律规范的基础、指导思想或本原与稳定的、综合的原理和准则。法律规范是国家制定或认可的、规定社会关系参加者在法律上的义务和权利，并以国家强制力保障实施的、逻辑上周全并具有普遍约束力的行为规则。法律原则在形式上没有法律规范必须的结构要素，它往往仅提出立法者对于某一类行为的倾向性要求而没有提明确具体的行为模式，这种高度抽象性和概括的本质使它比法律规范更稳定，适用范围更广。

法律原则在法的系统中具有极为重要的功能。在法的创制过程中，法律原则概括并体现着法律制度的内容、价值取向和基本性质，是整个法律制度的核心和指导思想。而法律规范是法律原则所确定的基本价值理念在不同方面和领域的具体化。此外，法律原则是法律制度内部协调统一的保障，立法时必须以法律基本原则为指导，并通过法律原则将不同种类、不同等级的规范组织起来，使之相互关联、相互协调、相互作用，成为统一的整体而发挥作用。

在法的实施过程中，法律原则可以为法律推理和法律解释提供价值导向和基本出发点，避免任意和无序的法律解释和推理。而且，当出现法律漏洞或空白时，法律原则往往可以直接成为适用法的依据。法律原则依据不同的标准可以分为不同的种类。依照法的运作过程，可以分为立法、执法和司法原则；依照权利义务涉及的领域，可以分为程序性原则和实体性原则等。法律原则还可分为政策性原则和公理性原则、具体原则和基本原则等。

基本法律原则是体现法的基本精神、价值取向和总体指导思想的原则，其内容比具体原则更稳定、也更抽象，通常可以适用于整个法律体系。但是，基本原则的要求只有通过大量的具体原则才能在不同领域中获得体现；反之，具体原则必须以基本原则为指导，它是基本原则在不同领域或法律调整过程中不同阶段的具体化。

从原则的稳定性和普遍性的角度可以把法律原则分为公理性原则和政策性原则。公理性原则是指从一定形态的社会关系本质中产生出来，得到社会成员广泛认可并被奉为法律原则的公理。例如，民事活动中应遵循"公平、自愿、等价交换和诚实信用"就是一条公理性原则。政策性原则是国家在管理社会事务的过程中为实现一定目标而作出并被确定为法律准则的政治决策。例如，中国的"可持续发展原则"就是政策性法律原则。与公理性原则相比，政策性原则往往根据各国不同时期具体条件和任务不同而呈现出更大的灵活性和多样性，两者存在紧密的关系。政策性原则往往是公理性原则在特定国家或特定时期的具体表现，而一个政策性原则中如果的确包含了某种社会关系的普遍性要求，也会逐步被大多数国家认可而成为公理性原则①。

从上述论述中可以看出法律原则的基本特征：法律原则是法的基本要素，具有对法律规范的指导作用。法律原则的特征不仅适用于国内法，对于国际法也具有很强的适用性。考虑到应对气候变化的公约和议定书等国际环境法律文件都是经过缔约国谈判并经国内立法机关或最高一级政府批准、签署 、加入或核准的，因此其中的法律原则都具有广泛的国际社会基础②。

2.2.2 公平原则的不同释义

2.2.2.1 税收学中的公平原则

税收原则是制定税收政策、设计税收制度的指导思想，也是评价税收政策好坏、鉴别税制优劣的准绳。所以，税收原则是政府在执行税收职能时处理各种涉税问题的基本准则。当代西方学者通常从税收的财政收入、国民经济和社会政策三个方面来立论，并据此提出了当代西方税收的三项

---

① 孙国华，宋景文．法理学［M］．北京：中国人民大学出版社，1999：274－279.

② 郭锦鹏．应对全球气候变化共同但有区别的责任原则［M］．北京：首都经济贸易大学出版社，2014：124－125.

最高原则：效率原则、公平原则和机能财政原则（稳定经济原则）①。其中，税收公平原则是最重要的税收原则之一②。

从实现公平价值来说，市场经济背景下的公平既包括经济公平，也包括社会公平。基于这样的认识，经济公平和社会公平也应该被包含在税收公平的体系中。杨斌曾提出，如果只是谈税负公平，这样来理解税收的公平是不全面的，税收公平既要涵盖税款使用与税收负担的公平问题，也要涵盖经济环境与社会条件的公平③。

2.2.2.2　伦理学中的公平原则

伦理学意义上的公平原则，如胡万种认为："公平是人们不偏不倚地处理人与人以及人与自然关系的一种态度和方式，其核心意义是均衡和合理。"④ 托马斯·阿奎那指出：正义是"一种习惯，依据这种习惯，一个人以一种永恒不变的意愿使每个人获得其应得的东西"⑤。穆勒说："人公认每个人得到他应得的东西为公道；也公认每个人得到他不应得的福利或遭受他不应得的祸害为不公道。"⑥ 当代伦理学家麦金太尔也认为："正义是给每个人——包括给予者本人——应得的本分。"⑦ 即所有的人作为"社会人"都是平等的，都有同样的人格和尊严，都应该有同样的生存权和发展权。

2.2.2.3　法学中的公平原则

从法律价值的角度来看，公平属于一个历史的概念，法学从一开始就与公平的理念相伴相随，共同成长。但是，直到今天，对于公平的界定尚无统一的认识。在恩格斯看来，永恒不变的公平是不存在的，公平仅是相对一定的经济条件而言，是这种经济关系在其革命方面或在其保守方面的

---

① 金人庆．中国税务辞典［M］．北京：中国税务出版社，2000：86．

② 周全林．税收公平研究［M］．南昌：江西人民出版社，2007：45－50．

③ 杨斌．治税的效率和公平［M］．北京：经济科学出版社，1999：239．

④ 胡万种．也谈公平［J］．学术论坛，2000（2）：13－16．

⑤ ［美］博登海默．法理学——法哲学及其方法［M］．邓正来译．北京：华夏出版社，1987：254．

⑥ ［英］穆勒．功用主义［M］．北京：商务印书馆，1957：48．

⑦ ［美］麦金太尔．谁之正义？何种合理性？［M］．北京：当代中国出版社，1996：56．

神圣化、观念化的表现①。在法律体系中，公平是其最为基本的价值，它对构建法律体制和创新法律制度均起着重要的作用。

1. 民法中的公平原则

公平原则最早是作为民法的一个基本原则。所谓公平原则，是指应当遵循公平的原则确定法律行为内容。法律行为的内容由当事人一方或第三方确定时，符合公平原则是对他方当事人发生效力的必要条件。

我国现行法上，公平原则首先体现在《中华人民共和国民法典》（以下简称《民法典》）的第六条：民事主体从事民事活动，应当遵循公平原则，合理确定各方的权利和义务。其次是《中华人民共和国合同法》（以下简称《合同法》）第五条的规定：当事人应当遵循公平原则确定各方的权利和义务。外国法上大多没有明文规定公平原则，比如《法国民法典》的第 1135 条：契约不仅依其明示发生义务，并按照契约的性质，发生公平原则、习惯或法律所赋予的义务。《德国民法典》第 315 条规定：由契约当事人一方确定给付者，在有疑义时，应依公平的方法确定之。依公平的方法确定给付者，其确定只于适合公平时始得对他方当事人发生拘束力。第 317 条规定：给付由第三人确定者，在有疑义时，第三人应依公平方法确定之。第 319 条规定：给付由第三人依公平方法确定者，如其确定显系不公平时，对于契约当事人不发生效力。

民法上的公平原则，主要是为了规范合同关系而被提出的。作为当事人所应遵循的指导性原则，在缔结合同关系，特别是确定合同内容时适用。为了规范在市场交易中的合同关系，现代民法设立了公平原则，要求兼顾双方的利益，公平原则也为“诚实信用”原则、“情事变更”原则、“显失公平”规则的判断确立了基准。《民法典》第六条规定，民事主体从事民事活动，应当遵循公平原则。考虑到“民事活动”一语文义过宽，既包括合同的订立也包括合同的履行，而公平原则的实质是侧重于合同订立时的权利义务的确定，要求合同当事人之间在利害关系上大体平衡，至于合同的履行等方面，则主要是由诚信原则来支配的。有必要将公平原则的适用范围限于“合同内容的确定”，以期明确。因此，《合同法》第五条规定：当事人应当遵循公平原则确定各方的权利和义务，并考虑到现实生活中存在依一方预先制定的格式合同条款签约的情形，因此《合同法》

① 马克思恩格斯选集（第 2 卷）［M］. 北京：人民出版社，1972：539.

第三十九条规定：采用格式条款订立合同的，提供格式条款的一方应当遵循公平原则确定当事人之间的权利和义务。

2. 经济法中的公平原则

经济法学界对经济法的基本原则虽然有众多提法，但基本已经达成共识，将经济公平与公正原则作为经济法的基本原则之一。经济公平与公正原则的基本要求在于强调经济法规范所体现的维护经济法主体间的公平、维护社会公共利益和整体利益、注重社会经济分配的形式公正与实质公正的基本取向。提经济公平与公正，要比提法的一般原则中的公平与公正原则更能体现经济法特质。这一原则也可涵盖市场规制法中《中华人民共和国反垄断法》、《中华人民共和国反不正当竞争法》、《中华人民共和国消费者权益保护法》的原则，以及宏观调控法中的计划法（包括产业结构调整法、区域经济协调法等）、金融法、财税法（如税收公平原则）等经济法的绝大多数分支部门法原则，因而是基本原则层次的经济法原则[①]。

法律上的公平，指的是主体的法律地位的公平，在条件相同的情况下享有相同的权利，承担同样的义务。经济公平最基本的含义是指一种利益的平衡，在这种利益平衡中，所有的法律关系的主体，在进行以一定的以物质利益为目标的活动时，能够在相同的法律条件下，实现建立在价值规律基础之上的利益平衡。市场经济主体进行市场交易的基本要求和基本条件就是经济公平。首先，经济法将经济公平作为其基本原则，表明其对法律一般价值的认同。关于法律价值的真谛，法学家们的认识较为一致，认为包括正义、公平、秩序和效率，公平作为法律的基本价值中一个重要的价值而存在。其次，经济法中的经济公平具有其自身特定的含义。较之民法，民法也将公平作为其基本的价值目标，但民法上的公平是一种形式上的公平，是一种机会上的平等，关于机会平等至少可以从四个方面进行阐释：就社会资源而言，需要平等地向市场主体开放；竞争的起点平等；市场主体的地位同等，不受歧视；市场主体为了实现其经济目标，平等地拥有其实现经济目标的手段[②]。经济法上的公平，追求的是一种结果上的公平，其以承认经济主体的资源和个人禀赋等方面存在差异为前提，最终要实现实质的公平。

---

① 肖江平．中国经济法学史研究［M］．北京：人民法院出版社，2002：228－229.

② 公丕祥．论当代中国法制的价值基础［J］．法制与社会发展，1995（2）：1－9.

简言之，民法以平等实现形式上的公平，经济法则以不平等实现实质性公平。因此，民法和经济法作为调整经济关系的两个最重要的法律部门，为了市场交易公平的实现，发挥着各自不同的作用。在市场交易中，民法的意思自治保证实现市场的交易公平，经济法则通过对意思自治进行限制从而实现结果公平。反观我国的现实，行政干预、差别政策、税赋不公、分配不公、价格体制不健全、权力经商、不正当竞争和垄断等因素影响着经济的公平，要克服这些因素，民法的作用显得无能为力。因此，经济法遵循社会主义市场经济的要求，把实现经济公平作为自己的一项基本原则。因此，竞争公平、分配公平、正当的差别待遇是经济法应当着重关注的内容①。现代社会的发展使得社会分化日益严重，人们在能力、财富拥有等方面的差距愈加明显，放任民法在这些问题面前的无能为力，依然对所有人一视同仁，追求形式上的平等，只能使"不平等变得天经地义，甚至加深这种不平等"②。经济法追求的实质平等，通过差别待遇，实现社会资源依人的具体情况作具体的分配，即在法律权利义务的配置上的区别对待，从而实现对社会上处于不利地位的那部分人一定的补偿和救济③。

3. 税法中的公平原则

作为公平价值在税收领域的具体体现，税收公平不仅在法价值层面指引税法的价值目标和价值标准，而且在法制度层面内化为税法的具体原则和规范。具体而言，可以从经济公平、社会公平两个方面来具体阐释税收公平原则④。

第一个层次称为经济公平，经济公平作为市场机制的内在要求，是在平等竞争的市场环境中，通过市场机制所决定的分配原则予以实现的。由于各市场经济主体之间存在各种内外部条件的差异，会出现所得到的报酬差异较大的情况，故而可以看出经济公平实际上是一种较低层次上的公平。在税法学上所谈到的经济公平，一般表现为税收的负担公平。具体而

---

① 李昌麒．寻求经济法真谛之路［M］．北京：法律出版社，2005：93－95．

② ［美］彼得·斯坦．西方社会的法律价值［M］．王献平译．北京：中国法制出版社，2004：71．

③ 李昌麒．经济法学［M］．北京：法律出版社，2008：81－82．

④ 刘剑文．WTO体制下中国税收政策合法化问题研究［M］．北京：法律出版社，2007：206．

言，经济公平是指在具体的税收征纳关系中纳税人的税收负担如何确定的问题，以此实现纳税人之间的税收负担大体持平，保证在税法面前所有纳税人的平等，这是税收公平原则必须解决的重要课题。

作为第二个层次的公平称为社会公平，其强调的是在全社会所能接受的合理范围之内保持人们的收入差距问题。税收调节分配关系的具体做法是通过对纳税能力相同者征收同样的税，对纳税能力不同者征收不同的税，以此来实现社会公平，缓和因社会分配引起的矛盾。纳税人收入能力是作为判断纳税人的负担能力的主要依据，其两者的关系不外乎有三种情况，即比例关系、累进关系和累退关系。因此，在现代税法制度的设计上，比例税率、累退税率和累进税率这三种不同税率的选择就体现了这种纵向的公平。由于这三种税率在现实中的作用不同，因此，把累进税率作为主要的选择，适用于所得和财产的课税，而把比例税率作为对其的补充，适用于对商品的课税，这成为现代世界各国的税法制度的一般设计方法。具体而言，可以是采用累进税制，对纳税能力高的人多征，对纳税能力低的人少征，对低于起征点以下的免征或给予一定的补贴，对丧失劳动能力或不劳动的人则给予一定的、合理的核计扣除，以达到社会公平的要求。同时，为了达到该目标，也可以考虑通过设计社会保障税制的方法①。

4. 国际经济法中的公平原则

公平互利原则作为国际经济法的一项基本原则，是第二次世界大战后发展中国家提出的，旨在缩小其与发达国家之间日渐扩大的经济差距。联合国大会通过的《建立新国际经济秩序宣言》中指出："国际社会的全体成员国在公平待遇的基础上，开展最广泛的合作，这就是可能消除世界上普遍存在的各种差距，保证大家都能繁荣富强。"《各国经济权利和义务宪章》中规定："各国间的经济关系，如同政治和其他关系一样，除其他外要受下列原则指导：……（e）公平互利……"明确地把公平互利原则作为国际经济关系的基本原则。

公平互利原则中的公平，既是一种形式意义上的平等，也是一种实质意义上的平等。形式意义上的平等意味着，任何国家在从事国际经济活动中都不享有特权，对于政治、经济和社会制度上与本国存在差异的国家，

① 王相坤．税收公平的法价值分析［J］．河北学刊，2007（5）：172－174.

不得加以歧视。各国有权参加国际贸易及各种形式的经济活动，不存在“谁先谁后”的问题。实质意义上的平等体现在《各国经济权利和义务宪章》第2章第19条的规定中，即“为了加速发展中国家的经济增长，消除发达国家与发展中国家之间的经济鸿沟，发达国家应当尽可能在国际经济合作的领域内给予发展中国家以普遍优惠的、不要求互惠的和不加以歧视的待遇”。换句话说，如果一国同时给予发展中国家和发达国家相同的优惠政策，这种做法仅仅满足了形式意义上的平等，并没有达到实质意义上的平等，对于发展中国家来说便是不公平的①。

公平（equity）与平等（equality）有时是近义的，有时却是径庭的。在某些场合和特定条件下，表面上的“平等”实际上是不公平的；反之，表面上的“不平等”实际上却是公平的②。因此，形式公平和实质公平的共同作用才是对公平的最好诠释。实践中，通过发展中国家的不断努力和积极争取，WTO的有关协议中规定了针对发展中国家特殊和差别待遇的条款③；国际气候框架公约中也规定了发展中国家在国际环境责任的承担中，适用共同但有区别的责任原则；国际税收协定中也规定了倾向于发展中国家投资的国际税收饶让条款。可见，公平互利原则在国际经济法中占有举足轻重的地位，有助于各国公平地处理国际争端，在立法和司法上都具有指导意义。

由以上对公平原则的梳理，我们可以得出：民法中的公平原则更强调形式的公平；经济法中的经济公平原则突出了经济法的实质；税法中的税收公平原则具体体现在量能课税原则上，不仅包括经济公平，也包括社会公平；国际经济法中的公平互利原则既包括形式公平，也包括实质公平，而且强调国际交往中的互惠互利。可见，随着法的发展，公平原则的内容也在不断地丰富和发展。

2.2.3 碳税征收公平原则界定

碳税征收公平原则是指，在国内的碳税征收中和国际碳减排的合作与

---

① 王传丽，张学慧．新编国际经济法［M］．北京：首都经济贸易大学出版社，2013：18－19.

② 陈安．国际经济法学［M］．北京：北京大学出版社，2011：109.

③ 余劲松，吴志攀．国际经济法［M］．北京：北京大学出版社，高等教育出版社，2009：24.

协调中应遵循的公平原则，要求税收负担和税益分享在国民或国家之间的分配必须公平合理。该原则既适用于一国之内对普通纳税主体的碳税征收，也适用于国际碳减排的合作与协调中各国家之间的责任分担。

由于碳税征收公平原则所具有的特殊性，即碳税征收公平不仅包括国内公平，也包括国际公平；碳税征收公平追求的不仅是形式公平，更是实质公平；碳税征收公平不仅包括经济公平，更强调社会公平，所以碳税征收公平原则不仅是各国碳税立法要遵循的基本原则，也是碳税国际合作与协调必须遵循的基本原则，而共同但有区别的责任原则就是碳税征收公平原则在国际协调与合作中的具体化。

2.3 碳税征收公平原则的理论基础

2.3.1 生态伦理学理论基础

所谓伦理，一般是指特定的时空维度中，人们认识和处理人与人之间、人与社会之间的各种关系的规则。伦理与道德密切关联，两者通常被联合起来使用，指代相同或相似的内容。从伦理的构成内容看，包括了道德观念和行为规则两部分。生态伦理则是在生态化社会这一时空下，人们认识和处理人与人之间、人与社会之间以及人与自然之间的各种生态关系的规则。生态伦理学就是专门研究生态化社会中的各种生态关系以及有关处理规则的学科。伦理不同于法律，不具有强制约束力。但伦理道德观历来是法律理念产生的源起，伦理规则也是法律规则发挥作用的社会性基础。因此，生态伦理对于碳税法律制度的形成和实施有着重要的影响，也对碳税征收公平原则的形成和贯彻有着重要的影响。

可持续发展理论（sustainable development）的核心要求是人类的经济和社会发展不能超越资源与环境的承载能力，既能满足当代人的需要，又不损害后代人满足其自身需求能力的发展。促进人类之间的和谐以及人与自然之间的和谐是可持续发展理论的追求。其具有三个基本特征：对全面的生活质量的维持、对自然资源的永续利用的维持和持续的环境损害的避免。因此，生态可持续性、经济可持续性、社会可持续性都是可持续发展的应有之义，其指标体系具有多元性，既有经济的、社会的，也有生态环境的指标；既有物质的、技术层面的，又有制度和文化价值层面的指标。

可持续发展伦理观强调公平（equity）概念，这里的公平不仅包括了代内的公平而且重视代际公平。就代内公平（intra - generation equity）而言，可持续发展伦理观认为导致当今生态危机的重要根源是人类贫富对立所显示出的不公正、不正义、不平等，并强调对于发展中国家而言，发展更具优先重要性。指出在解决环境问题上，发达国家与发展中国家应承担共同但有区别的责任。当代的生态危机主要源于发达国家对发展中国家及欠发达国家在生态资源上的掠夺，是由于发达国家对全球资源的过度占有和消耗所造成的，人为造成的不平等。所以，发达国家当然地要承担相应的历史责任，也要承担更多的现实义务，其中当然包括对发展中国家提供经济、技术援助等义务。

就代际公平（intergeneration equity）而言，为了避免“生态赤字”的后果，地球上的自然资源在代际分配问题上应实现代际共享。因为，地球上的自然资源是人类所有成员共同享有和掌管的，包括上一代、这一代和下一代。我们这一代作为受益人，有权使用并受益地球上的自然资源；作为受托人，又要为下一代掌管好地球上的自然资源。作为地球的受托管理人，对子孙后代负有道德义务，无权透支子孙后代的自然资源。为了适应可持续发展理论的要求，我们必须彻底改变自身行为模式，以“理性生态经济人”的行为模式替代传统市场经济伦理塑造的“理性经济人”模式，提倡一种人与自然和谐的自然观、消费观、生活观①。总之，生态伦理学领域积累的大量理论成果，正在成为经济学、社会学、法学等复杂性科学研究的理论源泉。

2.3.2 税收学理论基础

传统的税收公平理论一般是以税收的公平原则形式出现，代表人物主要有威廉·配第、亚当·斯密、阿道夫·瓦格纳等。

第一，配第税收公平理论。最早提出税收原则（他当时称为“税收

① 曹明德. 生态法新探［M］. 北京：人民出版社，2007：23 - 24.

标准”）的西方学者是威廉·配第。配第所著的《赋税论》和《政治算术》两书中，散见其关于税收公平的思想。他认为，在当时的英国，税收是“听凭某些政党或是派系的掌权者来决定的，并不是依据一种公平而无所偏袒的标准来课征的。不仅如此，赋税的征税手续既不简单，费用也不节省”①。在他看来，税收的“公平标准”，就是税收要对任何人、任何东西都“无所偏袒”，税负不能过重且要适当。

第二，斯密税收公平理论。亚当·斯密在继承前人的税收思想基础上，第一次将税收原则提到理论高度，在《国富论》中明确而系统地提出了著名的税收四原则理论，并将税收平等原则作为首要原则。他说：“一国国民，都须在可能范围内，按照各自的能力比例，即按照各自在国家保护下享得的收入的比例，缴纳国赋，维持政府。”“一个大国的各个人须缴纳政府费用，正如一个大地产的公共租地者须按照各自在该地产上所受利益的比例，提供它的管理费用一样。”② 基于此，斯密主张：取消一切免税特权。即取消贵族僧侣的特权，使他们与普通国民一样依法缴纳国赋；税收应按负担能力而课征。即依每个国民在国家保护之下所获得的收入课税；税收应保持“中立”。即课税尽量不使财富分配的原有比例发生变化，不使经济发展受影响。可见，斯密的税收公平理论是立足于利益说和能力说的“二元论”，主张实行比例税率，即按各自能力的比例缴纳和按各自受益的比例缴纳，其核心就是维护平等权利。

第三，瓦格纳税收公平理论。作为传统西方税收原则理论集大成者的阿道夫·瓦格纳，在他的税收九原则中，社会公平原则有重要地位。他提出：“从社会政策的意义上看，赋税是在满足财政需要的同时，或者无论财政有无必要，以纠正国民所得的分配和国民财产的分配，调整个人所得和以财产的消费为目的而征收赋课物。”③ 显而易见，瓦格纳主张矫正社会财富分配不公，消除贫富两极分化的手段是利用税收，通过税收的社会作用达到缓和阶级矛盾、实现社会改良的目的。普遍原则和平等原则被瓦格纳的社会公平原则所涵盖。按普遍原则的要求，身份或社会地位特殊不

---

① ［英］威廉·配第．配第经济著作选集［M］．北京：商务印书馆，1981：72.

② ［英］亚当·斯密．国民财富的性质和原因的研究（下卷）［M］．北京：商务印书馆，1983：384.

③ ［日］阪人长太郎．欧美财政思想史［M］．北京：中国财政经济出版社，1987：205－300.

能成为免税的理由，税收应课及所有有纳税能力的社会成员。按平等原则的要求，瓦格纳认为，课税平等体现在根据纳税能力大小课税，纳税人承担与其纳税能力相适应的税收负担。为此，瓦格纳在税制方面主张实行累进税制，即高收入者税率相对从高，低收入者税率相对较低，贫困者实行免税。同时，应加重课税的是财产所得和不劳而获所得，从而符合社会政策的要求。综上所述，瓦格纳的税收公平理论不仅强调对税收负担的公平合理分配，而且第一次从社会公平的角度对税收政策进行研究，特别强调税收在执行社会政策中的重要作用。

在瓦格纳税收原则之后的一段较长时间里，税收公平问题的研究几乎没有进展。直到边际效用分析工具出现之后，近代西方税收公平理论才又得到了新的发展。例如，英国经济学家约翰·穆勒提出“公平”的标准是指纳税人之间的均等牺牲，即纳税人因纳税所损失的效用应该相等的原则。英国经济学家埃奇沃思主张所谓“公平”应体现纳税人之间边际均等牺牲。荷兰经济学家司徒华德又进一步提出绝对均等牺牲和比例均等牺牲说以解释“公平”的含义。瑞典学派的代表人物埃里克·林达尔更是在《课税的公平》一书中专门论述了税收公平问题，提出了纵向公平与横向公平的税收原则思想。税收学关于公平原则的研究为后来税法学中税收公平原则的研究奠定了理论基础，税收公平原则是碳税征收公平原则的直接理论来源。

2.3.3 经济学理论基础

2.3.3.1 全球公共产品理论

全球公共产品理论，是由公共产品理论拓展而来的。1954 年，萨缪尔森的“公共支出的纯理论”在《经济学与统计学评论》上发表，该文首次提出“公共产品”的概念并给出定义。萨缪尔森关于“公共产品”的定义一直被沿用至今。该概念的范围被限定在一国之内，所以亦被称为国家公共产品。全国性、准全国性、地方性公共产品是按照其受益范围的大小又对其进行的划分。划分的目的是在公共产品提供上界定中央政府与地方政府的职责范围，即中央政府提供全国性公共产品，地方政府提供地方性公共产品，而准全国性公共产品则是由中央与地方政府共同提供。

然而，处于开放的大背景下，伴随着国际经济一体化、全球化的不断深入，不同国家的人们完成了从不相干的各自栖息于自身领地的居民到有着广泛联系的地球村居民的身份转换，可以把这种转换看成国家疆界的理论延伸。从而使得某些公共产品的消费范围从全国扩展到了全球，前者成为区域性公共产品，后成为全球性的公共产品。减缓和应对全球气候变化，控制全球性传染疾病，减少贫困和其他形式的人类剥削、促进国际和平与安全等就属于全球性公共产品。

公共产品具有非排他性（不能把其他受益者排除在外）和非竞争性（一个消费者的消费不影响其他消费者的消费），公共产品的特点决定了由市场机制来提供公共产品必然是低效的，因而通过非市场机制（政府）提供公共产品便具有其合理性。作为全球公共产品当然也具有非竞争性和非排他性的特征，只要无法通过技术手段将那些没有支付对价的人排除在受益人之外，或者虽然可以将其排除在受益人之外，但排除的过程所花费的成本明显过高，那么就无法杜绝“搭便车”现象的存在，即没有支付对价但仍可以享受利益。在一国之内，解决的方法可以是政府进行公共产品融资，即政府依据公共权力强制征税来解决，但是在国际领域，全球性公共产品融资就成为问题的难点和解决问题的关键点，因为根本就不存在一个超国家的权力机构来推行，解决国际公共产品融资的主体和途径问题需要世界各国的相互合作。

2.3.3.2　跨国界的外部性理论

环境的负外部性，也称外部负效应或外部不经济，其包括在生产和消费中。从生产的过程来看，整个生态环境是作为一种自由财富存在的，在对环境造成污染和破坏却不征税的情况下，企业不用负担因污染和破坏环境而产生的社会成本，这样就会放纵企业对利益最大化的追求，加剧对生态环境造成污染和破坏。对此要求企业为污染和破坏环境付出代价，从而解决生产中的外部不经济问题。从消费过程来看，消费中的负外部性的形成是由于消费品在消费过程中对环境产生了消极作用，但产品价格中只包括了通过市场机制形成的成本，消费者没有为使用过程中的这种副作用付出相应的代价。

经济学通过社会成本与私人成本之间的差别来判别一项经济活动（生产或消费）是否产生外部效应，当社会成本大于私人成本，则产生了负的外部效应；私人成本大于社会成本，则产生了正的外部效应。处于封闭的条件下，外部效应只发生于一国之内，影响其他国家和地区的情况虽然也存在，但很有限。依据传统的外部性理论，政府消除社会成本与私人成本之间的差别，纠正外部效应，使外部效应内在化的是通过税收、污染许可证或财政补贴、税收优惠等措施，之所以采取这些措施是因为在一国之内，成本和收益的外部效应发起者总是能追索到的，但是，当外部效应产生于国际上时，成本与收益的考量就变得十分复杂，因其是与政治、意识形态、民族文化等相互关联的，对一国政府运用公共权力纠正外部效应的努力是一种挑战。

在开放的条件下，随着经济全球化的发展，国际贸易使得世界上绝大多数人们被卷入了经济上相互依存、文化传统相互交融的地理空间之中。其结果使得人们生产和消费活动所产生的影响范围扩大，外部扩散效应增强①。由于二氧化碳的排放是在全世界的每一个角落，如果不采取控制措施，最后都会进入大气空间，它的负外部性是典型跨国界的。另外，二氧化碳不是有毒气体，对环境本无害，只有当大气中二氧化碳存量过多时，才会产生危害。排放空间不是无限的，作为一种公共产品与其他的公共产品的区别在于它的全球性特征，所以备受世界各国的关注。由于碳税是对二氧化碳的排放征税，所以碳税征收和其他的税收相比具有了全球性特征，碳税的征收需要世界各国的协调与合作。

2.3.4 法学理论基础

2.3.4.1 法理上的依据

正义通常又被人们称为公平、公正、正直、合理等。这几个词一般来说意思相近，但细究之在意义强弱、范围大小上可能会有些差异，因此，要根据不同场合选择较合适的词语。一般而言，单从字面上看，正义一词泛指具有公正性、合理性的观点、行为以至事业、关系、制度等。从实质上看，正义是一种观念形态，是一定经济基础之上的上层建筑。恩格斯在批判蒲鲁东关于“永恒公平”的唯心史观时指出，“这个公平却始终只是现存经济关系在其保守方面或在其革命方面的观念化、神圣化的表现。”②

正义是可以从经济、政治、道德、法律等不同角度来划分的，正如美

---

① 姚怡昕．关于应对全球气候变化的碳税等相关问题研究［R］．博士后研究工作报告，东北财经大学，2009.

② 马克思恩格斯选集（第2卷）［M］．北京：人民出版社，1972：539.

国法学家庞德讲过，“在伦理上，我们可以把它看成是一种个人美德或是对人类的需要或要求的一种合理、公平的满足。在经济和政治上，我们可以把社会正义说成是一种与社会理想相符合，足以保证人们的利益与愿望的制度。在法学上，我们所讲的执行正义是指在政治上有组织的社会中，通过这一社会的法院来调整人与人之间的关系及安排人们的行为；现代法哲学的著作家们也一直把它解释为人与人之间的理想关系。”①

在西方思想史中，对正义的内容历来就有不同的理解，不论是古希腊、罗马还是现代，平等、自由、平等与自由的结合、安全、共同福利等，都曾被奉为人类谋求实现的正义。正如有的思想家所说，正义是一个最为崇高但又是最为混乱的概念之一。由于时代、社会制度、意识形态、历史文化传统的不同，使得不同国家，不同群体、不同学派，以至于不同的人，对正义一词的内容的理解都会不同。就正义概念的整体来说，正义的概念是具有历史性、相对性的，无论是过去或是现在，都存在着为整个人类社会所普遍接受的某些作为正义的观念。然而，是否促进社会进步，是否符合最大多数人的最大利益，才是衡量任何一种思想观点、活动以及制度、事业是否合乎正义的最终标准②。

罗尔斯是关于正义问题研究的集大成者，不平等问题是罗尔斯理论体系的核心之所在。罗尔斯主要关注的是“基本物质”（primary goods）即“每一个理性的人都假定为需要”的物质分配中的不公。他尤其强调权利和自由、权力和机遇、收入和财富等“社会基本物质”，而不是健康和活力、智力与想象等“自然基本物质”，因为前者正是通过社会基本结构来加以分配的③。正义的一个中心问题是，自然基本物质的不平等常常通过社会体制的运作而导致社会基本物质分配的不公平。由此，罗尔斯得出一个基本论题：通过此种社会体制运作而产生的社会基本物质分配的不公平不应该存在，因为这种不公平受制于更深层次的自然物质分配不平等。

那么，对于构成正义的基本主题的“社会基本物质”分配来说，什么才是具有普遍性的正义原则呢？罗尔斯认为，应该是寻求“自由和理

---

① ［美］庞德．通过法律的社会控制——法律的任务［M］．北京：商务印书馆，1984：73.

② 沈宗灵．法理学［M］．北京：北京大学出版社，2003：52－54.

③ 黄志雄．WTO 体制内的发展问题与国际发展法研究［M］．武汉：武汉大学出版社，2005：3－5.

性的个人”为增进其利益在一种平等的“原初状态”下将选择的原则。在他所假定的“原初状态”下，人们对正义原则的选择是在一个“无知之幕”之后作出的，即每个人都不知悉自身在现实社会中所处的社会地位、财富、能力、际遇等任何特殊信息，从而只能基于理性来选择具有普遍性的正义原则。

罗尔斯进一步指出：在这种“原初状态”下，如果选择赋予一些人在自由方面享有永久的优越地位而另一些人永久地失去自由，或者使一些人在财富及资源方面永久地得到有利的分配而另一些人永久地接受不利的分配的体制，这将是有悖理性的；相反，人们将选择在平等地保障所有人自由的前提下的最大限度自由，同时最大限度地增进仅得到最小份额社会基本物质者的福利。他提出的核心思想是：“所有社会基本物质——自由和机会，收入和财富，以及自我尊重的基础——应平等地加以分配，除非不平等地分配任何或全部这些物质有利于处于最不利地位的人。”这一思想被罗尔斯表述为两项正义原则①：

第一，每一个人都有平等的权利去获得可以与别人的类似自由权并存的最广泛的基本自由权；

第二，对社会和经济不平等的安排应能使这种不平等不但：（1）最大限度地符合处于最不利境况者的利益；（2）与向所有享有公平的机会均等条件的人开放的地位和职务联系在一起。

后一原则，也就是著名的“差别原则”，集中地体现了罗尔斯的“最小最大化”（maximin）思想：对社会基本结构的设计，必须使平等原则的所有例外对处于最不利境况者有利。这里，罗尔斯对“正当的不平等”和“不正当的不平等”加以了区分：为了平等对待所有的人，并不是要消除社会分配中的所有不平等，而只是消除那些“不正当的不平等”，即那些不能以“有利于处于最不利境况者”原则作为正当理由的不平等。举例来说，如果一种收入分配上的不平等符合“处于最不利境况者”的利益，比如说能够由此促进创业能力等有利于社会的因素生成，并因此为处于最不利境况者创造就业或其他机遇，这种不平等就是

① ［美］约翰·罗尔斯．正义论［M］．何怀宏等译．北京：中国社会科学出版社，2009：47.

正义的[1]。

2.3.4.2 环境的世代间公平理论

环境的世代间公平理论是美国法学教授魏伊丝女士在她的著作《为了未来世代的公正：国际法、共同遗产、世代间公平》一书中提出的。她的观点实际上是法学家从法律的角度对实现“可持续发展”所作的法理学阐释。魏伊丝认为，环境的世代间公平是指作为物的一种，我们与现代的其他成员以及过去和将来的世代一道，共有地球的自然、文化的环境。在任何时候，各世代既是地球恩惠的受益人，同时也是将来世代地球的管理人或受托人。为此，我们负有保护地球的义务和利用地球的权利。

魏伊丝所倡导的环境的世代间公平理论在全球范围内都具有深厚的文化和思想基础。魏伊丝认为，世代间公平是从所有的有关世代间的公平的理论中产生的，其焦点是各世代在利用地球的自然、文化资源这些共同遗产时，对其他世代也即对过去和将来的世代所特有的固有的关系问题。这个命题的出发点是“各世代既是自然、文化的共同遗产的管理人同时又是利用人”。作为地球的管理人，人类对将来世代负有道德义务。我们的先祖对我们有了这样的义务，作为过去世代遗产的受益人，我们也要给将来世代留下享受这种遗产之恩惠的权利。将来的世代也从我们的世代继承这样的权利。所以我们可以将这些称为世代间的地球义务和地球责任[2]。

魏伊丝提出了实现环境的世代间公平的三项原则：第一，要求各世代就像将来世代在自己解决自身的问题、实现自己的价值之际不对利用可能的选择作不当的限制那样，保护自然、文化的资源基础的多样性。各世代有享受与前世代所享受的多样性相当的多样性的权利。这个原则可以称为“保护选择”的原则。第二，要求各世代要像继承不比现代状况更恶劣的地球那样维持地球的质量，并且有享受与前世代所享受相当的地球质量的权利。这个原则可以称为“保护质量”的原则。第三，各世代应当将从过去世代继承的遗产公平的获取权赋予各个成员，为了将来世代要保护这种获取权。这个原则可以称为“保护获取”的原则。她分析认为，确立

---

① F. J. Garcia, Trade and Inequality: Economic Justice and the Developing World [J]. *Michigan Journal of International Law*, 2000 (21): 1000.

② 汪劲. 环境法学 [M]. 北京：北京大学出版社，2006：163 - 165.

上述三项原则的目标有三个方面的内涵：第一，使地球的生命维持体系得以持续；第二，使人类生存所必要的生态学流程、环境质量以及文化的资源得以持续；第三，使健全、舒适的人类环境得以持续。

所有这些理论都为碳税立法和碳税征收公平原则的研究奠定了基础，其背景就是不断恶化的生态环境问题严重影响到了人类社会与自然界的生存和发展。

2.4 碳税征收公平原则与效率原则的辩证关系

1. 效率是从一个给定的投入量中获得最大的产出，即以最少的资源消耗取得同样多的效果，或以同样的资源消耗取得最大的效果

也就是经济学家常说的“价值最大化”或“以价值最大化的方式配置和使用资源”[①]。效率和公平是既相适应又相矛盾的社会价值。一方面，以效率为标准配置社会资源，促进经济增长，增加社会财富总量，在此基础上才有可能实现高层次的公平，即共同富裕。另一方面，如果只顾效率而不顾公平，社会成员之间就会出现收入差距过大、分配不公以至形成贫富悬殊的现象，而这种现象必然会触犯人们的正义感，引起社会上大多数人的不满，造成效率与公平之间的矛盾[②]。罗尔斯就指出，一个社会无论效率多高，如果它缺乏公平，则我们不能认为它就比效率低但比较公平的社会更理想。

2. 税收效率是税收学中与税收公平同等重要的原则问题

美国经济学家斯蒂格利茨指出：判断一个良好税收体系的“第一标准是公平。……第二个重要标准是效率”[③]。什么是税收效率？多数税收学家认为，所谓税收效率是政府向企业和个人征税，不但是收入分配，也

---

① 张文显．法理学［M］．北京：高等教育出版社，2003：419，423.

② 沈宗灵．法理学［M］．北京：北京大学出版社，2003：62.

③ ［美］斯蒂格利茨．经济学［M］．北京：中国人民大学出版社，1997：517.

是资源转移，是通过市场进行的资源重新配置。所以，税收对资源的重新配置既会促进经济效率或效益的提高，也会导致经济效率的损失[①]。

税收效率原则所要求的是以最小的费用获取最大的税收收入，并利用税收的经济调控作用最大限度地促进经济的发展，或者最大限度地减轻税收对经济发展的妨碍[②]。税收公平原则是由英国古典经济学家亚当·斯密最早提出并系统加以阐述的税收首要原则。税收公平，即公平税负。现代西方税收学界是这样界定的："税收公平原则就是指国家征税要使各个纳税人承受的负担与其经济状况相适应，并使各个纳税人之间的负担水平保持均衡。"[③] 我国税收学者认为，所谓税收公平是指不同纳税人之间税收负担程度的比较，纳税人条件相同的纳同样的税，条件不同的纳不同的税。因此，公平是相对于纳税人的课税条件说的，不单是税收本身的绝对负担问题[④]。学术界对税收公平原则的理解倾向负担能力说，该学说的代表人物是穆勒和庇古，他们引入相对牺牲的概念，认为凡具有相同纳税能力者应负担相同的税收，不同纳税能力者应负担不同的税收，无负担能力者不纳税，这样可以保障低收入者的生存权，后来发展为税法上体现税收公平原则的量能课税原则。

社会主义国家更重视税收效率与税收公平的关系。邓小平同志指出："走社会主义道路，就是要逐步实现共同富裕。共同富裕的构想是这样提出的：一部分地区有条件先发展起来，一部分地区发展慢点，先发展起来的地区带动后发展的地区，最终达到共同富裕。如果富的愈来愈富，穷的愈来愈穷，两极分化就会产生，而社会主义制度就应该而且能够避免两极分化。解决的办法之一，就是先富起来的地区多交点税，支持贫困地区的发展。"[⑤] 可见，运用税收可以促进社会公平。所以公平的税收，在于尽可能矫正社会财富初次分配的过分悬殊，使之趋于合理化以利于调动劳动者的积极性和创造性，为社会生产更多的财富。税法调整税收分配关系，不仅仅是追求机会的公平，更要通过调节再分配关系，尽量做到结果公

---

① 徐孟洲．论税法原则及其功能［J］．中国人民大学学报，2000（5）：87－92.

② 刘剑文．财税法学［M］．北京：高等教育出版社，2004：334－335.

③ 孙尚清．商务国际惯例总览（财政税收卷）［M］．北京：中国发展出版社，1994：382.

④ 杨秀琴．国家税收［M］．北京：中国人民大学出版社，1995：69.

⑤ 中央财经领导小组办公室编．邓小平经济理论（摘编）［M］．北京：中国经济出版社，1997：47.

平、实质公平，实现税收分配的机会公平和结果公平、形式公平和实质公平的统一。

3. 公平和效率是国际碳减排谈判中经常争论的核心问题，也是在制定碳减排国际公约与协定过程中经常面对的问题

在各国签订公约与协定时，公平将起着最重要的作用。如果无法保证公平，那么公约的参与广泛度将受到很大影响，减排目标将很难实现。所以，在减排温室气体问题上，公平非常重要。

在国际碳减排中，各国都希望合作而不是对抗，因为只有各国通过共同合作来控制温室气体的排放，才能减缓气候恶化。合作之中仍存在矛盾，矛盾的焦点是各国都希望为本国争取更多的利益。在这过程中，也存在“搭便车者”，即有些国家可以表面声称要采取行动，但实际上并不真正采取行动，结果他们从其他国家的行动中获益。如果每个国家都想做“搭便车者”，其结果将是无便车可搭。鉴于问题的本质是国际碳减排责任的分担，世界各国在协商时，公平原则应是首先要考虑的原则。只有公平合理地确定各国的碳排放指标和减排责任，才有可能让世界各国都参与其中，共同减排。否则，效率再高的方法，如果缺少公平性，也将因为被拒绝接受而导致失败。因此，在国际碳减排问题上，公平和效率的基本关系是：公平是基础，效率是建立在公平基础上的目标①。

4. 碳税是以市场为基础的一种减排二氧化碳的有效措施，如果以碳税征收效率原则为优先考虑，那么应该把税收的静态经济效率作为唯一的评价准则，收费标准的建立应该采用统一的税率

有学者就认为应该以效率原则优先，因为碳税的征收是以减排为第一目的，以最小的成本获得最大的减排效果，达到效率最大化。但由此而引发的社会公平问题是碳税成本的底层化和碳税利益的高端化，民众的反对意见会非常大，最终的结果就像法国那样，因为碳税征收的公平问题而不得不将碳税法案“搁浅”。从全球来看，发达国家在碳减排问题上就是站在这一立场，认为在减排过程中效率原则是第一位的，如果对发展中国家给予照顾，就会降低温室气体的减排效果。他们完全不考虑大气中的二氧化碳的大部分是发达国家在工业化的过程中排放的，并要求发展中国家承

---

① 中国气候变化国别研究组．中国气候变化国别研究［M］．北京：清华大学出版社，2000：289.

担同样的强制性减排义务，由于中国在 2007 年以后成为世界上最大的二氧化碳排放国，所以中国要承担世界上最大的减排责任，实际上中国的人均碳排放量远远低于发达国家，可见，这种追求碳减排效率的做法是违背公平原则的。

由以上分析可知，在碳税征收中效率原则优先不是最佳选择，碳税征收公平原则才是各国碳税法最基本的原则，也是国际碳减排合作与协调中应该坚持的原则。事实上，各国也出于对公平因素的考虑，对本国碳税法律制度做出了各种调整，比如税收优惠、差别税率、对低收入群体的补贴等。这些措施在一定程度上会降低碳税的经济效率，使温室气体减排成本增加，减排效果变弱，但是，这样建立在公平原则基础上的碳税法律制度却得到了公众的认可，在现实中得以顺利实施。在国际碳减排问题上没有哪个国家愿意接受一个不公平的指导原则，更不愿意接受不公平的结果。在碳减排责任分担中，“共同但有区别的责任”原则是碳税征收公平原则在解决国际碳减排问题上的具体化，它追求的是实质公平，这和国际法上的公平互利原则相契合。“共同但有区别的责任”原则对发展中国家具有指导意义，是应对气候变化、减排温室气体行动中应该坚持的原则，是碳税征收公平原则在国际环境责任承担中的具体应用和体现。

第3章

碳税征收公平原则的特殊性和判断标准

3.1 碳税征收公平原则的特殊性

3.1.1 国内公平与国际公平并重

碳税征收公平不仅包括国内公平，也包括国际公平。由于二氧化碳的排放是在全世界的每一个角落，如果不采取控制措施，最终都会进入大气空间，它的负外部性是跨国界的。同时，碳税是对二氧化碳的排放征税，所以碳税征收和其他的税收相比具有了全球性特征。由于碳税征收的特殊性，使得碳税征收公平不仅包括国内公平，也包括国际公平。地球生态系统（生物圈）是一个流动的物质和能量循环体，它们不以对国家或地区疆界的人为划分而分割。因此，在一个国家、一个地区对人类环境利用行为所实施的法律控制，必然会在一定的程度上对其他国家或地区产生积极或消极的影响。例如，一个国家为防治大气污染而采取高烟囱化措施的结果就可能使该大气污染物质随大气循环而污染其他国家或地区，而各国大量排放二氧化碳可能导致全球气候异常①。

人类社会过去几个世纪所发生的环境破坏事例已经充分说明，环境问题已不再是可以仅依靠一个国家或一个地区采取局部行动所能解决的。从法律的角度看，只就人类社会的某项法益所采取的保护措施并不能遏制环境恶化所导致的对更大、更多保护法益的侵害。环境问题从局部发展到地区、从一国发展到国际、再从国际演变为全球性问题，这反映出如果人类仅从私益或者局部利益的角度出发保护环境是不可能从根本上扭转或摆脱困境的，所以，碳税征收的公平问题不仅是国内的公平问题，更是国际公平问题。

3.1.2　实质公平重于形式公平

碳税征收公平追求的不仅是形式公平，更是实质公平。对于经济实力相当、实际地位基本平等的同类国家来说，公平落实于原有平等关系的维持；对于经济实力悬殊、实际地位不平等的不同类国家来说，公平落实于对原有形式平等关系或虚假平等关系的纠正以及新的实质平等关系的创设。为此目的，就应当积极采取各种措施，让经济上贫弱落后的发展中国家有权单方面享受非对等性的、不要求直接互惠回报的特殊优惠待遇，并且通过给予这些貌似“不平等”的特惠待遇，来补偿历史上的过错和纠正现实中的弊病，以实现真正的、实质上的平等，达到真正的公平。我们都知道少量的二氧化碳对环境是无害的，只有当大气中二氧化碳存量过多的时候，才会产生危害。现存于大气中的二氧化碳的大部分是由发达国家在过去工业化过程中排放的，所以，发达国家和发展中国家在碳减排问题上承担不同的责任才符合实质公平。

这种新的公平观，是符合客观实际的，是科学的，也是符合马克思主义基本观点的。早在百余年前，马克思在剖析平等权利时就曾经指出：用同一尺度去衡量和要求先天禀赋各异、后天负担不同的劳动者，势必造成各种不平等的弊病，并且断言：“要避免所有这些弊病，权利就不应当是

① 汪劲．环境法学［M］．北京：北京大学出版社，2006：56.

平等的，而应当是不平等的。”① 马克思的这种精辟见解，对于我们深入理解当代发展中国家提出的关于贯彻公平互利原则和“共同但有区别的责任”原则等正义要求，具有现实的指导意义。碳税征收公平在形式上可能表现为不公平、不对等，但实质却是公平的。只有在公平的基础上建立新型的国际关系，才能逐步纠正目前存在的国际贫富悬殊的不合理现象，实现全球各类国家在经济上的均衡发展和共同繁荣。只有在公平的基础上分担国际碳减排的责任，发展中国家才会积极地加入减排的大军，通过发达国家和发展中国家的共同努力，才能有力地缓解气候恶化。

3.1.3 社会公平重于经济公平

碳税征收公平不仅包括经济公平，更强调社会公平。经济公平要求对所有的纳税人都要一视同仁、同等对待。税收的经济公平就是要通过对税收中性或非中性的主动选择，使税收有利于维持或促成平等竞争的经济环境。在市场机制的作用下，由于各种不同的内外部条件，各经济主体所得到的报酬可能会出现较大的差异。税收经济公平实质上更强调起点公平和过程公平，过程公平要求对所有社会成员不做非理性的区别对待。可见，在市场经济中，经济公平并不能解决社会财富占有和收入分配的悬殊问题，反而会形成一种贫富差距甚至两极分化的格局。

社会公平是指通过分配和再分配而使得当事人之间的财富、权利平等，强调的是社会财富的再分配和对社会上处于不利地位的人给予一定补偿或救济。税收的社会公平最早见于瓦格纳的社会公平原则，在该原则中，他不仅强调税收负担应当公平合理分配，而且特别强调利用税收手段来矫正社会财富分配不公的重要作用。碳税征收公平既包括经济公平，也包括社会公平，但更强调后者，因为征收碳税的出发点是为了减少碳排放，减缓气候恶化和增加所有人的环境福利。如果碳税的征收使社会低收入群体的生活状况变得更差，使发展中国家的生存和发展面临更大的障碍，那么高收入阶层和发达国家所获得的环境福利就是以对前者的损害为代价的，这明显违背了公平原则。

---

① 马克思恩格斯选集（第3卷）［M］. 北京：人民出版社，1995：305.

3.2
碳税征收公平原则的判断标准

无论是在政治哲学领域，还是在经济学范畴，并不存在一个令所有理论家都能达成一致的税收公平原则，如果说罗尔斯与诺齐克在该问题上的分歧主要集中于税收是否应当具备再分配功能这一问题的话，那么各种具体的税收理论之间在此问题上的分野则主要表现在究竟应该依据何种实质性公平标准来决定每个纳税人所应支付的纳税份额这一问题上；如果说前一问题之争解决的是税益分配公平原则的话，那么后一问题之论则关系的是税负的分担公平原则①。而实际上，这两个问题并不是孤立存在、泾渭分明的，对税收再分配功能认知上的不同本身就包含了对应依据何种实质性公平标准来分配税负在路径选择上的差异，而对应该依据何种实质性公平标准来分配税负的诸多方案，也必然反映着该方案在对待税收再分配问题上的立场和态度。因为税收在本质上就是税的征收与使用的统一体，所以任何一项公平的税制安排都回避不了税益和税负两个方面的公平衡量。

3.2.1　税益分配公平

判断一项税收是否公平，首先取决于公平的判断是否独立于税前财产分配公平这一问题的回答，其实质关乎税益分配公平的衡量标准，即税率的选择——单一税制抑或累进税制。人们对税收再分配功能所持的不同立场表明这有两种可能的情形。第一种情形，就税收再分配功能否定派而言，税收公平与税前财富分配公平不发生联系，一项公平的税收所涉及的仅是税负的公平分配问题，而就此获取的税收收入将被用于提供事先核准的公共产品，其并不会扰乱税前的财富分配格局。

与之相反，在第二种情形下，税收再分配功能肯定派明显是将税收公平与税前财富分配公平相关联起来。于是，税的公平与否的判断须分两步

① 陈丹．论税收正义：基于宪法学角度的省察［M］．北京：法律出版社，2010：60－63.

走：首先，第一个步骤是人们必须判明既存的财富分配格局是否公平。其次，第二个步骤才是分配税负，而该步骤如何进行则要取决于第一个步骤的结果。如果在第一个步骤下，税前财富分配被判断为非正义的，那么第二个步骤要求的就不仅是税负公平的分配，还包括财富再分配。换句话说就是，如果税前财富分格局是公平的，那么就不需要具有财富再分配功能的累进税制了，此时，一项公平的税收无须改变税前财富分配格局就能公平地分配税负，其最终结果与完全不考虑税前分配格局的第一种情形下的税制设计是完全相同的①。这也正是罗尔斯与诺齐克尽管在税收再分配功能问题上互为论敌，但两者却能在各个所设想的乌托邦国家中不约而同地以单一制税制作为理想税制的原因所在：两种税益分配公平的判断方法并非绝对分离而是可以合并的。

3.2.2 税负分担公平

由上可知，无论税益分配公平的判断方法将落入上述何种情形之中，建立一种公平的税制体系最后都要归结于如何在各个纳税人之间实现税负分配公平这一终结性问题上来，以使“相同情形相同对待、不同情形不同对待”的公平基本原则在碳税征收领域得以贯彻和落实。此问题与税基的选择密切相关。

诚然，如日常经验所显现的那样，任何两个人或两件事在某些方面都会有所不同，总可以举出某些区别以支持或证明用不同方式对待他们是正当的②。因此，贯彻和落实该相同对待原则的真谛，并不在于仅仅根据不同的特征来予以不同的对待，而在于根据什么样的一套标准——实质性公平原则，来确定各种差异的相关性，从而让公正的相同对待建立在个人之间相关的类似之处上，公正的区别性对待建立在个人之间相关的差异之处上。那么，基于此，在税收公平领域，什么是税负分配问题的相关标准和实质性公平原则呢？对于这个问题的回答，其路径将通往无数分支，而每个分支都以一种规范性判断为基准，常使人陷入眼花缭乱、无所适从的境地。但如若我们放弃对税负分配公平唯一真理标准予以孜孜探求的话，从

---

① Marjorie E. Kornhauser. Equality, Liberty and a Fair Income Tax [J]. *Fordham Urban. L. J.*, 1996 (23): 612.

② [美] J. 范伯格. 自由、权利和社会正义 [M]. 王守昌，戴栩译. 贵州：贵州人民出版社，1998：144.

我们对税负分配公平多层次的理论梳理中，仍可归纳出以下税负分配所应当体现的若干具有常识性和共识性的相关标准或实质性公平原则（见表 3-1）①。

表 3-1　　分配公平原则

平等主义（原则）	非平等主义（原则）
1. 完全平等（一人一份）	4. 能力
2. 普遍福利（公共产品需求）	5. 努力
3. 需求	6. 成就
	7. 贡献（例如教育、资本、时间）
	8. 个人赋属（例如年龄、性别）
	9. 市场供需
	10. 运气

这些相关性标准或实质性公平原则通常会落入“平等主义”与“非平等主义”这两大基本原则任一范畴之列。完全平等原则、需求原则、普遍福利原则就属于前者，是平等主义家族中的一分子；而能力原则、努力原则等则归属于后者，是不平等主义家族中的成员。尽管平等主义与非平等主义中的分配原则通常会相互扞格——前者以平等为基石，后者以自由为根基，但不平等主义家族中的原则如果是以人人都平等具有的某种特性为基准的话，那么平等与非平等主义原则的适用结果就又会是一致的；在平等主义与非平等主义家族内部，各衡量标准与原则之间同样也不一定是互相排斥的，例如努力与成就可以并行不悖，而需求原则与完全平等原则也可以同时兼顾。但即使如此，在考虑税负相同对待的意义是什么时，区别仍然是必要的。

一些理论家可能会主张平等主义原则与非平等主义原则其中一种，以作为适用于所有税负分配情形的单一至上原则，而另一些理论家则可能认为并不存在可适用于每一种税负分配情形的单一标准。例如，约翰·罗尔斯就将平等主义原则适用于包括税负在内的所有经济领域分配情形之中，而诺齐克则都代之以非平等主义原则（基本权利与自由原则）的处理方

① Jennifer Hochschild. *What's Fair: American Beliefs about Distributive Justice* [M]. Harvard University Press. 1981: 47-82; George Scher. *Desert* [M]. Princeton University Press. 1987: 6-7. 转引自陈丹. 论税收正义：基于宪法学角度的省察 [M]. 北京：法律出版社，2010: 62.

式。至于米歇尔，其与他们可能又会有所不同，因为他认为不同的领域需要不尽相同的标准，“尽管发生在一个分配领域的事情会对其他领域产生影响”①。即便在平等主义或非平等主义同一原则领域之下，人们或许还是回避不了要针对不同情形，对该原则家族体系中的若干上述具体考虑因素和标准，予以甄别、取舍和组合。

显然，上述来自一般公平理论及相关税收理论的衡量方法、基准或实质性公平原则始终未曾完成税收公平蓝图的清晰绘制及自身的终极妥当性证明，但它们本身作为分配公平原则的内容已为碳税征收公平原则的确立和证成提供了重要线索、理论素材及方法论上的指引。

3.3 碳税征收公平原则的意义

3.3.1 理论意义

1. 碳税征收公平原则是国家基本政策的具体化和体现

我国在发展经济的过程中出现了贫富差距拉大的现象，甚至出现了两极分化，所以，国家把实现社会公平正义放在了更重要的位置。构建和谐社会目标是在党的十六届四中全会上提出来的，保障社会公平正义被我们党放在了更加重要的位置。党的十八大报告提出中国特色社会主义的内在要求之一就是公平正义，要加紧那些对保障社会公平正义具有重大作用的制度建设，逐步建立以机会公平、规则公平、权利公平为主要内容的社会公平保障体系，努力创造一个公平的社会环境，这样才能保证广大人民平等发展的权利。强调“更公平”，是释放一个明确的信号，表明国家将以更大力度加强社会建设和改善民生，是“以人为本”理念的进一步细化

① Jennifer Hochschild. *What's Fair: American Beliefs about Distributive Justice* [M]. Harvard University Press. 1981: 106-111. 转引自陈丹. 论税收正义：基于宪法学角度的省察 [M]. 北京：法律出版社，2010：63.

和深化。

党的十八届三中全会也提出，实现发展成果更多更公平惠及全体人民，必须加快社会事业改革，解决好人民最关心最直接最现实的利益问题，更好满足人民需求。全面深化改革，要以促进社会公平正义、增进人民福祉为出发点和落脚点。这是正面回应广大人民群众的心声，也意味着将进一步促进社会公平。从之前的“以人为本”到现在的“公平正义”，体现了改革的不断深化。全会提出，要紧紧围绕更好保障和改善民生，促进社会公平正义，深化社会体制改革，改革收入分配制度，促进共同富裕，推进社会领域制度创新，推进基本公共服务均等化，加快形成科学有效的社会治理体制，确保社会既充满活力又和谐有序。

2019 年 1 月 15 日，习近平总书记在中央政法工作会议上强调，促进社会公平正义是政法工作的法治价值追求。从一定意义上说，公平正义是政法工作的生命线，司法机关是维护社会公平正义的最后一道防线。政法战线要肩扛公正天平、手持正义之剑，以实际行动维护社会公平正义，让人民群众切实感受到公平正义就在身边。

碳税征收公平原则是我国未来碳税法的基本原则之一，而碳税法的制定要符合国家的基本国策，充分体现公平正义的要求。一部好的法律会带来积极的正面社会影响，能树立法律的权威，让广大人民群众相信法律，用法律来维护社会公平正义。

2. 碳税征收公平原则是建设生态文明、和谐社会的保障

建立社会主义和谐社会是我国改革开放以来党和国家始终奋斗的目标。社会主义和谐社会主要包括两大和谐，即人与自然的和谐和人与人的和谐。和谐社会的基础是人与自然的和谐，只有人与自然和谐，人与人之间才能实现持久的、真正的和谐；只有人与自然和谐，中华民族才能拥有美好的生存空间，才能实现公平正义、民主法治、诚信友爱、安定有序等社会价值。所以，要特别强调人与自然的和谐，增强可持续发展的能力，重视生态环境问题，这关系到中华民族的生存与长远发展。我国现在经济正在高速发展，但这种经济发展是以对环境的损害为代价的。我国是人口大国，现有的生态环境很脆弱，工业化的快速发展大量消耗着不可再生和可再生的资源，人与自然的矛盾日益突出。建设社会主义和谐社会必然要坚持人与自然的和谐发展，并根据我国的国情走可持续发展的现代化道路。

中国共产党第十八次全国代表大会在加强生态保护的基础上，进一步提出生态文明建设。胡锦涛同志在大会报告《坚定不移沿着中国特色社会主义道路前进，为全面建成小康社会而奋斗》中强调要加强建设生态文明，要依靠制度来保护生态环境，把生态效益、资源消耗、环境损害作为经济社会发展评价体系中的一个指标。要加强生态文明方面的教育，提高全民环保意识、生态意识、节约意识，培养合理消费的社会观念，形成爱护环境的良好氛围。要建设适宜人类生存的生态环境，为自然留下更多可自我修复的空间，为农业留下更多可耕作的良田，为后代留下山青水绿的美好家园。号召我们要积极地保护生态环境，要更加自觉地珍惜自然资源，建设社会主义生态文明。党的十八届三中全会进一步提出，要紧紧围绕建设美丽中国深化生态文明体制改革，加快建立生态文明制度；要健全自然资源资产产权制度和用途管制制度，划定生态保护红线，实行资源有偿使用制度和生态补偿制度，改革生态环境保护管理体制。这实际上就是从资源管理、环境管理、生态管理的视角创新人与自然之间的关系。

人与自然的和谐发展之所以受到党中央的重视，一方面是因为人类对人与自然关系认识的深化，认为人与自然和谐相处最为重要。人类依赖于自然而生存发展，同时，人类所从事的活动又影响并改变着自然，自然反过来又对人类产生负面影响，这些影响主要是由于自然灾害、资源枯竭、环境污染、生态恶化等造成的，可见，人类与自然是一对矛盾的统一体。另一方面是因为人与自然的关系在本质上是人与自然的相互作用。人与自然的关系伴随着科学技术和生产力的发展，经历了从原始的和谐状态，到农业社会阶段性的、局部的不和谐，再到严重失衡的现代化工业社会。现在，经济高速发展，社会极度繁荣，但人与自然的矛盾正在逐渐加深。在人口快速增长、消费能力不断提高的同时，自然资源却正在走向枯竭，我们生活的环境已经无法容下生产和生活中产生的大量垃圾和有毒物质。世界各地气候异常，有些地方干旱，有些地方洪涝，还有很多地方被雾霾和沙尘暴所困扰，这些都表明大自然开始报复人类。此外，人与自然的关系正处在一个重要的环节上。在这个环节上可能出现两种情况，抑或是激化矛盾，抑或是走向更好的和谐状态，大自然已经不能承受人类的不可持续发展和破坏而变得不适合人类生存。随着科学技术的不断发展和进步，人与自然的关系也随之变化，在原始社会的生产中，出现了“天人合一”的人与自然关系。那时，人们在自然面前很渺小，还没有能力改造自然，对自然非常崇拜。但在近代工业社会，由于人类对自然征服和改造能力的增强，使人类活动对生态环境的破坏越来越严重，自然以自己的方式报复了人类，这使人类开始反思人与自然的关系。日趋严重的人口资源环境问题促使了可持续发展理念的产生。

一系列具有重大意义的纲领性文件自 1992 年里约环境与发展大会以来颁布，这标志着实现人与自然和谐发展、走可持续发展之路已成为全世界的共识。我国也积极投入到可持续发展的建设中，我们必须全面推进生态环境建设，减排温室气体是其中的主题之一。减排温室气体是一个全球性问题，我们一方面要采取有力措施减少本国的温室气体排放；另一方面要积极参与国际谈判，争取国际资金和技术的援助。征收碳税是碳减排的有效措施之一，是实现生态文明的途径，而碳税征收公平原则是实现和谐社会的保障。

3.3.2　现实意义

1. 碳税征收公平原则是碳税立法的基本原则，对各国碳税法律制度具有指导作用

一般而言，法律是以规范、原则和概念的形式表现公平的权威方式；法律体系就是国家认可的一套公平标准。公平既是一种尺度、标准和准则，又是一种价值目标。所谓尺度、标准和准则就是判断人们的行为是否为善；所谓价值目标就是在法律框架下人们应该实现的目标。

从宏观上看，税法表现公平的形式贯穿于税收法律体系的各个层次。从微观上看，构成碳税法的各个要素都是税收公平原则的表现形式。碳税法是通过规定适用条件、行为模式和法律后果直接表现碳税征收公平原则的具体要求，是最为明确和具体的公平关系模式，碳税征收公平原则是碳税法的基本原则之一。

碳税法上的公平具有其特殊性。碳税法不仅把公平关系模式化和具体化，表现为具体的公平，而且还规定了一些条件，以保障社会公平细化的实现。碳税法不仅要实现公平价值，同时还要实现社会政策和效率等其他价值目标，并使这些价值相互协调。碳税法能够提供一个解决公平和其他价值冲突的具体途径，以法律的形式来消除公平与其他价值之间的矛盾。

简言之，碳税法的制定和执行要遵循公平原则，采用税收方式来实现社会分配公平，是税收公平原则的具体实现。在实际生活中，碳税征收公

平既要注重经济公平，更要注重社会公平，同时更要关注国家宏观经济政策和社会正义等方面的问题。此外，中国目前正在大力构建和谐社会，对碳税征收公平原则的研究，既要涉及社会经济生活领域，又离不开对社会基本结构的分析。要使碳税征收公平不仅成为碳税法的评价标准，而且成为碳税法的具体规范，就需要建立公平的税权结构体系并完善对纳税人权利保护的相关救济程序。

2. 碳税征收公平原则是“十二五”时期碳减排顺利实施的保障

《国家“十二五”规划》首次将应对气候变化纳入中国经济社会发展规划中，体现了中国加快转变经济发展方式、调整经济结构的重要战略。《国家“十二五”规划》强调控制温室气体的排放，要综合运用调整产业结构和能源结构、节约能源和提高能效、增加森林碳汇等多种手段，大幅度降低能源消耗强度和二氧化碳排放强度，有效控制温室气体排放。合理控制能源消费总量，严格用能管理，加快制定能源发展规划，明确总量控制目标和分解落实机制。推进植树造林，新增森林面积 1250 万公顷。加快低碳技术研发应用，控制工业、建筑、交通和农业等领域温室气体排放。《国家“十二五”规划》明确提出在未来五年，单位国内生产总值能源消耗要降低 16%，单位国内生产总值二氧化碳排放要降低 17%，充分体现了我国积极应对气候变化的战略意图。

但是“十二五”期间，工业化和城镇化的进程在逐渐加快，消费结构不断升级，我国的能源需求表现为刚性增长，受国内环境容量和资源保障能力的制约，以及全球应对气候变化的影响，我国现阶段的基本国情是资源环境约束越来越明显，节能减排工作的压力越来越大①。为有效控制温室气体排放必须采取各种减排措施，而碳税就是一种以市场为基础的有效减排措施。根据《“十二五”控制温室气体排放工作方案》的相关要求，首先，要转变发展理念，以绿色低碳发展为契机，建立绿色低碳发展机制，推进绿色低碳发展转型，倡导绿色低碳是突破能源环境约束的一个途径。我国要尽快制定积极有效的工作方案，以便控制能源消费的总量，使其稳定在一个合理的区间。引导各方加快能源结构的调整，严格控制火电和煤炭的新增产能。其次，为配合应对气候变化的行动要创新财政，逐步构建以生态文明建设为统筹，包括环境保护、资源节约、生态建设和碳

① 贾康．中国与国际气候融资问题研究［M］．北京：当代中国出版社，2013：28－32.

减排在内的财政预算科目，明确财政支持应对气候变化的力度、财税优惠政策的目标和具体受益对象以及相应的政策支持方式。同时，加强有关碳减排方面的立法，要将公平原则贯穿于这些法律之中，因为只有公平、正义的法律才能更好地得以贯彻、执行，才能保障我国碳减排的顺利实施。

3. 碳税征收公平原则是国际碳减排责任分担的基本原则，也是国际协议有效履行的保障

"共同但有区别的责任"原则是碳税征收公平原则在国际领域的具体化。亚里士多德认为，自然法等同于人的本性，是一种"非静态且具有内在倾向去寻求自我保存和满足"的本性[①]。自然法的概念在古罗马时期即被认为是法律和公平的基础。因为自然法反映了人的本性要求并具有普适性，因而从起源来看，正义和理性这些态度将从家庭、朋友范围扩大适用直至全人类。从性质上来看，正义感是所有理性人都具有的一种普遍品格。因此，存在着一种基于理性的普遍的自然法，它对世界各地的任何人都有约束力。人类社会存在一种"世界国家的宪法"的真正法律，即正义的理性[②]。因而，自然法学说把国际社会的法律效力一般归因于"不可违背的自然理性"[③]。

由此可见，国际法已经牵涉到道德、正义和理性的问题。"共同但有区别的责任"原则是国际合作应对全球变暖和气候变化的基本原则。自然也与道德、正义和理性等密切相关。从最广泛的和最为一般的意义上讲，争议的关注点可以被认为是一个群体的秩序或一个社会的制度是否适合于实现其基本的目标。从法律上来讲，正义关注的是法律规范和制度性安排的内容，它们对人类的影响以及在增进人类幸福与文明建设方面的价值。从某个方面来讲，满足个人的合理需要和主张并因此同时促进生产进步和提高社会的内聚性程度，是维系文明生活所必需的，也是公平的目标。从这个意义上说，关于应对气候变化的国际法律，诸如《联合国气候变化框架公约》和《京都议定书》等就必须体现合理性与公平性等要求。

---

① Alfred Verdross and Herbert Franz Koeck. *Natural law: The Tradition of Universal Reason and Authority* [M]. The Hague: Martinus Nijhoff Publishers, 1983: 17 – 19.

② George H. Sabine. *A History of Political History* [M]. New York: Holt, Rinehart and Winston, 1961: 164.

③ 古祖雪，陈辉萍. 国际法学专论 [M]. 北京：科学出版社，2007：12 – 14.

碳税征收与一般的税收相比具有自身的特殊性，由于碳税是针对温室气体排放而征收的，而温室气体的排放具有全球性特征，所以碳税征收就具有跨国性，它不仅仅是针对本国的外部性，它还面对着碳税的国际合作与协调问题，由此碳税征收公平原则不仅适用于国内法，也适用于国际法。公平原则在国际公约和议定书中的具体表现就体现在“共同但有区别的责任”原则。为了应对全球气候变化，就各国碳减排的权利与义务问题，国际社会展开了讨论。由于世界各国都享有温室气体排放权，所以任何国家都有平等参与的机会。纵然各国有经济和综合能力等差别，但是谈判和权责划分尽力让参与的国际社会成员都认为对自己有利，有关的利益和机会能够对所有参与成员开放。作为分配权益的指导原则是极其重要的，而“共同但有区别的责任”原则能够体现这种公平性。

法律本身包括法律概念、法律原则和法律规则等基本要素。法律原则本身是法律的内容，也要体现法律的特征，更要体现法律的公平性。由此，关于国际法中“共同但有区别的责任”原则的法律公平性，可以理解为其作为法律部分内容所能体现的入律程序的平等与公正性、所体现精神的公平性和执法与司法结果的公平性。在温室气体减排问题上没有哪个国家愿意接受一个不公平的指导原则，更不愿意接受不公平的结果。因此，公平原则是国际碳减排协议有效履行的保障。

第 4 章

碳税征收公平原则国外法律比较

荷兰是世界上最早对二氧化碳排放征税的国家，紧接着，芬兰、丹麦、挪威、瑞典、德国、瑞士、斯洛文尼亚、加拿大和澳大利亚等国家和部分地区也陆续开始征收碳税。

4.1 碳税征收公平原则国外法律实践

4.1.1 公平原则在荷兰法中的表现

从 1990 年开始，碳税在荷兰的环境税中以一个税目的形式出现，并随着欧盟的碳税变化而变化。两年后，荷兰政府把能源税与碳税结合在一起，称为“能源—碳税”，各自所占比例为 50%。碳税征税范围涵盖了所有能源消耗产业，但对某些能源密集型行业实行税收减免的优惠政策，比如年消耗天然气在 1000 万立方米以上的企业，税率可优惠到 40%。1995 年荷兰的碳税税率为每产生一吨二氧化碳需要缴纳 5.16 荷兰盾，由此征收的税入达到1.4亿荷兰盾，占荷兰全国总税收的1.3%左右[①]。1996年荷兰对液化石油气、柴油、燃油、电力和天然气征收能源调节税（REB）。能源调节税的主要纳税主体是能源消耗量少的小型企业和家庭，而能源消耗量大的大型企业通过签订自愿减排协议和改进技术来减少温室气体的排放量。能源调节税实行累进税率，一般情况下能源公司通过转账的方式把税金转给政府。对非营利机构、教育机构和社会机构征收的税收采取返还政策，返还比例最高为应税金额的50%。

能源调节税是专为解决税收负担分配而制定的，根据各自不同的税款，把商业和家庭的税收收入分开，进行税收再循环。对商业来说，再循环主要是通过削减雇主非工资劳力费用和企业所得税来进行的。对家庭来说，实行了能源使用免税界限制，从而避免了对低收入家庭的税收不公平。此外，家庭还可以减免部分所得税，因为规定四个级别收入人群中的每一个能源平均消费者，都不能因这一税收而降低生活水平（高于或低于能源平均消费者的人将分别降低或提高生活水平）[②]。这是一项既针对个别收入人群又顾及所有人的、透明的、特定的税收中立制度，对荷兰公民接受该税起了巨大作用。

荷兰的环境税改革始于1998年，主要是增加了能源调节税，并通过税收循环机制将之返回到家庭和工业部门。其中，针对家庭部门的税收循环机制内容是：对第一收入阶层征收的所得税税率减少0.6%；免税许可额度提高80荷兰盾；对老年人的免税许可额度增加100荷兰盾。对工业部门来说，其税收循环手段如下：第一，企业家支付的工资部分减少0.19%。第二，提高小型独立商的免税许可额度（对个体经营者的税收抵免提升了1300荷兰盾）；企业所得税超出首个十万荷兰盾的部分，减少3%[③]。从1999年开始，能源税和碳税税率都根据通货膨胀作相应调整。

随着其他欧盟成员国执行工业特殊税收条例，荷兰能源税也采取了工业特殊税收条例。荷兰能源税的具体内容是对天然气和电力消费实施差别税率，税率的详细程度在欧盟成员国中是独一无二的。荷兰的天然气税率被划分为七类消费水平，电力税率被划分为六类消费水平，各消费水平均

---

① 邢丽．碳税的国际协调［M］．北京：中国财政经济出版社，2010：77.

② ［英］欧洲环境局．环境税的实施和效果［M］．刘亚明译．北京：中国环境科学出版社，2000：51.

③ 杨姝影，蔡博峰等．国际碳税研究［M］．北京：化学工业出版社，2011：33-34.

执行不同的税率，这样做有利于实现社会的公平。荷兰环境税改革既适用于家庭，也适用于工业部门，税收循环机制与之类似。

2007 年，荷兰逐步对包装物征收碳税，目的是增强对包装材料的回收利用水平，其目标是在 2012 年达到 42%。该项碳税收入被用于建立废弃物基金（waste fund），以此促进地方垃圾分类和回收。这意味着此项碳税既刺激了企业减少包装使用，同时也提高了包装废弃物的回收。

总之，碳税外部性的分配常是不均衡的，低收入人群、儿童所承担的环境污染费用的比例高于其他人群。制定碳税时，周密的考虑可消除这些不公平性，并改善所有人群的经济福利。

4.1.2　公平原则在丹麦法中的表现

丹麦可以说是“碳—能源税”制度最先进的国家之一。丹麦议会在 1990 年确立了碳减排的具体目标，也就是说至 2005 年，全国范围内的二氧化碳排放量相比 1988 年要降低 20%。根据欧盟的相关协议和《京都议定书》的要求，丹麦制定了温室气体的减排目标，即从 2008 年到 2012 年，要将二氧化碳排放量与 1990 年相比减少 21%。为此，丹麦征收了碳—能源税，来促进能源的节约和降低对能源的消耗，从而实现节能减排的目标。

丹麦在 1992 年针对家用能源征收了碳税。次年对工业用天然气同样征收了碳税，它是全球范围内首个同时对企业与家庭进行碳税征收的国家。在开始阶段，丹麦给予工业一系列优惠政策，具体来说就是依据二氧化碳的净税负占企业销售金额的比例，这一比例与税率降低的比例二者呈现出正相关关系。所以，在实际上，丹麦工业承担的碳税负担并不重，它的征税金额只占家庭税的 35%。然而，那些高耗能的企业又获得了更多的优惠，事实上，大多数的高耗能企业最后都未缴纳碳税。之后，大家纷纷要求企业缴纳更高的税额，经过一番讨论后，企业的碳税税率提高了，但也规定那些愿意参与减排协议的企业能够获得减免税的待遇。

丹麦议会于 1996 年新增了一个税种，它也在丹麦的一揽子“绿色税收”规划中，征收该税种的目的与减排二氧化硫和二氧化碳的环境目标紧密相关。二氧化硫税、二氧化碳税和能源税这三个税种都被包括在新增的税种中，这样就增加了企业碳税和能源税的总体负担。最近几年，丹麦政府调整了碳税，在税率维持不变的基础上，扩大了税基，对供暖用能源也征收碳税。按照用途的不同，工业企业用能可分为三种，分别是生产用、供暖用与照明用。具体来说，生产用能源依照25%的比例进行征税，供暖用能源依照100%的比例进行征税，照明用能源依照90%的比例进行征税[①]。对消耗能源较多的企业，只要依据“二氧化碳协议”的补贴规定签署减排协议的，就会在税率方面给予税收优惠。

为控制经济发展速度，在1999年，丹麦制定了一系列经济刺激措施，能源税增加的幅度在15%与20%之间，新的税收政策使得企业供暖用能源的碳税税率调高到100欧元/吨二氧化碳。企业依据是否参与自愿减排计划分为两类：参与减排计划的重工业与轻工业，未参与减排计划的重工业与轻工业，并据此适用不同的税率。相对于没签订减排协议的企业来说，减排企业的税率优惠得多。

碳税是丹麦能源税改革的一个转折点，征收碳税把向“好的东西”——如劳工和资本征税，转变为向“坏的东西”——如污染征税。但在这个过程中也出现了一些不公平问题，例如，最近一份有关丹麦的交通税津贴的分析报告显示，税收津贴的最大份额落在大城市。尽管现有的公交设施已相当便利，但许多工薪族，尤其是居住在富裕区的人，仍喜欢自己开车上班。在哥本哈根市周围，有30%以上的工薪族享受到税收津贴所带来的好处，而在丹麦西部农村地区仅有14%—17%的工薪族享受此好处。总税收津贴的1/3，即每年高达35亿丹麦克朗，受益者是公司经理和高薪职员，而低薪职员只享受到总津贴的16%[②]。

丹麦环境税改革历经三个阶段。第一阶段（1993—1995年），主要针对家庭部门开始环境税改革。目的是减少个人所得税，实施税收转移。个人所得税减少的部分由增加环境税补偿，例如，饮水税、塑料袋和纸袋使用税。在环境税的收入中，大部分来自新增的能源税。

第二阶段（1996—2000年），环境税改革主要影响工业行业。税收转移的规模小于第一阶段。提高能源税，增加天然气税和硫排放税，增加的税收用于减少雇主的社会保障投入和增加能效方案投资。税收循环机制主要包括投资节能措施、给企业一部分税收返还、建立中小型企业专项基

---

① 苏明，傅志华等. 中国开征碳税理论与政策 [M]. 北京：中国环境科学出版社，2011：11.

② Krawack. Who Benefits from the Tax Allowance for Commuting? Bulletin No. 1, Transport Council, Copenhagen, 1995.

金。此外，企业能源税被分成了三部分：采暖、轻工业和重工业，工业与家庭享有相同的能源税率。

第三阶段从1998年开始，2002年完成。用环境税和企业所得税的增加来减少个人所得税和养老金储蓄税，实现税收转移支付。通过增加能源税使得税收循环支出增加。值得注意的是，税收循环机制主要影响两个部门——工业部门和家庭部门。个人所得税的降低主要影响中低收入人群，同时包括对养老金的补偿，这些做法是出于对社会公平的考虑。税收增加主要是通过能源税而不是碳税实现的，但由于有特殊税收条款（special tax provisions），企业所受影响并不显著。

20世纪90年代以来，工业便从能源税的优惠政策中获利。直到1992年引入碳税，工业部门才成为能源税的征收对象。1993年到1995年间，企业缴纳50%的额定碳税，并且享受各类减免政策。从上述可以看出，丹麦对工业给予了很大的政策倾斜和保护，而工业正是排放二氧化碳的大户，这对于家庭和小型能源消费者是不公平的。

4.1.3　公平原则在加拿大法中的表现

2008年2月19日，加拿大不列颠哥伦比亚省（British Columbia，以下简称BC省）公布2008年度财政预算案。按预算案规定，碳税于2008年7月1日起正式生效，适用于所有燃料，包括汽油、柴油、天然气、煤、石油以及家庭暖气用燃料等。

4.1.3.1　财政扶持与税收优惠

最开始，BC省各界对碳税议案持强烈的反对态度。这主要是因为那一阶段全球石油价格居高不下，民众担心碳税的征收会继续促使石油价格的上升。其中BC省的新民主党反对最为强烈。降低税收是这一党派一直以来的主张，在他们的观点中，征收碳税并不能有效降低温室气体的排放，且这一措施对偏远地区的民众来说也是不公平的。由于反对者众多，立法机构反复对这一法案进行修改，不断完善其内容，最终在2008年6月《碳税法案》获得通过。

《碳税法案》一共包含十个部分的内容，具体来说包括定义、证书颁发、支付和返还、利息、税收及保证金豁免、税收返还、IFTA商业船舶、税收记录、通常规定、法律责任，总计四十六个条款。这一法案的基本原则与具体内容中关于公平性问题的有以下规定：

为最大限度地降低碳税的征收对社会造成的消极影响，BC省在制定法案时采取以下四个指导原则：一是税收中性原则。这一原则要求由征收碳税取得的财政收入要借助某种渠道归还给纳税人，具体渠道包括分红、减免税收与补贴等。二是税率递增原则。它要求需纳税的化石燃料所采用的碳税税率标准要依据某一趋势逐年增加。三是税目逐渐拓宽原则。它要求该省针对碳税的税目范畴不断拓宽。该省计划的税目范围包括天然气、汽油、煤炭和航空燃料等在内的全部含碳化石燃料。然而，由于征收碳税会对经济的发展造成影响，在很短的一段时期内上述目标是不能实现的，这就需要对碳税的税目范畴进行逐步拓宽。四是特殊保护原则。它指的是在进行征税的时候，需对低收入者的利益进行特殊保护，最大限度地降低征收碳税对低收入群体生活的消极影响。由于在征收碳税之后，各种能源的价格（如石油、煤炭）都会增加，普通民众的生活开支也会不断上涨。其中受影响程度最深的就是低收入者，所以，需要对他们的利益进行特殊保护，给予其相应的财政补贴。

现阶段，BC省执行的和碳税紧密相连的政策分为两类，分别是财政扶持与税收优惠。针对税收优惠，在对某类化石燃料进行消费时，政府会对已支付碳税的纳税人采取免税或者退税政策，以降低他们的经济负担。比如，在2011年，一般企业的所得税税率由16.5%下降到10%，在2012年，小型公司所得税税率由4.5%下降到零①。又比如，在2009年，BC省的个人所得税减少了5%②。针对财政扶持，在税收优惠之外，该省还提供一些资金以支付红利并对低收入者进行补贴。财政扶持的一种途径是红利，在2008年，该省一次性给予社会大众440万加元的“气候行动红利”。该省民众在征收碳税以前每人能够获得一百加元的红利。财政扶持的另一种途径是补贴，该省对低收入者支付了3.95亿加元的“气候变化行动补贴”。该省提出年收入在35843加元之下的低收入家庭或者在30722加元之下的低收入者能够获得财政补贴，其中成人每年获得115加元的补贴，未成年人每年获得34.5加元的补贴③。

① British Columbia Climate Action for the 21th Century. p. 9.

② Jim Bentein. Ontario Group supports BC's Carbon Tax Approach [J]. *Energy Analects*, *CBCA Business*. 2008 (2): 4.

③ 毛涛. 加拿大英属哥伦比亚省碳税立法的启示 [J]. 环境经济, 2013 (1): 79-83.

除此之外，为提升碳税征收的公开性与透明度，该省每年都将制定年报以对碳税收入的详细用途进行说明。通过减税或者免税政策，不仅保证BC省达到温室气体减排的目的，而且也尽可能地消除了征收碳税对社会的消极影响，实现了社会公平。

4.1.3.2　个人所得税与福利规范之间的平衡

BC省重视税收中性原则的实践，要求政府在无须增加整体税收负担的前提下发出持续的价格信号，使该地区的经济竞争力不受负面影响。BC省政府利用碳税约束碳污染——人们想减少的，而使用税收收入激励就业、投资与经济增长——人们想提升的。这样“一减一增”实施碳税，通过对个人所得税、企业所得税的税收抵免、发放低收入家庭气候应对税收补助、特定地区居民津贴等方式使用碳税收入，这种方式不仅降低了温室气体排放，改善了BC省环境质量，同时还避免了课税的累退性弊端，降低了其他税种的税率，为企业投资、为个人提供就业机会创造了良好的条件。当受碳税影响的个人和企业选择更具成本收益性的降低排放方式时，实际上也增加了对清洁能源的需求。而这又进而鼓励了企业创新技术革新及对气候友好的项目投资。2008—2014年，虽然人口增加了8.1%，BC省仍然降低了5.5%的排放，GDP也保持高速增长，最高曾达12.4%。其中的重要原因就在于该省有效地保持了碳税的适应性与协调性，在实施碳税本身的同时调整了与之相关的其他法律规范，在减少碳排放的同时未增加居民及企业的税收负担，使碳税既发挥出“双重红利”的效果又避免陷入“累退性”的困境。

调整现行的个人所得税和福利规范以配合碳税立法的实施，制定了《低收入家庭应对气候税收补助规定》，同时对个人所得税法进行了修正。第一，为低收入家庭可能受到的碳税影响以减免个人所得税的方式予以中和。2008—2009财年度对个人申报的所得税前两项税目减少2%进行征税，从2009—2010年度个人所得税税收优惠的幅度从2%增加5%，进一步减轻了居民个人的税收负担。第二，加拿大税务局将低收入家庭应对气候税收补助与联邦商品服务税/综合销售税合并，并于每季度发放，该补助被视为非税收所得，免于缴税。补助标准为每个成年人115.5加元、每个儿童34.5加元。第三，对于北部和郊区居民发放200加元的补助。第四，将培训补助扩展至居民个人。第五，发放儿童健身补贴和艺术补贴。

按照该计划中和碳税给居民个人的税收负担，2008—2009 财年度该省返还个人税收优惠及福利约 2 亿 1300 万加元，并保持 15.62% 的年增长率。2016—2017 财年度返还给居民个人的税收优惠及福利更高达 6 亿加元。

4.1.3.3 企业所得税与碳税之间的协调

碳税不仅对居民个人同时还对企业增加了税收负担。针对这部分，BC 省相应修改了企业所得税制度，尤其是针对小型企业的所得税规定，这种修改不仅减轻了小型企业因碳税引发的额外负担，同时还为该省的小型企业创造了良好的投资和竞争环境，以便为 BC 省提供更多的就业机会。其方式主要调整包括以下六个方面：第一，逐年降低一般规模企业所得税率，2008 年企业所得税率从 12% 降至 11%，2010 年降至 10.5%，2011 年降至 10%；第二，逐年降低小型企业所得税，税率由 4.5% 降至 2.5%；第三，从 2013 财年开始全面提高企业所得税，中小型企业的认定标准从 40 万加元增加至 50 万加元；第四，从 2012 财年开始按大型行业项目标准缴纳的学校物业税的 60% 进行行业物业税抵免；第五，按照部分取消的小型行业项目标准缴纳的学校物业税进行行业物业税抵免；第六，学校物业中按“农场”分类的土地减少 50% 的物业税。通过修改或调整对企业的税收政策，使碳税收入带给企业的负担大幅降低。2008—2009 财年度 BC 省为企业实行的税收优惠合计 1 亿加元，并以超过 50% 的年增长率持续增长。2016—2017 财年度返还给企业的税收优惠高达 11 亿 2000 万加元。

4.1.3.4 税收优惠额度始终高于碳税税收

碳税法开始实施的 2008—2009 财年度，BC 省碳税收入 3 亿 600 万加元，同期居民个人与企业共计的税收优惠金额为 3 亿 1300 万加元，超出碳税收入 700 万加元。2013—2014 财年度，BC 省共计采用税收返还、税收抵免和发放补贴等方式花费了共计 12 亿 3200 万加元，与该年度的碳税收入 12 亿 2200 万加元相比较多支出了 1000 万加元。2014—2015 财年度 BC 省的碳税收入预算为 12 亿 4000 万加元，2015—2016 财年度 BC 省的碳税收入预算为 11 亿 9000 万加元，2016—2017 财年度 BC 省的碳税收入预算为 12 亿 2000 万加元，而同期的税收返还抵免总金额分别为 17 亿 2900 万加元和 17 亿 2700 万加元，超过碳税收入的差额高达 3 亿 2600 万加元和 5 亿 3900 万加元。预计今后三年，也就是 2017—2018 财年度、2018—2019 财年度、2019—2020 财年度，BC 省碳税收入预计将达到 12 亿 2800 万加元、14 亿 6200 万加元和 16 亿 9700 万加元，与之对应的是 15 亿 6400 万加元、26 亿 5700 万加元和 27 亿 7900 万加元的税收返还及抵免金额，税收优惠与碳税收入对比的差额分别扩大到了 3 亿 3600 万加元、11 亿 9500 万加元和 10 亿 8200 万加元。鉴于如此高额的碳税收入和赤字，BC 省修改了《碳税法案》提高碳税税率，于 2018 年开始每年提高 5 加元/吨二氧化碳当量，直至 2021 年 4 月 1 日碳税税率达到 50 加元/吨二氧化碳当量。由于碳税在最终使用环节征收，增加碳税税率会加重该省居民的经济负担。以年收入 5 万加元的四口之家为例，每增加 5 加元/吨二氧化碳排放当量，会导致每年多缴纳 50 美元的碳税。为缓解低收入家庭的负担，政府将低收入家庭应对气候税收补助的金额由 115.5 加元/成人，增加 19.5 加元至 135 加元/成人，每名儿童的补助额度也由 34.5 加元增至 40 加元①。

4.1.3.5　政府部门的碳税报告义务

在体制机制上，BC 省财政部门有义务报告碳税税收和税收福利优惠的年度情况。根据《碳税法案》的规定，财政部门必须在每年的年度预算中单独将碳税税收和对应的税收福利优惠情况进行报告，说明碳税收入的资金是如何通过税收减免及其他福利的方式返还给个人和企业的，同时该报告还需列出未来三个财年的碳税税收优惠及福利计划。比如，2014 年的财报说明了 2013—2014 财年度 BC 省碳税收入已经全部返还给了个人与企业，甚至多返还了 2000 万加元。另外，BC 省实施的碳税法还包括对该碳税法本身展开评估，就碳税的税收中性、对 BC 省农业尤其是食品加工业等商业部门竞争力的影响进行评估。

加拿大 BC 省通过在设计碳税法的同时兼顾与个人所得税制度、企业所得税制度和个人福利保障制度的协调，颁布《碳税法案》与据此修订所得税法律和其他法律规定同步，与碳税法相关联的其他规范相协调，为碳税制度的实施提供了基础，避免了可能引起“累退性”的挤出效应。同时“一调俱调”，设立碳税法与其他规范共享的动态调整机制，形成了

① 郑玲丽．低碳经济下碳交易法律体系的构建［J］．华东政法大学学报，2011（1）：63.

相对稳定的制度结构，易于碳税法发挥绩效。定期对碳税与相关规范的链接表现进行评估，促进了碳税法与其他规范协调配合过程中的问题检验，增强了碳税法与相关规范的互补链接，也为碳税法发挥预期目的提供了保障。

结合加拿大英属哥伦比亚省碳税实施经验，我国应当结合碳税的双重红利的理论和“累退性”特征，将碳税的税率设在边际削减成本与边际削减收益的交叉点，确定应根据国家和地区的减排目标与能源价格水平综合确定，同时调整税率应遵循动态调整机制按确定的周期进行，碳税的征收环节可以确定为化石能源的生产端，也可以确定为消费端，还可区分不同能源产品适用不同的征税环节，对“上游”“中游”和“下游”分产品而征收碳税，需要结合考虑国情、传导减排信号的需求、征税的操作性以及公众的接受程度等因素，在如下方面予以展开：第一，调整个人所得税制度以配合碳税法的实施；第二，修改企业所得税制度与碳税法相协调，避免碳税引发对企业成本造成的额外影响；第三，持续保持税收优惠额度高于碳税税收；第四，制定政府定期汇报制度，规定该省财政部门有义务公开报告碳税税收和税收福利优惠的年度情况；第五，建立依碳税税率的变动而调整其他税收及福利标准的机制等，从而设立我国碳税立法的结构框架，推动我国经济的可持续发展。

4.1.4 公平原则在澳大利亚法中的表现

澳大利亚议会在2011年年底颁布了《清洁能源法案》（The Clean Energy Act 2011）。这是在吉拉德领导之下的工党政府主张的清洁能源政策上升为国家法律的一个标志。这一法案的颁布对于澳大利亚更好地应对气候变化具有重要意义，它为该国利用征收碳税以降低碳排放量与清洁能源的推广指明了方向。

澳大利亚的上述变革包含碳价格机制，同时它不仅有效地控制了污染，而且还保证了就业、维护了企业的竞争力、提升了经济发展水平。此外，澳大利亚政府利用税收改革与收入水平的提升来补助家庭。根据该法案，碳税涉及的范围较大，包括工业制造业、能源业与交通业等。澳大利亚政府将从2012年7月1日起，对二氧化碳年直接排放量达到和超过2.5万吨的企业征收碳税。全国范围内最大的五百家污染企业需要支付碳税，每排放一吨二氧化碳就要缴纳23澳元的税额，之后的两年内逐年增长2.5%[①]。碳税对私人、小型公司与家庭并不适用，它只针对国内航空与航运、非交通用燃料与铁路交通燃料。它并不针对轻型车辆商业交通用燃料、家庭交通用燃料以及农、林、渔业非交通用燃料，农业也享受免征碳税的优惠政策。

按照这一法案，由征收碳税得到的所有收入会用在对家庭的资助方面、就业扶持方面和保护企业竞争力方面。此外，还针对气候变化与清洁能源项目开展投资活动。为促进清洁能源政策得到有效落实，这一法案里包含了一系列相关法规，对扶持机制进行明确。

第一，行业扶持计划。政府部门会把碳税所得的40%投入在商业与就业方面。在2012年至2015年间，"就业和竞争力项目"将给予92亿澳元的资助，以保证那些碳排放量较大的产业的竞争力与就业水平，使得它们能够保持降低碳排放量的积极性与主动性，此外，还要使这些行业的国际竞争能力与就业状况不受损害，以稳步向清洁能源阶段迈进[②]。

第二，家庭援助计划。这一法案尽管不对家庭征收碳税，然而公司由于缴纳碳税而形成的超额成本会转移给消费者。按照该国财政部的相关数据，在实行碳税法之后该国CPI会提高0.7个百分点，可能会对一些民众的日常生活造成不利影响。针对上述情况，法案规定对居民消费采取补偿措施，按照相关部门的估算，一个四口之家若年收入额为8.5万澳元，则征收碳税后其每年的费用支出会提高570澳元，然而能够获得政府部门948澳元的补贴。但是，同样有学者指出，政府部门对CPI提升幅度的计算是较为保守的，而其对一般家庭能够由政府补贴中获得收益的计算又是较为夸大的，故这一法案对于居民生活的影响很可能比估算出的数据更大，然而影响最终有多大还需要时间的检验[③]。

针对该国弱势群体的经济救助，政府部门基本是利用减免税收与提升这一群体的收入水平这些方式来进行的。这样做的目的是缓解其由于碳税的征收而引起的生活成本增加的压力。接近八百万个家庭会很快获得政府部门的援助，援助方式有减免税、政府转移支付或两者兼备的方式，政府

---

① 陆燕，付丽等. 澳大利亚《2011清洁能源法案》及其影响［J］. 世界经济与贸易，2011（12）：27－30.

② Australian Government, Clean Energy Legislative Package, 2011.

③ 陈晖. 澳大利亚碳税立法及其影响［J］. 电力与能源，2012（2）：6－9.

救助的重点是中低收入家庭与养老金领取者，这保证了社会公平的实现。

值得一提的是“国际蓝碳伙伴关系”组织，2005 年《联合国气候变化框架公约》会议上，澳大利亚引领了“国际蓝碳伙伴关系”组织成立。该组织将各国政府、非政府组织以及研究院联合起来，旨在加强对沿海蓝碳生态系统的保护和修复。沿海蓝碳生态系统主要包括盐沼、红树林和海草，它一旦退化或消失，必将引发各种自然灾难。保护并恢复沿海蓝碳生态系统有利于减缓气候变化，提高沿海生态系统的抗灾害能力，减轻风暴等带来的破坏。同时，也能促进粮食安全、渔业和其他相关产业的共同繁荣。澳大利亚蓝碳数量占世界蓝碳总量的 10%。2017 年 11 月，澳大利亚政府宣布出资 600 万澳元，用以支持一切保护和管理太平洋蓝碳生态系统的行动。这将提高有关蓝碳的多方面研究，丰富相关数据，支持将太平洋蓝碳生态系统纳入国家温室气体核算体系和相关气候政策之中，并鼓励公共投资与私人投资①。

澳大利亚与世界各国携手减排，并给予一些发展中国家技术上的帮助和资金上的支持，帮助他们降低能源系统的温室气体排放量。例如，2016 年，澳大利亚宣布投入 3200 万澳元支持越南水力发电等基础设施建设。同时，澳大利亚与中国、印度合作，开展多项研发项目，试图推动研发二氧化碳的捕集、利用与封存技术。澳大利亚还加入了由印度和法国联合创立的“国际太阳能联盟”组织，在热带国家推广太阳能技术。澳大利亚促进了发达国家和发展中国家联合起来共同并公平地减少温室气体的排放，为地球的安全和世界的绿色发展作出了贡献。

4.1.5 公平原则在日本法中的表现

日本虽然还未开始征收碳税，然而它对于碳税的研究却有约二十年的历史。此外，该国环境省已正式制定了五版碳税征收计划，能够说日本的碳税征收计划是十分成熟的，况且日本还是一个具有很强计划性质的市场经济体。相比欧洲国家，日本和我国的经济状况更为接近。该国的碳税征收计划与欧洲国家的有很大不同，欧洲国家更注重市场调节与法律的制定，而日本更加注重制度的设计与政策的制定，故日本的碳税方案比较具体和全面，对于我国来说其更具参考意义。

---

① 2017 Review of Climate Change Policies.

从全球来看，日本在温室气体排放方面排名第五。该国是在《京都议定书》签约国之中亚洲仅有的一个负有减排责任的国家。核电对于日本实现《京都议定书》的目标具有很大影响，然而在 2007 年日本大地震之后，大部分关键的核电方案被搁置一旁，这增加了日本减排的压力。不同于欧盟国家的一点是，因为钢铁等产业的反对，日本本国未设立强制性的碳排放权交易市场，该国企业只能自愿减排或者从欧洲国家市场中买入碳减排。针对减排措施贫乏这一现状，在 2009 年日本民主党上台执政之后，继而制定了至 2020 年减排 1/4 的激进目标。所以，现阶段日本本国利用价格机制推动温室气体减排的需求显得十分急迫，碳税问题再次成为热点。

碳税在日本称作环境税，从实质层面来说它就是碳税，原因在于它的征税依据是温室气体的排放量。在 20 世纪 90 年代，日本环境省就已经组建了专项小组以探讨碳税在本国是否具有可行性，而《京都议定书》的签订标志着碳税方案进入了一个新的发展阶段。在 2004 年，日本环境省正式制定了碳税方案，它集合了各个阶层的观点，在接下来的三年连续公布了修正版，之后，在 2008 年颁布了最新版。在 2009 年，碳税方案最终被正式提出。

较低的税率水平是日本碳税方案的主要特点，然而不同于欧洲国家的碳税，该国碳税方案并不是税收中性的，而是为了增加政府部门的收入，针对现阶段的情形，政府部门也尽量不增加民众的税收负担。日本在设计碳税政策的同时，配套了许多税制改革和各类政策，其目的是最大限度地发挥碳税的效果，降低碳税对经济和居民的负面影响，保障碳税政策顺利实施和得到公众和企业认可。日本碳税方案决心很大，试图以此推动日本绿色税制改革，碳税方案中的税制改革涉及道路特定财源制度（包括挥发油税、地方道路税、柴油税与天然气税）、法人税、房产所得税、一般消费税、所得税、固定资产税、继承税、城市规划税等和许多相关政策措施。

2009 年采取碳税方案，每吨二氧化碳征收 2400 日元的碳税，这比不采取措施减排 4%—5%（同时考虑替代效应和价格效应）。环境省刚提出碳税方案，其就变成社会热门话题。历经约五年的讨论，同时环境省主动地对方案进行修正，现在社会各界都有了较为明确的态度。环境省开展了很多民意调查，其中调查对象为超过二十岁的成年人，在 1442 名成人之中65.9%的人对碳税持支持的态度，针对环境税带来的经济负担，77.7%的人都表示可以承受①。

配套措施是碳税平稳、顺利实施的基本保证，它是为了促使碳税的实施能够收到良好效果。日本碳税的配套措施有：第一，道路特定财源。该制度要求汽车使用者在消耗燃料、购买并拥有汽车之时交付一定的税额，这一税收金额被用在国家与地方道路的维护方面。在日本，道路特定财源机制对于燃料消耗征税来说是十分重要的，其税收总额的一部分也会被用在环境保护上，但是环境省希望进行以环境税代替部分道路特定财源税的改革。第二，汽车购买。包含混合动力车与电动汽车等在内的对环境危害很小的公共用车减税幅度为2.7%；自用车辆减税幅度为1.8%；满足环境排放标准要求的车辆减税幅度为1.2%；再次对与汽车有关的税种进行评估，提升低碳汽车的使用率②。利用税收手段，提升低碳汽车的销售数量，截至2020年，在全部销售的车辆中要有一半的低公害车。第三，建筑节能。对新能源设施与节能型住宅实行税收优惠政策。对那些住宅节能改造的所得税采取减税手段，具体来说就是把贷款金额以某一特定比例从所得税中扣除。此外，其余配套措施体现在从所得税、继承税与法人税等方面促使森林树木的保护与植树造林活动的开展；从不动产所得税与城市规划税等方面促进废弃物的再利用。

在环境税的征税过程中，易于导致税负的转移，也就是公司利用提高能源价格把税负转移给消费者，低收入者受到税收负担转移的影响更大。环境税效应根据地区的不同也会出现与税收负担配置不均衡类似的问题，比如，在税收负担上，日本的北部与南部具有很大的不同，由于处在寒冷区域的人们需要使用更多的化石燃料，使得这些人们要承担更多的碳税。从社会公平的角度出发，日本降低了煤油的税率，因为煤油是日本家庭取暖的主要燃料。同时，对天然气与煤油等居民必须使用的燃料实施上游课税，有利于家庭负担的减轻。

---

① 杨姝影，蔡博峰等．国际碳税研究［M］．北京：化学工业出版社，2011：41-44.

② 蔡博峰，杨姝影．日本碳税方案勾勒低碳蓝图［J］．环境保护，2009（22）：72.

4.2
碳税征收公平原则国外法律实践评析

4.2.1　碳税实践与理论的偏离

在实际征收过程中，大部分国家的碳税都与理论上的碳税存在一定的偏离。这种偏离减少了对某些行业或某一社会群体的消极影响，使得碳税在政治上更容易被接受，但这种偏离也削弱了碳税应有的保护环境的效果，增加了减排的成本。这种理论中的碳税与实际中的碳税的偏离，可以用碳税征收偏离来表示。以下主要从碳税税率、碳税纳税主体、碳税税收优惠和碳税收入的使用等方面进行比较分析。

4.2.1.1　碳税税率的比较分析

大多数国家实行固定税率，只有少数国家实行累进税率。通常情况下是按照二氧化碳的排放量进行征税，具体来说，各个国家的税率如下所示：在 2008 年，瑞典对每吨二氧化碳排放量收取 107.15 欧元，芬兰收取 20 欧元；意大利按照燃料排放温室气体的数量采取累进税率，最低税率为每吨 5.2 欧元，最高税率为每吨 68.58 欧元[①]；丹麦的税率水平为每吨 12.1 欧元，然而针对企业与民众实行有差别的税率，相对企业来说民众的税率水平更高[②]；在 1996 年年初，荷兰开始征收能源调节税与燃料税，纳税基础是碳与能源各占一半比例，具体来说，碳税税率是 14.59 欧元/吨。在 2012 年加拿大的不列颠哥伦比亚省针对温室气体的税率水平为 30 加元/吨，并且以五年为一个周期递增税率[③]。不同国家的碳税税率具有

---

① 周剑，何建坤．北欧国家碳税政策的研究及启示［J］．环境保护，2008（22）：70－73.

② Klok J.，A. Larsen，A. Dahl and K. Hansen. Ecological Tax Reform in Denmark：History and Social Acceptability［J］. *Energy Policy*. 2006（34）：905－916.

③ Jenny Sumner，Lori Bird，etc. Carbon Taxes：A Review of Experience and Policy Design Considerations［R］. National Renewable Energy Laboratory（US）. Technical Report，16.

很大的不同，具体原因是每个国家在碳税之外通常还会实施能源税与其他配套措施，加上各个国家与地区具有不同的减排目标。然而每个国家通常会对柴油与汽油适用较高的税率，由于此类能源的需求不容易发生变动，可以取得稳定的财政来源。

通常大部分国家的征税方式是属于混合型的，也就是说在设计税率的时候不仅考虑到燃料的含碳水平这一要素，而且也考虑到不同产业的燃料费用比重与不同燃料的比价等相关要素。此外，针对使用燃料对象的不同（例如工业、居民与出口），适用不同的税率，虽然这影响到了二氧化碳的减排效果，但目的是实现社会公平。还需注意的是，碳税税率的偏离还表现为碳税税赋和部门二氧化碳排放比例的失衡，不符合“污染者付费”的原则。大部分国家在征收碳税的起始阶段往往适用较低的税率，之后再慢慢提高。之所以这样做是为了减少民众对于征税的反对情绪，使之更容易接受。

4.2.1.2 碳税征税对象和纳税环节的比较分析

各国在征税对象和纳税环节上的具体特征如下：

第一，一次能源被纳入碳税之中，在丹麦、瑞典、芬兰等国家天然气被纳入碳税之中，在丹麦、荷兰与芬兰煤炭被纳入碳税之中，此外挪威还把大陆架石油开发过程中使用的石油纳入碳税之中，这使得税基得到扩大。但也有一些国家只对天然气和石油征税，却不对含碳量较高的煤征税。从理论上讲，碳税是要对所有排放二氧化碳的燃料征税，这样才最有效率，而且由于煤的含碳量较石油、天然气高，所以煤是重点的征税对象。但从一些公平因素出发，可能会减免对煤的征收。将来我国征收碳税，也要对广大的北方居民采暖用煤免征碳税。

第二，在碳税收取过程中存在很多能够被选择的环节。根据相关理论，在碳税征收过程中能够选择能源消耗链条之中的某一个或者多个环节来进行，然而不同的环节具有不同的可操作性、公平性与效果。如果收取碳税的环节在“上游”，尽管能够在早期就向整个生产链条转移价格信息，然而在能源市场之中或因不变价格合约或者规则而使得市场对能源产业整个链条的全部消费者价格信息的传递受阻，这造成碳税的刺激效果得不到很好发挥。如果收取碳税的环节在“下游”，则不仅会最大限度地降低出口公司受到的消极影响，同时还能直接向消费者传递节能减排的信号，以减少二氧化碳的排放，降低对生态环境的破坏。

第三，对不包括电力在内的其余能源征收产品投入税，也就是直接征收燃料税；电力一开始同样是征收燃料税，然而之后选择的征收对象是最终产成品。尽管每个国家在下游与上游都有征收碳税的状况，然而考虑到免税条款与税率设计，在实际上碳税的税收负担主要由下游承担。北欧的四个国家（瑞典、芬兰、丹麦、荷兰）和加拿大的不列颠哥伦比亚省都是在能源的最终使用环节征税。

4.2.1.3　碳税纳税主体的比较分析

征税环节对纳税主体具有决定性作用。针对能源消耗环节进行征税，一般情况下，其纳税者是处于“下游”的销售商或其客户（主要指民众或公司），例如芬兰属于经过授权的存储管理人员与企业家；位于加拿大的不列颠哥伦比亚省属于零售商；加拿大的魁北克省是在“上游”征税，纳税人主要是化石燃料的生产商或总销售商①。无论是在源头征税还是在末端征税都可能出现纳税人的偏离，比如，法国将火力发电厂、1000 余处高污染的工业基地及交通运输业等行业排除在纳税范围之外，结果只有不到一半的温室气体排放源将被征税，法国宪法委员会认为其有违公平，于 2009 年 12 月 29 日宣布碳税法案无效。与之相比，澳大利亚只向二氧化碳年直接排放量达到和超过 2.5 万吨的企业征收碳税，并不对个人、家庭或小型企业征税，而且会对中低收入的居民进行经济援助，这种做法是出于对社会公平的考虑。

4.2.1.4　碳税税收优惠的比较分析

税收优惠是各国家经常采用的调节手段。很多国家会针对公司尤其是一些特殊产业制定一系列优惠政策，主要目的就是减轻碳税对个别企业或区域的国际竞争力所产生的负面影响，也有一些是出于同其他减排政策综合使用的考虑，参加自愿减排协议的企业一般都不用缴纳碳税。碳税的税收优惠基本体现在给予能源密集型产业的政策优惠，给予温室气体排放量达标的企业政策优惠，此外还存在针对居民个人的优惠。

各国征收碳税主要是出于对环境因素的考虑，期望通过碳税可以减少

---

① Jenny Sumner, Lori Bird, etc. Carbon Taxes: A Review of Experience and Policy Design Considerations [R]. National Renewable Energy Laboratory (US) . Technical Report, 15.

温室气体的排放，缓解全球气候的恶化。但这些税收优惠措施会减弱碳税的原本环境目的，使其产生一定程度的偏离。例如，芬兰对电力产业与除燃料消耗之外的中间投入采取免税政策等；在瑞典，工业企业的税负为一般碳税税负的一半，而工业部门是碳排放最多的部门；在荷兰，在全面考虑减排措施的基础上，对大型公司于征税初期的中型公司在能源调节税层面采取免税政策，原因是上述公司已处于西欧的碳排放权交易市场之中。尽管每个国家的税收优惠差别很大，但基本上都是出于对本国特殊部门和群体的保护，对低收入群体的税收优惠与减免是为了维护社会分配的公平。

4.2.1.5 碳税收入使用的比较分析

从收取碳税的国家或者地区的具体操作之中能够发现，通过税收获得的收入的利用方式基本表现在以下几个方面：首先，在征收碳税的基础上降低其余不合理的税收。即进行税收中性变革，也就是说在保持税收总额不发生变动的基础上开展税收体制变革。其次，把由征收碳税取得的收入用于类似环境基金等专项支出项目。再次，将碳税所得用于对受到征收碳税影响较大的群体进行补偿，这一群体包括收入水平较低者或者能源消耗比较大的企业。最后，仅仅当作一般性的财政收入所得。

不同的国家都会采用上述四种方式，且在通常情况下会把这四种方式结合起来采用。在芬兰，碳税所得为普通的财政所得；在加拿大的不列颠哥伦比亚省，碳税所得被用来缩减公司所得税与收入水平较低者的个人所得税。此外，部分国家将碳税收入列为专项收入，把其投资于环境保护。在丹麦，家庭缴纳碳税所得全部被用在补贴电力供热系统与公共天然气系统上，公司上缴碳税所得全部被用在补贴节能成本层面与降低公司在劳动力市场的投入层面。在荷兰，依据使用目的的不同，把能源划为有所差别的税种，例如把燃料税视为一般性财政所得，而把能源调节税收入用于缩减其余税收。还有部分国家实施补偿政策，也就是将碳税所得用于对受到征收碳税影响较大的公司或者家庭补偿。比如在法国，碳税并不是对民众使用燃料的一种惩处方式，碳税收入会以一定的方式重新返还给公司与居民。

征收碳税的主要目的是减少温室气体的排放，保护人类的生存环境，所以碳税的收入应该用于环境方面的专项支出，如上面所提到的环境工程项目，或建立环境基金。事实上，大多数国家在实践中都会将其中的一部分用于补贴受影响较大的中低收入居民和家庭，这样做是为了维护社会的公平和稳定。

4.2.2　碳税实践与理论偏离的解释

碳税实践与理论出现偏离可以从多维度给出解释，但最重要的一个维度是出于对社会公平方面的考虑。以下就从政治、经济、制度、技术、社会五个维度给予解释。

4.2.2.1　基于政治维度对偏离的解释

从政治视角看，碳税偏离的主要原因是各国党派针对碳税问题持有不一致的观点。在工业革命刚开始的时候，每个国家的经济、政治与传统能源具有密切关系。碳税属于一种具有彻底性的环保方案，其一定会造成既得利益集团与新兴利益集团之间的强烈对抗，这是他们的利益代表者也就是各个政党针对碳税问题出现分歧的根源所在。例如，在二十年之前美国前任总统克林顿准备征收英热单位税（btu tax），后来因为共和党人的坚决反对而不了了之。

对化石能源征税，一方面有利于环境保护的开展与国家能源安全的维护，另一方面也对税收体系的健全具有积极作用，上述不同利益的彼此依赖是发达国家碳税体制得以支撑的主要架构。但是以国家制定的形式明确这些利益，一定会在很大程度上影响着目前的国家利益格局，进而遭到对抗或者反对。比如，发达国家经过几次工业革命，已经实现了工业化，而化石能源经济到现在还是维持其宏观经济的根基所在。针对化石能源进行征税一定会有损既得利益集团的自身利益，遭到他们的强烈反对。再加上上述新的国家利益自身同样有不少问题，比如在对税收体制之中各个利益进行选择的时候，一定会面对如何处理环保利益和能源安全利益不一致的问题。所以，对于建立碳税制度来说，重中之重在于实现国家的政治敛合①。

---

① 政治敛合。这个概念指的是与减缓气候变化有关的政策和其他领域的公共政策积极重叠以至于彼此都可用来牵制对方。政治敛合对于我们能够在多大程度上有效地回应全球变暖可能是十分关键的。走向抽象，全身心关切未来的危险，全球变暖实在是很容易就会给人们头脑中的更日常化的关切让路。最重要的政治敛合领域当属能源安全、能源计划、技术创新、生活方式政治，以及刚刚讨论过的富裕程度的滑坡。最大的、最有希望的敛合当属气候变化政策与超越GDP的福利走向之间的敛合。例如，汽车本来是增加自由度和灵活性的，但也能走向反面——陷入交通拥堵。通过升级公共交通和其他措施来减少拥堵，是对这个问题的回应，同时也是减少二氧化碳排放的一个积极的收获。

发达国家把碳税制度当成达到国家长远利益的关键渠道，然而错综复杂的规则制度恰恰说明了其对不同国家利益深思熟虑的安排。总的来说，发达国家的碳税体制是不同利益集团相互妥协的产物，它是国家总体利益和各利益集团之间经过微妙协调之后产生的，它们之间有时相辅相成，有时也会相互矛盾，在这一过程中不断维持各个利益集团的平衡。所以，为更好地探究发达国家碳税体制的具体内涵，我们有必要对该国以碳税体制为基础的利益集团进行剖析①。

正如我们所看到的，发达国家的税率水平与化石能源的碳排放量或者碳含量之间并不是呈现出同向变动关系。按照碳税的实质性含义，化石能源的碳排放量或者碳含量是确定各个化石能源税率的决定性因素，但实际情况却不是这样的。化石能源的碳含量大致可以从其碳排放系数之中看出，具体来说，原油的碳排放系数是 0.733，天然气的碳排放系数是 0.561，汽油的碳排放系数是 0.7，沥青煤与褐煤等煤炭类的碳排放系数大致在 0.946 与 1.01 之间。依据加拿大不列颠哥伦比亚省在 2009 年 7 月初至 2010 年 6 月末的碳税税率水平，如高热值煤等煤炭型产品的税率为 29 加元/吨，而汽油大致 35.1 加元/千升②。可见，每单位石油的碳税税率水平远远大于每单位煤炭的碳税税率水平。相关专家提出，针对欧洲很多国家的碳税制度，能源产品的碳含量对其税率不产生直接影响③。这恰恰体现了西方国家要维持能源安全及环境保护之间的平衡：环境气候的改变对于国家持续发展的消极影响是长期性的，然而能源安全却是目前就能够影响到国家进一步发展的现实性问题，它是硬约束④，所以，在设计碳税制度之时最先考虑的依然是怎样维持自身的能源安全。由于西方国家普遍存在能源短缺的情况，给予煤炭税收优惠具有必然性。

4.2.2.2 基于经济维度对偏离的解释

从经济学的角度来讲，碳税对每个国家宏观经济的实际影响在很大程

---

① 陈红彦．碳税制度与国家战略利益［J］．法学研究，2012（2）：84－100.

② British Columbia，Minister of Finance，Carbon Tax Rate Change，May 2009. http：//www. rev. gov. bc. ca/documents_library/notices/Carbon_Tax_Rate_Change. pdf.

③ Stefan Speck，The Design of Carbon and Broad－Based Energy Taxes in European Countries，in Janet E. Milne（ed.）. The Reality of Carbon Taxes，Indianapolis：Western Newspaper Publishing，2008：42.

④ 高翔，牛晨．美国气候变化立法进展及启示［J］．美国研究，2010（3）：39－51.

度上决定了碳税的偏离。现阶段化石能源在全球各国的经济发展中起着重要的作用，针对发达国家，单边碳税制度不利于增强本国工业在国际市场上的竞争力，所以，部分发达国家不愿采取这一机制。由于碳税最终是对化石燃料进行征收，因此，较高税率的碳税会对经济的发展产生不利影响，原因是其会提升本国化石能源的价格水平，进而会在本国的消费状况、投资水平、行业竞争能力与商品价格等方面产生影响。所以，经济因素是导致碳税偏离的最重要因素之一。

在研究各国碳税的实践中，“国际竞争力”这个词汇被频频使用，并和大量的税收优惠措施紧密联系在一起。由于碳税只是在部分国家层面开征，碳税通过改变生产要素来改变相对成本和产品的比较优势，势必会提高这些国家能源消耗型产业的成本，对其产业国际竞争力造成不利影响。为了避免这种竞争力损失，各国往往采用了大量的税收优惠措施，其对象又通常是污染比较严重的能源密集型行业，这形成了碳税的偏离。

以丹麦为例，最初丹麦对家庭和企业适用相同的税率，这使企业负担过重，直接影响到企业参与国际竞争的能力。因此丹麦对企业给予税收优惠，包括税收减免和税收返还，优惠幅度高达 50%。后来因迫于形势又给予了进一步优惠。直到 1995 年，对上缴增值税的公司采取税收返还政策（返还比例为 50%，其中不包括对作为机动车辆燃料的柴油收取的碳税）；若碳税净税负（包含税收返还）多于公司总销售金额的 1%，税率水平就会降低到原来规定汇率水平的 25%；若碳税净税负处于总销售金额的 2% 与 3% 之间，有效税率就会下调至规定税率水平的 12.5%；若碳税净税负大于总销售金额 3%，税率水平就下调为规定税率水平的 5%。消耗较多能源的公司受到更多的政策优惠，在实践过程中大部分能耗高的公司最终未缴纳碳税[①]。这样企业享受到了优厚的税收优惠，而且优惠幅度不断增加，负担主要落在家庭身上。

由于丹麦不断增加对企业特别是高耗能企业的税收优惠，所以企业的实际税率不到规定税率的一半，大部分高耗能公司实际上未缴纳碳税。所以不断有呼声要求企业上缴更高水平的碳税，最终在进行综合考虑之后，提升了公司的税率水平，然而规定愿意签署减排协议的公司能够获得税收

① 苏明，傅志华等．中国开征碳税理论与政策［M］．北京：中国环境科学出版社，2011：92.

减免的待遇，这直接导致了丹麦1996年的碳税改革。

这里我们有必要提到经济敛合，这是一种理想的状态。这个概念指的是低碳技术、商业运作方式、生活方式与经济竞争性的重叠。它同样对我们抑制全球变暖的努力有着根本的影响。经济敛合有点类似于以往所谓的"生态现代化"——这个概念指环境方面进步的政策往往与那些对经济和更大的政治目标有利的东西是一致的。有人将生态现代化定义为"一种合作关系，政府、企业、温和的环保主义者、科学家都在这种关系下通力协作，沿着环境方面更具保护性的路线重建资本主义的政治经济"①。当它在20世纪80年代中期首次被提出来时，生态现代化的概念就标志着在环境论述方面迈出了重要的一步，也标志着对绿色正统的一次重大的背离。引进这个概念的学者主动摆脱了"发展的极限"之类论述的悲观主义，也与绿色运动中那些将自己树立为反现代性，某种程度上也反一般意义上的科学和技术的人分道扬镳了。他们的基础命题是：环境问题可以经由规范化——即将这些问题纳入现存的社会经济制度的框架内，而不是像许多绿色人士选择做的那样反对这些制度——得到处理。其重点放在科学和技术在找到环境难题的答案方面所起的作用上，包括应对世界资源日益减少这个问题。然而，"现代化"也包括依据环境目标的要求改革政府机构和市场。它将一个重要的角色指派给了公民社会团体，它们既可以推动国家也可以推动企业走上正轨②。

4.2.2.3 基于制度维度对偏离的解释

从能源税层面来讲，因为其和碳税在实际上属于同一个征收对象，所以，是采用对碳排放量进行征税的碳税形式，还是利用能源税改革来达到节能减排与保护环境的目标，就牵涉到如何选择具体的税收体制的问题。在碳减排体制层面来讲，减少碳排放量不只有征收碳税这一个方式，还能够利用法律或者监管方式，也能够采用类似碳排放权交易等各种经济方式。特别是针对碳排放权交易与碳税两种手段，其各有利弊，所以选择其一，还是同时运用这两种方式，这要求政府机构针对本国的基本国情来选

① John Dryzek. *The Politics of the Earth* [M]. Oxford University Press. 1997: 145.

② [英] 安东尼·吉登斯. 气候变化的政治 [M]. 曹荣湘译. 北京：社会科学文献出版社，2009: 79-80.

择适合本国的方式。在实践过程中，上述有关制度也导致了碳税的偏离。

第一，和管制手段相比，通过市场调节的经济手段更有优势。依靠市场本身来治理的方法的主要动力是相信利用市场的力量是至关重要的，它可以在减少二氧化碳的排放中促进企业经营模式的改变和技术创新。从理论上讲，依靠市场的力量将允许在二氧化碳的减排中有更多的创新和形成更好的成本收益模式，如果政府在大气污染防治法中强制实行某种类型的控制排放措施，那创新将不太可能发生。

有些人可能怀疑依靠市场的力量应对气候危机，这样做是否明智，因为这场危机是由于空前绝后的市场失灵造成的。毫无疑问，自由市场对经济和社会成本的巨大浪费是负有责任的，全球气候的变化就是其结果之一。然而，从经济的角度考虑，二氧化碳的排放是典型的外部性问题。工厂的排放是没有成本的，但在总体上却是以巨大的社会成本为代价。因此，以市场为基础的治理方法的核心特点是建立一种价格信号，解决外部性问题，并促使市场去寻求一种可以接受的解决办法。

在过去的 150 年里，伴随着世界各地的工业化和发展，二氧化碳的排放量急剧增加，有人提出一个方案，以市场为基础解决环境问题，它可能只是一个坚定的想法。然而，正是因为二氧化碳排放量在全世界的增加，并涉及所有的经济部门，所以，以市场为基础的方法可能是解决所有二氧化碳排放源的最好方法。与此相对，前面提到的管制方法针对的是个别市场，这种方法可能导致减排的不公平。除了提高解决方法的成本效益外，以市场为基础的减排方法允许将明显减少的二氧化碳排放的成本更公平地分配到经济中。任何减缓碳排放的策略都将对经济产生影响，没有办法可以消除所有的不成比例的影响，只有以市场为基础的策略更可能公平地分担成本，因为它影响着整个经济。

第二，对于碳排放权交易和碳税两者关系的不同看法不利于碳税制度的发展和完善。比较流行的一种看法是，碳税与碳排放权交易两者是彼此替代的。如果碳税和碳排放权交易相互重叠，就有可能在建立明确和统一的碳价格上出现问题，导致信号混乱和效率低下。强有力的管制目标，如可再生能源比例，无须操心就能够导致碳市场的需求下降①。碳排放权交

① Nicholas Stern. The Economics of Climate Change [J]. *American Economic Review*, 2008, 98 (2): 1-37.

易的迅猛发展同时制约了碳税的进一步发展。欧盟统计局在对欧盟近期环境税所得维持不变甚至减少的原因进行研究之时，提出其中一个十分重要的原因就是碳排放权交易的迅猛发展，这造成很多选择使用碳排放权交易制度的国家不愿再实施碳税制度。

第三，碳税和碳排放权交易都是以市场为基础的控制温室气体排放的方法，由于前面第一点中所说的原因，所以和传统的管制相比这两者更有比较优势。然而，碳税和碳排放权交易在许多重要的现实问题上是不同的，因为碳排放权交易在许可的排放水平中设定了一个总体排放量的上限。关于环境效益，碳排放权交易提供了一种确定性，这种确定性是源于它在实施中效益确定性。然而，正是因为设定了一个固定的排放上限，没有详细地考虑经济成本，或者个体的排放者达到那个上限的成本，碳排放权交易苦于缺乏征收成本的确定性。另外，碳税提供了确定的成本，因为税的具体数量可以提前设定。然而，由于对温室气体排放征收碳税的影响不能预测，因此，碳税不能提供效益的确定性。

第四，从一个纯理论的视角看，现在不考虑任何政治影响，还不清楚成本的确定性和效益的确定性哪一个更重要。一些学者认为效益的确定性更优，因为它强调的是环境而不是经济。但由于任何政策都会增加成本，它似乎有些目光短浅并可能造成误导，使人们仅关注效益。另外一些人却不那么认为，因为任何减少温室气体排放的政策都是长期和广泛的。

第五，当然，碳排放权交易和碳税也可以被调整以减少成本和收益的不确定性。碳排放权交易制度可以预借和储备配额，那能使公司在面对突如其来的成本增加的时候减少损失，并且不影响总量控制。然而，如果配额的价格上升并且保持在一个高的水平，同时，总量控制继续降低，人们会希望由于政治的压力而制定一个“安全阀”以防止总量控制进一步降低，因为这将损害效益的确定性。关于碳税，当有必要去获得所需的效益确定性时，可以提高或降低税率，尽管这需要克服政治上的阻力，政府每次都在提高税率时努力克服这种阻力①。总之，对于选择碳税还是碳排放权交易制度作为国家的主要碳减排措施，目前在国际上仍存在较大的争

---

① Reuven S. & Avi - Yonah, David M. Uhlmann. Combating Global Climate Change: Why a Carbon Tax is a Better Response to Global Warming than Cap and Trade [J]. *Stanford Environmental Law Journal*, 2009, 28 (3): 14 - 25.

议，这需要政府根据本国的实际情况进行合理选择。

4.2.2.4　基于技术维度对偏离的解释

在征收碳税的过程中，有必要去了解能源消耗者排出的温室气体数量。故要求碳排放实施实时监控或者利用某一方式对这一数量进行计算。若不能对碳排放数量进行检测，就会导致征收活动难以进行。到底能不能进行征税的一个重要要素就是税务机关能不能对碳排放量进行计算或者监控。针对现阶段的情况，由于技术条件的限制以及出于对征纳成本的考虑，还难以直接去监控温室气体的排放数量，然而能够利用间接的方式按照化石燃料的含碳量与使用量来加以计算。这种测算的结果与实际排放量之间存在一定误差，这些误差会直接导致碳税的偏离。碳税的实施效果还受税收征管等技术手段方面的影响，征税实际上要落到税务部门来实施，税务征管部门的业务水平也会对碳税的偏离产生一定的作用。

此外，纳税人若利用碳减排技术，其排放的温室气体数量会受到影响。比如碳捕获与封存（carbon capture and storage，CCS）技术，由于该技术受到了极大的重视，在这里，我们还是有必要做个简单介绍。碳捕获与封存技术是指把能源消耗或工业过程中产生的二氧化碳收集起来并永久储存的相关技术体系，特殊情况下也可以从空气中直接进行碳捕获与封存。通过替代或改造不同类型的二氧化碳直排电厂，CCS 技术可以减少 85% 左右的二氧化碳排放量。碳捕获与封存技术是一项新兴的、具备极强减排潜力的高新技术，很有希望把化石能源的温室气体排放数量降低到零水平。这一技术能够捕获工业生产活动中排出的温室气体并将其安全地存储在某一地质结构之中，降低排出的二氧化碳数量，减缓全球气候恶化。

根据美国普林斯顿大学著名学者 Stephen Pacala 与 Robert Socolow 共同著述的研究报告，目前的十五项技术能够帮助人类在 2054 年之前每年少排放出 10 亿吨的温室气体，而十五项技术的一种就是 CCS 碳捕获与封存技术[①]。这一技术能够安全地捕获原来会排放至空气之中的 90% 的温室气体并将其存储在某一地质结构之中。大家普遍认为，这一技术对于持续开发低碳能源与利用化石燃料是十分重要的。作为稳定大气中温室气体浓度

① Robert Socolow & Stephen Pacala. Stabilization Wedges [J]. *Science*, 2004 (305): 968 - 972.

最直接的方法，CCS 被美欧等一些国家寄予厚望，政府间气候变化专门委员会（IPCC）出版了 CCS 的特别报告，但是，CCS 能否广泛应用取决于技术的成本、成熟度、整体潜力、在发展中国家的技术普及和转让及应用能力等因素。CCS 要求首先对二氧化碳进行捕获和收集，然后再将收集到的二氧化碳用管道或车船等运输工具输送到特定的地方，以合适的方式进行封存。

碳捕获、利用与封存（carbon capture，utilization and storage，CCUS）技术是 CCS 技术的新发展，即把生产过程中排放的二氧化碳收集，然后进行提纯，继而投入到新的生产过程中，可以循环再利用，而不是简单地封存。与 CCS 相比，CCUS 可以将二氧化碳资源化，能产生经济效益，更具有现实操作性。

二氧化碳的资源化利用技术有合成高纯一氧化碳、烟丝膨化、化肥生产、超临界二氧化碳萃取、饮料添加剂、食品保鲜和储存、焊接保护气、灭火器、粉煤输送、合成可降解塑料、改善盐碱水质、培养海藻、油田驱油等。其中合成可降解塑料和油田驱油技术产业化应用前景广阔。二氧化碳降解塑料的生产和应用，无论从环境保护的角度看，还是从资源再利用的角度看，都具有重要的意义。此外，我国胜利油田电厂已启动了 CCUS 的示范项目。

4.2.2.5 基于社会维度对偏离的解释

从社会视角看，碳税的偏离主要源自公众对碳税认知与接受的不足。碳税作为一个新税种，从其最初开征至今只有 20 年的历史。碳税的征收受社会因素的影响主要体现在：社会公众对于应对气候变化了解的程度，对政府部门采取税收手段应对气候变化是否认可，对应对气候变化过程中相关责任的认识程度，对碳税在应对气候变化过程中所起作用的认识以及对自身税负增加的态度等方面。由于消费习惯的不同，化石能源对不同国家和不同群体的重要性也是不同的，这使得他们对于碳税的征收具有不同的态度；区域之间能源分布的差别同样会使公众对碳税的认识抱有不同的态度；此外，不同的群众基础与环保历史也会对碳税的征收造成不同程度的影响。

欧盟各国地处欧洲，经济比较发达，由于担心全球变暖会影响到欧洲冬暖夏凉的气候，同时，他们对生活质量的要求较高，所以，无论是学术界还是政界都趋向于支持减排和环保的运动。美国地域辽阔，环境承载力强，所处位置受气候影响不是特别大，加上传统的奢华浪费的生活方式，不愿意降低生活水平，所以，美国人对减少二氧化碳的排放并不热衷，甚至有些人对气候问题持怀疑态度。俄罗斯由于地处寒冷的高纬度地区，气候变化不但不会给他们造成威胁，而且还会从中受益。但俄罗斯出于政治的考虑，在减排问题上很积极。受气候变化影响最大的是非洲的大部分发展中国家，孟加拉国虽不在非洲，但因地势低洼成为世界上最严重的受害者之一。

法国碳税立法的失败就是一个典型的例子。法国宪法委员会宣布碳税法案无效的主要依据是：碳税包括太多例外，由于将火力发电厂、一千余处高污染的工业基地及交通运输业等行业排除在纳税范围之外，导致只有不到一半的温室气体排放将被征税。由于征税范围过窄，碳税不但不能实现碳减排的目标，还会造成碳税征收的不公平等问题。实际上更深层次的原因是该法案缺乏社会的广泛支持。根据多项民意调查显示，七成左右的法国民众不赞成收取二氧化碳排放税，认为开征碳税会增加民众负担，对保护环境作用不大；法国前科研部长克洛德·阿莱格尔公开反对开征碳税。企业界也提出征收碳税将会损害法国的国际竞争力，不利于企业未来发展。法国最大的企业家协会——法国雇主协会发表公报，要求政府慎重考虑，推迟碳税法案的实施。

据法国一项调查显示，65% 的被调查者反对法案，甚至执政党内部也有 60% 的人与萨科齐持相反的态度。2009 年 12 月法国宪法委员会宣布法案无效被法国媒体称为“响应民意的举动”，但当政府宣布搁置碳税方案后，民意调查显示 69% 的受访者表示支持这一决定，21% 的受访者认为搁置碳税是错误的；执政党人民运动联盟的部长和主要成员表示碳税将使法国企业在竞争中处于不利的地位；企业界和消费者组织对决定十分认可，因为征收的碳税最终会转嫁给末端的消费者；只有环保人士表示强烈不满[①]。

总之，公平问题是一个在碳税征收中最重要的问题。通过对各国碳税立法实践的比较分析可知，实践中的碳税与理论上的碳税存在较大的偏

---

① 苏明，傅志华等．中国开征碳税理论与政策［M］．北京：中国环境科学出版社，2011：94.

离。本章对这种偏离主要从政治、经济、制度、技术和社会的角度进行了分析，认为这种偏离是因为要照顾多方面的利益，出于对多种因素的考虑，而这其中最重要的一个因素就是社会公平问题。碳税是一种以市场为基础的减排制度，追求减排效率是碳税的一个最重要目标。但是，一个只考虑效率而不考虑公平的制度不是一个好制度，也很难在实施中得到支持、获得成功。

事实上，各国在碳税的立法中都注意了对社会公平性的考量，并采取各种措施减少征收碳税所带来的社会不公平性问题。主要是从碳税税率、碳税征税对象、碳税纳税人、碳税税收优惠和收入的使用等环节进行相应的调整，使其更符合社会公众的利益，并照顾到社会中弱势群体的利益，实现碳税的社会公平价值。简言之，无论是在碳税的立法理念中，还是在碳税法律制度的设计中都要将社会公平性作为一个重要的考量，因为社会公平问题对于碳税的顺利实施起着至关重要的作用。

第 5 章
碳税征收公平原则的困境

5.1 碳税征收公平原则的国内困境：权利分享与义务分担

由国外的碳税征收实践可知，征收碳税的过程中常常会引发社会的公平问题。无论是在碳税税率、碳税纳税环节、碳税纳税主体方面，还是在碳税税收优惠和碳税收入的使用方面，都要注意各方利益的平衡和社会公平的实现。在各国征收碳税的实践中通常存在碳税利益的高端化和碳税成本的底层化问题。

5.1.1 权利分享：碳税利益的高端化

第一，芬兰于 1990 年实施碳税，这项措施影响了芬兰的家庭和工业部门，尽管税收循环已向家庭倾斜。芬兰除电力税外的能源税制度并没有区别不同的经济部门，而电力税在家庭与工业部门间是不同的，工业部门的税率更低。北欧国家普遍采用特殊税收条款，如减少或全部免除能源和碳排放税，但芬兰未采取大幅度的碳税豁免政策。在芬兰，对在产品加工过程中被用作原材料的能源产品免除能源税。

第二，丹麦也是世界上实施碳税较早的国家之一。碳税的引入经历了两个阶段：1992 年，碳税指向家庭能源产品消费；1993 年扩展到商业领域。丹麦的税收循环机制主要影响了两个部门——工业部门和家庭部门。税收增加主要是通过能源税而不是碳税实现的，但由于有特殊税收条款，企业所受影响并不大。自 20 世纪 90 年代以来，工业便从能源税的优惠政策中获利。直到 1992 年引入碳税，工业部门才成为能源税的征收对象。1993 年到 1995 年间，企业缴纳 50% 的额定碳税，并且享受各类减免政策，实际缴税很少。

第三，挪威是欧盟碳税较重的国家之一，但其效果却比较显著。挪威为了维持国家竞争力，采取各种税收优惠配套措施，例如造纸业等能源密集型产业获准享有能源使用、出口品等免税政策，国际空运、航运、钢铁业等部门也都享有不同的免征碳税优惠。捕鱼业是挪威地方经济非常重要的一个行业，该行业享有完全豁免的碳税优惠。

第四，德国碳税的特点是税收转移支付内部存在轻微的矛盾。家庭是主要的受影响部门，工业是主要的受益部门。从环境税改革开始，制造业、农业、林业和渔业就被获准享受能源税特殊条款。制造业能源产品（运输燃料除外）享受 80 % 的税收减免，税收减免仅对每年电力和热燃料支出金额超过 512. 50 欧元的部分实施。制造部门也被赋予一个额外的纳税限额。如果增加能源税率导致的税务负担比降低养老金缴纳额度高 20%，企业就会获得全部差额返还，这项政策导致一些工业的实际税率为零。虽然德国环境税改革秉行税收负担从劳动力向能源转移的原则，工业部门依然是最大受益者。考察关于工业能源税的特殊条款，就会发现对工业的优惠待遇变得更加明显。所以，环境税制改革的结果是降低了工业的税负。

第五，瑞典于 1991 年引入碳税，同时，适当降低了能源税作为补偿。该国除了实施大量的税收返还外，当能源密集型企业碳税税额超过销售额的 0. 8% 时，企业还享有碳税退税。当超过销售额的 0. 8% 后，公司仅需支出超额税负的 12%。退税机制从 1997 年引入，直到 2007 年 1 月一直保持不变。由于瑞典对工业采取碳税优惠政策，因而，瑞典工业碳税水平始终低于整体碳税水平。

瑞典的碳税管理体系：石油经销公司，当汽油运出公司纳税后，开始缴税——缴税后，汽油站收到汽油——家庭和企业购买到交了税的汽油。瑞典的汽油零售价格约为 12 元人民币/升，其中，生产成本（29%），毛利（7%），碳税和增值税（64%）。税收承担者是 340 万个汽车使用者、石油经销商和加油站[①]。

第六，1996 年，荷兰开征能源调节税（英文缩写为 REB）。开征能源调节税的主要目的为：由于环境对人们的影响比较重要，荷兰认为，可利用增加能源使用成本的方式，尽可能降低在使用能源过程中破坏环境的几率。一般征税范围涵盖电力、天然气、液化石油气、柴油与燃油等领域。以小型能源消费者与家庭为主要纳税对象，相比之下，大型能源消费者寥寥无几。这主要是因为它们消耗能源较多，为了降低对环境的影响，它们遵从自愿减排协议计划，尽可能减少排放二氧化碳等温室气体，以此来降低能源使用对周围生态环境的影响。另外，我们还应了解的问题是：非营利组织、教育组织及社会组织所得到的税收返还最高可达到应纳税金的 50%。

由以上国家的碳税实践可以看出，大部分国家都对本国的大型企业给予了税收减免，也就是说，这些大型企业并未因为征收碳税而遭受损失，有些企业反而从中受益。事实上，这些大企业是排放二氧化碳的大户，应承担更多的税负和社会责任。法国碳税的失败也可以说明环境利益高端化这个问题，2009 年 9 月 10 日，萨科齐正式宣布法国将从 2010 年 1 月 1 日起在国内征收碳税。法国国民议会和参议院先后投票通过了这项议案，但法国宪法委员会在 2009 年 12 月 29 日晚间发表公报，宣布碳税法案无效，因为该法案违背了税收公平原则。在这个法案中，有近 93% 的大型工业企业拥有税收豁免权，而这些企业却正是二氧化碳的主要排放者[②]。有如此多拥有税收豁免权的企业和机构，这对其他纳税人来说，显然是非常不公平的，所以，宪法委员会以涉及太多例外为由宣布该法案无效。

我国还没有实行碳税，现有的环境税并非按照庇古的环境外部性理论建立起来的，因此也没有体现出环境成本。直接的结果是与环境有关的行

---

① 杨姝影，蔡博峰等．国际碳税研究［M］．北京：化学工业出版社，2011：37.

② 刘洁．有失公平，法国碳税法案遭否决［N］．中国税务报，2010－02－10（7）．

为，特别是资源利用和污染物排放的行为都没有承担应当承担的环境成本。而环境成本外部化的直接受益者是大型企业。资源开发和污染物排放数量越大，其收益就越多。而且这些环境收益还通过出口流出境外，外贸活动越繁荣，我国的环境利益流失就越严重。国家作为环境和资源的所有者，并没有获得应有的收益，大部分的资源收益落入大企业手中①。与此同时，作为环境恶化成本承受者的消费者却并没有享受到资源和其他环境相关产品带来的利益。比如，我国的汽油价格是美国的两倍，与英国相当。而英国是以严格而高税率著称的国家，也就是说，我国的消费者承受了征收高能源税的发达国家同样的产品价格，却同时承担了大部分的环境成本，这无疑违反了公平原则。

5.1.2 义务分担：碳税成本的底层化

5.1.2.1 对低收入群体的影响

在主要的污染排放和资源开发主体——大型企业享受环境利益的时候，广大的民众却承担了主要的环境成本。碳税征收对低收入人群的影响较大，应采取一定的缓解和补偿措施。环境恶化和资源枯竭带来的环境成本主要转移给了生活在环境中的民众，低收入人群承担了最多的环境成本。由于低收入人群的经济条件限制，往往无法选择自己的居住环境，在环境恶化的情况下，低收入人群无法改变自己的生存环境，只能接受环境恶化可能带来的健康等问题。在资源枯竭的情况下，能源价格上升，低收入人群相对高收入人群将更大比例的收入用于能源消耗，因此他们受到能源价格上升的影响更大。同时，由于低收入人群无法承担替代能源的高价格，因此要求他们在短时间内选择替代能源以规避化石能源价格上涨带来的压力也是不现实的。Bureau（2011）通过情景模拟分析了碳税对法国不同收入、不同地区家庭的影响及其分配效应——假设对车辆排放的每吨温室气体征收 31 欧元的碳税，那么穷人将因此失去总收入的 6.3‰，而富人仅仅会失去总收入的 1.9‰，也就是说，碳税对穷人的影响要大于对富人的影响②。国外通常会对这些低收入者实行税收优惠，通过借鉴国外的

① 雷芸．环境税正义论［D］．西南政法大学博士学位论文，2009.

② Benjamin Bureau. Distributional Effects of a Carbon Tax on Car Fuels in France［J］. *Energy Economics*, 2011（33）：129.

相关经验，我国在征收碳税的同时应给予低收入群体一定的补贴或优惠，比如对于个人生活使用的煤炭和天然气排放的二氧化碳应暂不征税，尤其在我国的北方地区。

针对征收碳税可能引起的公平问题，日本给予了较为全面的考虑。虽然日本还没有征收碳税，但对碳税的研究却很深入。2004 年，为了响应保护环境的号召，日本提出碳税方案，社会各阶层反响很大，在五年的时间内，通过吸纳不同阶层的意见，征收碳税方案已经修订四次，逐渐完善，相关的配套措施也日趋完备。对于社会上的普通公众来说，征收碳税的影响很大，消费者基本上承担一大部分的负担，与大型消费企业相比，公众处于弱势地位，在制定税收政策时，往往容易被高层管理人员所忽略。然而，日本出台的碳税方案却是基于公众的角度所提出的，充分保护了公众的利益。譬如说，在冬季，日本取暖主要依靠煤油等燃料，为了减少公众的负担，税率已经降至 0.82 日元/升，由每年需缴纳的 3000 日元取暖费降至 2000 日元，对公众利益的维护意图十分明显。不仅如此，日本环境省对每个家庭所承担的税负进行了详细的计算，为排放温室气体，一般每户为 3.6 吨；使用电力每年需缴纳 1396 日元、使用液化石油气需缴纳 232 日元、使用煤油每年需缴纳 209 日元，其他杂项还需承担 163 日元的税额。为了缓解家庭负担，对于液化石油、煤油等家庭所需能源，环境省采用了上游课税的缴税方式，有效地减少了大部分家庭所承担的缴税压力①。

5.1.2.2　对不发达地区的影响

因为不同的地区，其资源与能源禀赋特征、产业结构、文化传承与经济水平均不同，所以，对于不同的地区而言，碳税对收入分配、能源消耗以及经济增长等方面存在较大影响。例如，在日本的南部地区和北部地区之间的差异，在丹麦东部地区和西部地区之间的差异，而我国西部地区开采的石油等资源大部分运往东部、中部地区，为东部地区的快速发展提供了物质条件。当然，这样会影响西部地区的发展步伐，牺牲西部地区的一些利益。在以后的发展过程中，国家会给西部地区一定的政策倾斜和经济支持，促进我国西部地区发展模式的转型。若基于能源消耗与经济增长两

① 杨姝影等．国际碳税研究［M］．北京：化学工业出版社，2011：45.

个方面而言，征收碳税具有减少能源消耗和促进地区经济发展的作用，这些城市基本上以东部发达地区为主，侧面反映出我国东部地区的经济发展态势较好，具有低消耗、低投入、高效率与高科技的优势，所以可直接对其征收碳税；对于我国西部地区与中部地区，征收碳税不仅会增加能源的消耗水平，还会限制当地的经济发展，侧面反映出我国西部地区与中部地区的经济发展较慢，属于低效率、高消耗及高投入的发展模式，所以，在征收碳税之前，当地政府应制定新的经济发展决策，优化其产业结构，以此来提高能源的使用效率。

对我国大部分地区而言，征收碳税这一行为，能够拉大劳动要素与资本要素的收入差距，这主要是因为，与所得税、财产税等不同，碳税具有明显的分配累退性，而不具有调节市场秩序和社会公平的功能。为了扩大经济规模，促进地区经济发展，政府获得的碳税收入基本上会用作资本积累，这样会提高工资的成本、降低对劳动力的需求。所以，征收碳税这一举措，必然会增加劳动者与所有者之间的收入差距。在这种情况下，应该在碳税立法之前，先完善所得税与财产税的税收制度，将其促进经济发展、维持市场秩序和调节社会公平的作用充分地发挥出来①。

为了减小我国西部地区、中部地区与东部地区的经济发展差距，我国先后对中部、西部地区给予了一定的政策倾斜。为了保证税收的成功，应综合考虑社会上不同的纳税阶层以及不同地区的经济发展水平等多种因素，力求设计一个合理、公平、有效的税收体系，以免对当地的经济增长造成阻碍。首先，就税率而言，中部、西部地区的碳税税率要比东部地区低，与东部地区相比，偏高的税率会对西部地区与中部地区的经济发展造成明显的负面影响，适当的碳税税率对中部、西部地区企业的发展显得尤为重要。其次，从碳税收入的角度来看，要充分运用碳税政策实现东部地区向中部、西部地区转移支付和经济扶持，鼓励其使用现代化技术，促进其产业结构升级与转型②。

---

① 张明文等．碳税对经济增长、能源消费与收入分配的影响分析［J］．技术经济，2009（6）：48－51.

② 彭红枫，吴阳．碳税对我国区域经济发展的影响［J］．技术经济，2011（2）：88－92.

5.2 碳税征收公平原则的国际困境：冲突与协调

从世界范围来看，由于碳税征收的特殊性，碳税具有全球性特征，只在某个国家征收碳税和减排温室气体是无法解决全球气候变化的问题。只有世界各国在公平的基础上共同努力才能解决全球气候恶化的问题。也许将来能建立一个全世界范围的公平的碳税征收机制，那么也就不存在“碳关税”的问题了。欧盟已经在这方面迈出了重要的一步，试图先建立一个区域性的碳税合作机制。于是，碳税征收国际公平问题便出现在碳税的国际合作和边境税收调整中，这是一个更加复杂的问题。

5.2.1 冲突与协调之一：欧盟的碳税合作

碳税最早在欧盟起步，一直以来，欧盟都将碳税统一作为主要发展目标。20 世纪 90 年代发展初期，意大利提出下述建议：为了促进经济的发展，建议所有 OECD 成员国均实行征收碳税政策，对国际、国内所制定的环境保护计划提供强大的资金支持。以 1993 年为例，建议以 3 美元/桶的原油价格进行缴税，随后，每年原油价格都会增加 1 美元，发展至 2000 年达至每桶 10 美元。欧盟很多国家都采纳了这一建议，并且出台了相关的指导方针[①]，并规定，不管实施哪种税，每个成员国都要避免在欧盟范围内的无效化。

5.2.1.1 欧盟碳税合作的特点

1991 年 10 月，欧盟委员会就已经提出了实行国际统一碳税的观点，次年的 7 月，欧洲委员会建议欧盟的各个成员国应该在欧盟层次的基础上引入碳税，1993 年，欧盟开始正式地将碳—能源税纳入到税收体系中，

① 张会萍．环境税及其国际协调［D］．厦门大学博士学位论文，2002.

目前，碳税具有如下几个方面的特征[①]：

第一，碳税仍然属于商品课税的范围，目前，我们可将碳税分为如下两个部分，其一为按照化石燃料的碳排放量来征收的碳税，其二为按照能源构成来征收的碳税，其中，能源构成指的是按照能源的发热量来计征碳税。事实上，不同的能源，它们的碳含量不同，能源构成也存在着巨大的差异，因此，对于不同的能源，政府应该采取不同的税率，也就是说，不同能源所应该承担的税负也是不同的。

第二，在对化石燃料征税时，碳税与能源税分别占 50% 的比例。

第三，自 1993 年欧盟各成员国正式实施碳税政策后，根据年度递增的方案，成员国需要每年增加碳税的税负。比如在 1993 年，一桶石油应缴纳的碳税与能源税之和为 3 美元，此后的每年，每桶石油的总税收增加 1 美元，也就是说，1994 年，一桶石油的总税收为 4 美元，以此类推，截止到 2000 年，每桶石油的总税收可达到 10 美元。而其他种类的能源换算的方式同上，具体做法是，根据控制标准，先确定每吨碳的碳税税率为 10.3 个欧洲货币单位，每标准能源单位（一桶标准油的能源含量）税率是 0.21 个欧洲货币单位，然后根据各种能源的含碳量和所含的能源单位，确定其总体税率，值得注意的是，欧盟成员国所使用的税率必须不低于欧盟规定的最低税率。

第四，碳税采取最终环节课税的方式。所谓最终环节课税方式，指的是能源产品从一开始投入生产到加工再到出售的这一系列复杂的环节中，税务部门只对最后环节进行征税，这一做法避免了各环节征税的重复性，也减轻了有关企业的纳税负担，比如对工业使用、机动车使用和家庭使用的加热燃料进行征税。目前，我国征税的产品主要有天然气、矿物油、焦煤等能源。

第五，国家有关减免税的相关规定。在 1991 年最初建议稿的基础上，1992 年，欧洲委员会对外公布的指令中已经考虑到大型能源密集行业的特殊性，为了减轻此类企业的纳税压力，欧洲委员会已经对其实行了有关的税收优惠。目前，常见的大型能源密集行业包括水泥、造纸、化工和钢

---

① Bernard P. Herber & Jose T. Raga. An international carbon tax to combat global warming：an economic and political analysis of the European Union proposal [J]. *American Journal of Economics and Sociology*, 1995 (7)：87.

铁等行业，通过减免税来缓解碳税对能源密集型行业的影响，促进它们朝着可持续化的方向发展。而在初稿中则规定对某些能源密集型部门实行免税措施，至少直到 OECD 的其他成员国采取同样的措施才停止这些优惠。1992 年的指令对这部分内容做了较大的修改，强化了对 OECD 其他国家也必须采取同样措施的要求。指令草案中明确提出“只有在 OECD 内的主要竞争者开征相似的、具有相应作用的税种，该税才能得以实施”。

第六，欧盟的所有成员国以欧盟规定的统一税率为基础，自行选择课征碳税的方式，成员国的税收收入由各国自行使用。在碳税收入保留的问题上，与增值税有所不同。因为每个成员国被要求开征增值税，每个成员国增值税的部分收入被用于欧盟指定的机构；大部分剩余的增值税收入，成员国可以保留并支配。但是会产生反效果，因为碳税收入的国家会将碳税收入大部分用于补贴碳密集型产业。同时，目前各成员国征收的碳税大多超过 10 美元一桶。这样成员国可以减少这些国家的现行税收以抵消新的碳税。

5.2.1.2 欧盟碳税合作的分析

众所周知，经过几十年的发展，欧盟在统一碳税的过程中遇到了重重的困难，尽管目前已经有不少的成员国将碳税纳入到税收体制，然而，统一碳税的计划仍然没有真正地实现。

第一，基于政治学视角的分析。1991 年，欧洲委员会经过讨论所提出的征收碳税的建议并不是毫无根据的，而是有着深厚的政治原因的。为了应对 1992 年在巴西召开的“地球峰会”谈判，欧洲委员会在 1991 年就对外承诺欧盟的二氧化碳排放量将保持在 1990 年的水平，而碳税这一经济激励手段将有助于欧盟实现这一目标。因此，在这一特殊的背景下，欧洲委员会经过一致的商议提出了统一碳税的理念。令人遗憾的是，20 世纪 90 年代，国际上接连发生了一系列巨大的政治变故，这些事件的发生在很大程度上影响到欧盟统一碳税计划的实施。其中，最主要的原因是美国这一世界上的超级大国在全球峰会上拒绝承担强制性碳减排义务，美国的这一行为在很大程度上削弱了《联合国气候变化框架公约》的作用。美国不仅拒绝设定强制性的二氧化碳减排目标，而且也没有采用诸如碳税等具体政策手段以减少全球变暖。在这样的情况下，作为全球集合的一个“子集”，欧洲联盟当然不愿意“单独”实施碳税制度。因此，1992 年 2

月，欧洲委员会同意“除非美国和日本颁布相似税收，否则欧洲不实施此建议”。

与此同时，欧盟的内部也在不断地发生着变化，欧盟由于实施财政紧缩政策，使得其经济遭受了重创，随着人们生活水平的逐渐降低，越来越多的人开始将关注的焦点从原先的环境保护转到了与人们直接相关的宏观经济问题，经济的萧条在很大程度上降低了人们对碳税实施的热情。此外，与《马斯赫里特条约》谈判相生的中间运动在英国、丹麦、法国遇到强大的反对力量，逐步衰落。因此，欧洲委员会在欧盟中的政治地位也随之下降，这也意味着碳税的影响力被进一步削弱。与此同时，20 世纪 90 年代，苏联和东欧等国家解体的一系列重大事件也使他们将注意力从环境问题上移开，转而对共同体的各成员国施加财政影响。

第二，基于经济学视角的分析。欧盟实行统一的碳税这一举动无疑对全球气候变暖问题的解决作出了良好的示范，有的学者将欧盟的这一做法视为史无前例的一场大改革。事实上，碳税除了遵循传统的“庇古税”原则外，同时也充分地体现了“谁污染，谁付费”的原则。尽管如此，欧盟在实行统一碳税时仍然遇到了不少的难题，早在征收碳税之前，绝大多数的欧盟成员国就已经引入了能源税，若他们再引入碳税，则将与之前存在的能源税发生交叉和重合。由上文可知，能源税占了统一碳税总税收的 50%，可见统一碳税并非是一个纯粹意义上的碳税。除此之外，欧盟的成员国指出，假如日本与美国这两大竞争对手不实施相关的碳减排政策，那么为了保持欧盟有关商品的竞争力，欧盟将对能源密集型行业实施减免税的优惠政策，而这一做法无疑会削弱碳税在减排方面的作用。也可以这样说，这种限制的结果恰恰是人们所不期望的，小规模的能源消费者需要缴纳一定的税负，而那些大型污染企业却能够得到政府的优惠，甚至不用缴税，这明显是不公平的。

从欧盟自身的角度来看，欧盟通过统一碳税来保护环境的能力是极其有限的，这是因为在全球 200 多个国家中，欧盟的二氧化碳排放量仅占全球排放量的 13%，而欧盟仅对这些占排放量较小比例的成员国进行限制，即使其排放量大大下降，也不能改变全球排放量的上升趋势。虽然不少国家也都确定了一个明确的减排数量目标，但并不是所有国家都愿意采取具体的措施，因为这将削弱欧盟某些成员国商品的国际竞争力。除此之外，欧盟的统一碳税并没有考虑碳税对低收入居民生活的影响。碳税的累退程度取决于成员国的能源消耗中的低收入家庭所占的比例，这样的比例在地中海国家往往较低，从而形成这些国家的碳税相对于其他成员国有相对较低的累退性。但从“间接”意义上说，每个国家可以通过利用碳税收入，发挥其收入中性的特点以解决本国范围内的累退性问题[①]。

综上所述，实施欧盟统一碳税的建议变得似乎不太可能。但 1994 年 10 月，作为欧共体的主要决策机构的欧洲理事会决定继续实施对能源征收碳税的建议，以代替较高的消费税。1995 年 3 月，框架公约首次在柏林举行了正式会议，增加了对气候变化更详细的政策，针对欧洲碳税的政治氛围有所恢复。与此同时，芬兰和瑞典在 1995 年加入欧洲联盟，同丹麦和荷兰一起通过国家层面的碳税。之后，OECD 的多个成员国陆续开征了碳税，并在削减碳排放方面取得了一定的成效。但推行统一碳税的计划却并没有实质性进展。其原因在于，统一碳税是欧盟税收一体化过程中的一个组成部分，欧盟的税收一体化进程面临着诸多困难，同样对统一碳税产生制约作用。最主要的原因在于欧盟还只是主权国家的政治经济共同体，并不是真正的超国家的国际组织，在决策方式上，根据《欧洲同盟条约》第 130 条规定：“那些主要是财政性的条款，应该由委员会提出，并经理事会一致同意后采纳”，即“一票否决”制度。因此，任何一个成员国的否定都将使欧盟的一化进程受阻。经过一段时间的反思，2007 年 6 月，欧盟首脑会议在布鲁塞尔决定以一个新条约取代《欧盟宪法条约》。但是，《里斯本条约》[②] 在决策方式上虽然规定在司法、内政等敏感领域的一些政策将以“有效多数制”表决，成员国不再能“一票否决”，但在税收、社会保障、外交和防务等事关成员国主权的领域仍采取一致通过原则，“一票否决”将最终影响到碳税统一的进程。尽管如此，欧盟关于统一碳税的尝试还是为碳税国际合作提供了借鉴。

---

① 邢丽．碳税的国际协调［M］．北京：中国财政经济出版社，2010：119－122.

② 《里斯本条约》是在《欧盟宪法条约》的基础上形成的，旨在推进欧洲一体化进程。《欧盟宪法条约》于 2005 年相继在法国和荷兰的全民公决中遭到否决。由于欧盟制宪条约必须得到所有成员国的批准才能生效，法、荷两国的否决使欧盟陷入了制宪僵局。经过一段时间的反思，2007 年 6 月，欧盟首脑会议在布鲁塞尔决定以一个新条约取代《欧盟宪法条约》。当年 10 月 19 日，欧盟各国领导人在里斯本举行的特别峰会上就新条约文本达成一致，并将其定名为《里斯本条约》。

5.2.2 冲突与协调之二：碳税的边境调整

在短期内碳税的国际合作似乎并无什么进展，边境税收调整措施也许会成为碳税国际协调与合作的一个重要措施。OECD 在 20 世纪 90 年代就曾提议使用边境税收调整措施，对进出口税进行调整，以抵消国内碳税对竞争力的影响，最终提高碳税的有效性。2009 年 6 月在美国众议院通过的《美国清洁能源与安全法案》中规定，自 2020 年起对未取措施减排温室气体国家的钢铁、水泥、玻璃、纸张等高污染产品采取“边境税收调整”措施。法国也提出要通过边境税收调整措施来抵消碳减排对国际竞争力的影响。前世界银行首席经济学家斯蒂格里茨与欧洲贸易联盟也提出了类似的建议①。

5.2.2.1 边境税收调整释义

所谓边境税收调整（border tax adjustments，BTA），其实是政府的一种财政措施，该措施是为了部分或全部兑现目的地原则②。美国的大卫·李嘉图提出了目的地原则这一概念，他认为可将目的地原则理解为：“由于国内税导致玉米价格上涨，因此，应当对进口玉米进行同等程度征税，并对出口到国外的玉米退还已征的税负。在这种情况下，玉米贸易就可以公平地展开，就如同它从未被征税一样……”③ 无论是哪一种商品，假如根据目的地原则，仅应由其消费所在国征税④。也就是说，在国际贸易过程中，所有进口商品只在进口国征税，而不在出口国征税，从而避免了双重征税以及各国不同的税负水平对贸易产生的扭曲作用⑤。目前，根据不同的适用对象，我们可以将边境税收调整措施分为以下两种：一种是对出

---

① ［瑞典］克里斯蒂安·阿扎．气候挑战解决方案［M］．杜珩，杜珂译．北京：社会科学文献出版社，2012：123.

② “Report of the Working Party Established by GATT on 28 March 1968”, *Border Tax Adjustments* (L/3464), adopted on 2 December 1970, para. 4.

③ Piero with M. H. Dobbed. *Works and Correspondence of David Ricardo* Vol. IV: Pamplets and Papers. Cambridge University Press, 1951: 1815 – 1823.

④ 与目的地原则相对应的是原产地原则（the origin principle）。按照该原则，所有的商品均只由其生产所在国征税。

⑤ “Note by the Secretariat”, *Taxes and Charges for Environmental Purposes – Border Tax Adjustment*, WT/CTE/W/47, 2 May, 1997: 24.

口产品退税，另一种是对进口产品征收与本国同类产品一样的国内税[①]。所以，“边境税收调整”与“边境税收”是两个完全不同的概念，不能把前者认为是发生在边境的调整措施，只从字面上理解是不对的。边境税收才是关税，常常是针对进口产品而征收的，它才是发生在边境的税收措施，而边境税收调整实际上是一种国内税收措施。在碳税边境调整与碳关税的关系上，人们存在许多误解。

早在 18 世纪，就开始了边境税收调整的实践。1789 年 7 月，美国通过法案规定对进口商品征税。1791 年，威士忌法案中规定对蒸馏酒征收联邦税，如果是出口的威士忌则返还这种税[②]。1968 年，GATT 曾做过一项国别调查，主要就是针对边境税收调整的，调查表明，边境税收调整的做法并不少见[③]。通常，关于产品的消费和销售的国内间接税会使用边境税收调整这一措施，例如，销售税、消费税、增值税等[④]。

20 世纪 60 年代为了保证建立完全没有内部国界的统一大市场，欧共体就开始着手进行间接税的协调工作，关于把边境税收调整作为税收的调节手段，特别是对增值税进行边境调整争议激烈。1951 年 4 月，德国曾就法国对钢铁贸易的增值税边境调整向欧洲钢铁煤炭共同体（ECSC）高层机构提出抗议，主张取消边境税收调整，推行产地课税原则，虽最终未获得 ECSC 的支持，但却使欧洲经济一体化过程中有关边境税收调整和采用何种国际商品税协调的问题得到了广泛的关注。

欧共体为了解决以上这些问题，成立了专门的“财政与金融事务委员会”，该委员会的主席为德国著名的经济学家纽曼，在考察了当时欧共体的流转税后，纽曼于 1963 年提交了相关的报告，该报告被人们公认为欧洲税收协调中的一座里程碑。报告推荐通过采用增值税来代替总流转

---

① ［英］帕特莎·波尼，埃伦·波义尔. 国际法与环境［M］. 那力，王彦志，王小钢译. 北京：高等教育出版社，2007：693.

② Gary C. Hutbauer, Carol Gabyzon. The Evolution of Border Tax Adjustments［R］. Report Prepared for the Center for Strategic Tax Reform, March 1993.

③ Report of the Working Party established by GATT on 28 March 1968, Consolidated Document on the Examination of Practices of Contracting Parties in relation to Border Tax Adjustments（L/3389）, 6 May 1970.

④ OECD. Economic/Fiscal Instruments：Taxation（i. e. carbon/ energy）, Annex I Expert Group on the United Nations Framework Convention on Climate Change, working paper No. 4, OECD/GD（97）188, p. 83; Frank Biermann, Rainer Brohm. Implementing The Kyoto Protocol without The USA：The Strategic Role of Energy Tax Adjustments at The Border［J］. *Climate Policy*, 2005（4）：292.

税，同时还强调去除欧共体内部税收边境的重要性。由于实施边境税收调整的主要原因是目的地原则，所以取消边境税收调整就要从目的地原则转为产地原则。根据报告的提议，1967 年，欧共体正式颁布了有关增值税的第一号指令，该指令明确规定欧共体的所有成员国都要在 1970 年之前实行增值税。然而，委员会并没有采纳纽曼关于将国际商品税课税原则由目的地原则改为产地原则的提议①。

简言之，边境税收调整包括两个方面内容：一是免除以出口为目的的本国产品的国内税；二是征收进口产品的国内税。由此可见，边境税收调整其实是一种国内税收的措施，从边境税收调整的演进历史来看，对边境税收调整是否能解决竞争力问题、创造贸易优势一直存在争议，而欧盟在经济一体化过程中始终试图取消该项措施，但最终未能如愿。

5.2.2.2 边境税收调整的特点

一般来说，边境税收调整措施具有如下特点：

第一，边境税收调整只允许调整间接税。也就是说，边境税收调整能够调整对产品征收的国内税，而无法调整对工资、利润等征收的直接税。早在 1970 年，GATT 的有关工作人员就已经指出，边境调节税可适用于直接对产品征收的税，而不适用于社会保障税等不是直接对产品征收的税。因为，一般认为，间接税可以由纳税人转嫁，从而反映到产品价格上。通过对间接税的边境税收调整，既不会产生额外的补贴，也不会损害进口产品在本国的税收利益。

第二，边境税收调整的依据是消费地原则。国内商品税的课税原则主要有两类：一是产地原则，指的是一个国家有权对产自本国的全部商品课税，不管商品是在本国消费还是出口到国外消费；二是消费地原则，也叫目的地原则，指的是一个国家有权对在本国消费的全部商品课税，而不管商品是来自本国还是来自国外。通常情况下，各国国内的商品税都实行单一税率，且税率相同的条件下，选择产地原则是有利的。通过实行产地原则，我们可以避免由于边境税收调整而造成的税收征管成本增加的问题，但要求各国税率的统一直接涉及各国主权和利益，在现实中是难以做到

① 福建省国税局课题组．欧盟间接税协调的回顾与启示［J］．涉外税务，2006（3）：38－42.

的。消费地原则能够使产品在国际贸易中不受各国税收水平差异的影响，确保贸易中的货物既不被免除税收又不被双重征税。因此，从世界各国的税制结构存在差别的现实出发，在全球范围内实行目的地原则对公平和效率目标的实现是有利的，也正因为如此，世界贸易组织将目的地原则作为国际贸易活动中商品税协调的一项重要准则。

从边境税收调整的特点看，理论意义上的边境调节税只是国内的一种税收措施，而不是关税，旨在实现各国之间的税收中性原则。由此可见，边境调节税的实行并不会影响到消费者的具体行为，也不会扭曲国际贸易活动。因此，从理论的角度来看，边境税收调整是一种较好的政策工具，其主要用于间接税的国际协调，而不是专为碳税设计的。

5.2.2.3　碳税边境调整的起因

随着人类对能源消耗的不断增加，全球气候恶化已经成为各国普遍关注的一个问题，碳税是应对气候变化的一种有效经济手段。但是，单边征收碳税的国家容易削弱本国产品在国际贸易中的竞争力。北欧国家是最早开始征收碳税的国家，为了消除碳税对国内产品竞争力所产生的影响，他们通常在制定碳税制度时会采取两种措施：第一，对能源密集型企业实施税收减免的政策。这种方法的好处在于减轻了能源密集型企业的税收负担，但同时也降低了这些企业减排的积极性，进而影响到二氧化碳减排目标的实现程度。为了完成原定的减排计划，政府就会向非减免部门和企业征收更高的碳税，这在一定程度上增加了减排的成本。第二，对能源密集型企业实施税收返还的政策。政府通过减少企业的其他税收或给予企业一定环保补贴的方式，将碳税收入部分或全部地返还给有关企业，以此来促进企业减排。与税收免除的方式相比，税收返还会提高企业减排的积极性，但这种方式的效率也不高①。

由此可见，上述这两种措施各有利弊，它们的共同之处在于实施的范围是在一国之内，然而，气候问题是一个全球性的问题，只靠某一个国家的努力是无法实现目标的，需要全世界的共同努力。所以，当前最为可行的方法是对碳税进行多边或双边的国际协调，而碳税边境调整无疑是实现

---

① Zhang Zhongxiang & Lucas Assunção. Domestic Climate Policies and the WTO [J]. *The World Economy*, 2004 27 (3): 359 - 386.

国际协调的最好方式。一方面，它不会降低碳税的减排效果；另一方面，它又不会削弱本国企业的竞争力。碳税边境调整遵循消费地原则（也称目的地原则），包括对进口产品根据其碳含量征收碳税，同时对出口产品退还已经征收的碳税。碳税边境调整制度能够使本国产品在出口时不会因为在国内已经缴纳了碳税而在国际竞争中处于劣势，也不会使进口产品因为没有在出口国缴纳碳税而处于竞争优势，这样可以使国内外生产者的税负基本上是公平的，使碳税对国际竞争力的影响中性化。

5.2.2.4 碳税边境调整的争议

碳税边境调整除了能够实现二氧化碳等温室气体的减排，还能够确保国内产品的竞争力不受损害。然而，不同国家之间的经济发展水平存在着巨大的差异，他们对气候变化的认识程度也是不同的，因此，碳税边境调整制度在实施的过程中一直饱受各方的争议。

1. 关于碳税边境调整与碳关税的争议

从本质上说，碳税边境调整与碳关税是完全不同的。所谓碳关税，是指那些采纳碳税和碳排放权交易等单边碳排放定价机制的国家为解决本国产业竞争力受损以及碳泄露问题而采取的一种以碳税和碳排放权交易为主要特征的单边贸易措施。简单地说，碳关税其实是国家对高耗能进口产品所额外征收的一种二氧化碳排放税，具有非税收中性的特征，如果国家调节过度，则会扭曲市场的自由贸易，偏离保护环境的目标。碳税边境调整是一种国内税，它主要是为了让不同国家的碳税税负保持在一个大体相当的水平，因此，碳税边境调整既不会影响企业的竞争力，也不会扭曲自由贸易①。

第一，美国碳关税案。2009 年 6 月 26 日，美国众议院通过了《美国清洁能源与安全法案》（American Clean Energy and Security Act of 2009，ACESA），该法案规定美国创设全国性的碳排放权交易制度，并在法案中涵盖了进口的产品。该制度既可以适用于美国境内的生产性碳排放，也能够适用于美国境外的生产性碳排放。此外，该法案的第 4 部分第 768 节详细地介绍了国际储备配额项目。基于在实施温室气体排放权交易机制后可能出现对本国产业的不公平竞争情况，美国要求没有设定排放权交易机制

① 陈斌．碳税边境调整的困境与发展［J］．税务与经济，2011（1）：104－107.

的国家或没有可比性的能源强度减少标准的国家出口到美国的高耗能产品，需要提交与产品制造有关的碳排放配额，用来体现产品的碳排放强度，没有配额的情况下就需要在碳交易中心购买相应的配额。

尽管该法案中并没有提出碳关税这一名词，但很多美国官员将这种增加的额外成本理解为增加了关税，最后，这一条款成为“碳关税”的法律文本渊源。事实上，此处提及的“碳关税”在性质上具有交叉性和多元性，不同于通常所说的“关税”，还可能是配额、国内税费和许可证等①。在联合国的关于气候变化的谈判中，很多人混淆了碳关税与碳税边境调整的概念，这一点是需要澄清的。

第二，欧盟航空碳税案。由于以碳交易和碳税为主要特征的单边碳定价机制主要用于规范国内企业的生产性碳排放，所以各国都担心这一机制会损害本国产业的竞争力。如果对他国未承担碳减排成本的进口产品实施边境税收调整，就能够使各国企业在公平的基础上进行竞争。出于这样的目的，2008 年，欧盟理事会对外发布了 2008/101/EC 号指令，该指令规定，自 2012 年年初起，无论是欧盟籍还是非欧盟籍的航空公司的飞机在飞经、飞离和飞往欧盟成员国的机场时都需要缴纳一定的碳税。也就是说，凡是进出欧盟边境的航空货物、邮件和人员都需要承担一定的碳排放权交易费用。2009 年，美国航空运输协会与美国三大航空公司就此对欧盟提出诉讼，认为其违反了《芝加哥公约》的规定，这就是有名的“欧盟航空碳税案”，结果以欧盟胜诉告终。

欧盟理事会通过的 2008/101/EC 号指令有着全球性的影响，即便它只是一个为了减少碳排放的区域性制度，却受到了全世界人们的普遍关注。不管怎样，我们都不能否认欧盟在全球碳减排方面所做出的努力，它一直是促进全球碳减排的中坚力量。在减缓气候变化的经济手段中，碳排放权交易制度也是一种有效的措施。从环境保护的角度来看，欧盟对航空业征收碳税的这一举措是有着强烈的正义性的②。但它征收航空碳税并非只是为了保护环境，也是出于对国际经济地位与本国经济利益的考虑。我国作为发展中国家，航空业面临着巨大的压力，发达国家和发展中国家的航空企业是否依照“共同但有区别的责任”原则征收不同的碳税，这些

① 苑路佳．WTO 框架下“碳关税”条款刍议［J］．法学杂志，2010（8）：139－140.

② 李传轩．欧盟航空碳税的正义性拷问［J］．检察风云，2012（3）：39.

问题一直是各国不断讨论的焦点，关于“共同但有区别的责任”原则将在后面详细阐述。

2. 关于碳税边境调整适用范围的争议

第一，对于按照最终产品的碳含量进行征税抑或是按照该产品在投入生产过程中所耗费的生产资料的碳含量进行征税是否具有适格性，学者们还未达成一致。依照《关税及贸易总协定》（以下简称GATT）的规定，成员国有权在国民待遇的基础上进行边境税收调整，但是根据GATT第二条、第三条以及第六条的规定，可以看出，这种调整的对象只能是间接税，究其原因，在于间接税才能最终被反映到产品的价格当中，而直接税却无法由生产商或者销售商转嫁到消费者身上。因此，成员国能够对间接税进行边境税收调整，这也是践行税收中性原则的要求，使进口产品和出口产品处于平等的地位。一般来说，进口国考虑到环保问题，可能会在边境税进行调整时，采取依据最终产品的碳含量或者是在生产产品的过程中投入物质的碳含量进行征税。根据世界贸易组织（以下简称WTO）协定的规定，若成员国采取按照最终产品的碳含量进行征税，是属于直接对产品征收的税，在WTO允许的边境税收调整范围之内。但成员国按照在生产产品的过程中投入物质的碳含量进行征税，是否符合WTO协定的规定还有待进一步商榷。

第二，对按物理性的投入物征税和消耗性的投入物进行征税是否适格存在争议。根据在生产产品的过程中投入的生产资料与最终产品的关系，可以将生产资料分成消耗性的生产资料与物理性的生产资料。依据《关税及贸易总协定》第二条第二款a项的规定①，对在生产过程中投入并构成最终产品部分或者全部的物理性投入物所征收的国内税，可将其列入间接税的范畴，换言之，成员国可以依据相关协定的规定对其进行边境税收调整。而根据WTO规则，对在生产产品的过程中投入的消耗性资源进行边境税收调整是否具有合法性尚不明确，且至今为止，也未曾有任何

① GATT第二条第二款a项规定：本条的任何规定均不得阻止任何缔约方在任何时候对任何产品的进口征收下列税费：（a）与根据第三条第二款对同类国产品或用于制造或生产进口产品的全部或部分的物品所征收的国内税相当的费用。GATT第三条第二款规定：对来自任何缔约方领土的产品出口至任何其他缔约方领土时，对其直接或间接征收的国内税或其他任何种类的费用不得高于对同类国产品直接或间接征收的国内税或其他任何种类的费用。并且，任何缔约方均不得对进口产品或国产品以违背第一款所含原则的方式征收国内税或其他国内费用。

WTO 争端专家组针对上述问题的合法性进行裁决，以定纷止争。根据 GATT 第二条第二款的规定，对在生产过程中已经损耗掉，且不构成最终产品物理成分的能源是否征税也未明确，但按照 GATT 第二十条“环境例外条款”的规定①，对碳税进行边境税收调整是合法的，因为各成员国基于本条款的规定可以在出于保护环境目的的前提下对贸易采取限制措施。

为了避免进口国滥用税收调整，应该对边境税收调整的产品类型及数量进行限制，譬如，对生产过程中能源消耗较大的能源密集型产品适用边境税收调整。现阶段，可行性的方案是依据《联合国气候变化框架公约》等国际文件的要求，制定一份适用边境税收调整的产品清单。

3. 关于生产过程中碳排放量测定的争议

假如 WTO 在日后对相关规则进行调整，认为对生产过程中消耗的能源征收的碳税也适用于边境税收调整，那么随之而来的困难就是怎样测定产品在生产过程中的碳排放量。考虑到碳税边境调整在实践中的可行性，我们将产品分为最终产品（如化工产品、汽车）和能源产品（如天然气、石油和煤）。由于对能源产品的测定比较容易，因此有关能源产品的边境税收调整就比较简单、易行。WTO 规则允许对出口能源产品实行间接税退税，对进口能源产品征收与国内相同水平的税收，只要出口退税额不大于之前已经征收的税额，对进口产品所征收的税负不高于国内的相同产品，这种符合公平原则的边境税收调整是允许的。然而，当进、出口的产品是最终产品时，问题就变得异常复杂，因为在最终产品的生产过程中包含了已税能源产品的投入，确定最终产品的碳含量面临着技术难题。

由于各国的生产方法、技术水平和资源禀赋差别较大，虽然生产同样的商品，但产生的二氧化碳量是不同的。比如，天然气和煤相比，前者的燃烧效率更高，排放的二氧化碳量更少。不同国家的能源结构也是不同的，我国是一个以煤为主要能源的国家，和以石油为主要能源的国家相比，每单位能源排放的二氧化碳量要更多。所以，倘若进口国按照商品的内涵碳含量来进行碳税边境调整，那么对于像中国这样以煤为主的国家而言是不公平的。

---

① GATT 第二十条规定：在遵守关于此类措施的实施加工不在情形相同的国家之间构成任意或不合理歧视的手段或构成对国际贸易的变相限制的要求前提下，本协定的任何规定不得解释为阻止任何缔约方采取或实施以下措施：（b）为保护人类、动物或植物的生命或健康所必需的措施；（g）与保护可用尽的自然资源有关的措施，如此类措施与限制国内生产或消费一同实施。

除此以外，从理论上说，进口国可以依据最终产品的内涵碳含量进行征税，但在现实中却无法操作，原因是：一方面，进口国要依据产品的内涵碳含量来计算碳税边境调整的额度，这需要进口国和出口国的合作，出口商要提交有关商品生产加工的详细资料，但这可能涉及商业秘密，所以合作的可能性非常小。同时，随着生产的不断全球化，生产商也无法对每个商品的生产加工方法都提供准确而详细的数据。另一方面，如果对于不同国家的相同产品进口国实施了差别税，那么就违反了 WTO 的非歧视原则，这一原则强调，无论进口产品来自哪个国家，进口国都要一视同仁，相同产品适用相同的税负。为了避免损害发展中国家的国际贸易比较优势，WTO 强调不能因为产品的生产和加工方法的不同而适用不同的税收。因此，进口国对进口产品征收的碳税要依据本国生产相同产品的内涵碳含量而定，不能高于本国相同产品的碳税。结果，对那些采用新型减排技术和拥有低碳能源的国家来说，碳税边境调整降低了他们的竞争力，增加了他们的成本。

4. 关于编制温室气体清单遵循的原则的争议

在《联合国气候变化框架公约》这一文件中，曾明确提出，尽可能控制大气中温室气体的浓度，使其稳定在能够有效防止气候系统遭受危险的人为干扰的水平上①。同时对温室气体浓度的实际情况进行监测，这样一来，就需要对不同国家的温室气体排放情况作出评价。现阶段，国家温室气体清单是依据政府间气候变化专门委员会制定的指南编制的。以 1996 年和 2006 年的指南为例，指南中提出：所谓国家清单，是指包括国家领土和该国拥有司法管辖权的近海海域发生的温室气体排放与清除。所以，目前“生产者污染负担”原则是编制国家温室气体清单的主要依据②。

但是，从“污染天堂的假设”（pollution heaven hypothesis）的角度来看，一个国家或地区在优化经济与制定环境策略时，出于本国环境保护的考虑，可能会把一些对环境破坏程度较高的生产过程或产业进行转移，在

---

① United Nations Framework Convention on Climate Change（UNFCCC）［EB/OL］. http：//unfccc. int/resource/ docs/ convkp/convchin. pdf.

② Eder P. & Narodoslawsky M. What Environmental Pressures Are a Region's Industries Responsible for? A Method of Analysis with Descriptive Indices and Input – Output Models［J］. *Ecological Economics*, 1999（29）：359 – 374.

一些对环保要求较低的地区或国家落户，并进口生产所需的原料与产品。从世界碳减排的整体布局来看，这对减排温室气体以及全球的可持续发展是不利的。

基于以上原因，在未来国际气候变化政策中应考虑国际贸易所包含的“碳泄漏”问题，还有其他相关的责任分担原则。通过查阅大量的文献与资料，我们不难看出，作为当前国际上的一个环境指标，“隐含碳排放”主要用来描述产品供应链从上游生产过程到下游生产过程，直到消费者的各个环节所产生的直接和间接的全部污染。因为环境压力通常是消费者的过度消费造成的，所以有学者提出了另外一种原则，即与“隐含碳排放”相关的“消费者负担”原则①。国家温室气体排放依据该原则应包括国家领土内的总排放和清除，减去出口中的隐含碳排放，加上进口中的隐含碳排放。

除此以外，还有学者提出了其他有建设性的碳排放责任分担原则，如在消费者与生产者之间进行分担②，或者在出口国与进口国之间进行分担，还有产品供应链的下游与上游各环节之间进行分担③。在所有提出的这些责任分担原则中，消费者负担全部责任与生产者负担全部责任是两种极端的分担方法。消费者和生产者共同承担责任才是一种有效的激励机制，可以督促消费者与生产者改变其环境行为④。当然，是否还有更公平的责任分担原则还有待于进一步研究。

5. 关于解决争议的建议

尽管碳税边境调整制度存在诸多争议，但是在解决全球气候这一严峻的问题上，它提供给各国一个可操作的协商机制，具有广泛的发展前景，因而需要开展深入的研究以完善碳税边境调整制度。对于学术界存在的诸多争议，建议从下述几个方面予以完善⑤：

---

① Peters G. P. & Hertwich E. G.. Post - Kyoto Greenhouse Gas Inventories: Production Versus Consumption [J]. *Climatic Change*, 2008 (86): 51 -66.

② Peters G. P. From Production - Based to Consumption - Based National Emissions Inventories [J]. *Ecological Economics*, 2008 (65): 13 -23.

③ Lenzen M., Murray J., Sack F. Shared Producer and Consumer Responsibility - Theory and Practice [J]. *Ecological Economics*, 2007 (61): 27 -42.

④ 周新. 国际贸易中的隐含碳排放核算及贸易调整后的国家温室气体排放 [J]. 管理评论, 2010 (6): 17 -23.

⑤ 陈斌. 碳税边境调整的起因及主要争议 [J]. 涉外税务, 2011 (3): 26 -29.

第一，在WTO体制下进一步完善碳税边境调整制度，协调气候变化多边体制和WTO规则之间的关系。一般可以通过修订两者的规则来解决它们之间的矛盾与冲突，WTO在现阶段已经意识到修改和完善原有规则的重要性，为了使碳税边境调整制度更加合理化和合法化，可能会重新修订WTO规则。

第二，加强其他碳减排政策与碳税边境调整的配合，重视减排问题，强化相应的配套措施，比如，强化能源效率标准，取消以往国家针对化石燃料产品给予的补贴，促进新能源技术的进一步研发以及许可证贸易等。碳税为了充分发挥自身的减排功能，就必须和其他的减排措施相互配合以达到减排的最佳效果。除此之外，发展中国家由于经济还比较落后，碳减排的水平较低，国际社会应为其提供资金支持和技术援助。

第三，明确碳税边境调整制度的作用，以免成为发达国家实施贸易保护的手段。发展中国家应主动参与国际多边贸易协定和各种气候公约的制定，并积极讨论有关的环境条款，尽可能成为规则的制定者与参与者，在谈判中要坚持“共同但有区别的责任”原则。

第四，为了使各国了解彼此征收碳税的实际情况，每个国家都要通告自己的减排措施和进展状况，并实现税制的透明化、公平化。在实施碳税边境调整的时候，进口国与出口国要签订多边或双边的协议，协调相互之间的碳税成本，以免引发碳税争端。一旦发生争议，尽量诉诸于WTO或者通过其他法律程序解决，而不要采取贸易战的形式。

5.2.3 评析碳税的国际合作与协调

目前，从碳税的国际合作已有的经验看，当前碳税的国际合作尚处于尝试阶段，进展缓慢。未来碳税的国际合作必须以全球公共风险为视角，实行国家合作，集体行动，共同应对气候变化。但是，需要注意的是，碳税的边境调整措施在WTO框架下有许多含糊不清之处，如果把所有的希望寄托在用WTO基本规则来解决问题，并不是一件容易的事①。正如世界贸易组织总干事拉米在接受《费加罗报》采访时表示，世贸组织就征收“碳关税”这个问题目前既没有开“绿灯”也不是亮“红灯”②。WTO

① 邢丽．碳税的国际协调［M］．北京：中国财政经济出版社，2010：134.

② 拉米表示世贸组织尚未向碳关税开绿灯［N］．中国气象报，2009－09－15（3）．

在这个问题上的暧昧态度意味着这将是一场旷日持久的争议。

随着时代的发展，气候变化是涉及社会、法律、经济、外交与政策等多方面的问题，而并非是仅属于科学范畴内的问题，其背后充斥着复杂的利益博弈。换言之，气候变化已经不再是一种不可预测的未来风险，随着人们对生态环境的破坏，它已经演变成了一种迫在眉睫的现实危机。这对发展中国家的发展影响巨大，一旦实施“碳关税”，那么将会大力挤压发展中国家所具有的成本优势，对相关企业的就业形势以及出口贸易的影响很大。据统计，倘若实行“碳关税”政策，中国制造行业进入国际市场需要缴纳约 26% 的关税，那样就抵消了生产成本的优势，出口量自然随之下滑，大约会下滑 21%①。这种形势对我国十分不利，我们必须加紧相关的制度建设，适时地、恰当地引入单边碳排放定价机制，利用 WTO 的现有机制应对“碳关税”所带来的威胁，积极维护我国的合法权益，这才是应对的根本之策。

从法律层面看，在解决“碳关税”这一问题时，不能将希望全部放在 WTO 机制上。首先，我们需要明确的是，碳排放权交易与碳税属于过程税，WTO 争端解决的实践以及 GATT（1994）第二条第二款和第三条第二款的条文并未认可碳税与碳排放权交易的边境税收调整的适格性，但现有的实践也没有否定这两种情形的适格性。实际上，因为相关条款只作了原则性的规定，为自由裁量留下了很大的空间，所以在碳排放权交易与碳税的边境税收调整适格性问题上出现了不同的可能。

其次，倘若发生有关“碳关税”的矛盾，当事国由于多方面的原因，未必会选择 WTO 作为解决矛盾的首要方法。从本质上来说，WTO 是一个多边贸易体制，主要是解决国际贸易中的一些纠纷，对于有关的环境问题却心有余而力不足。而且 WTO 裁决的作出需要很长一段时间，即便最后做出的裁决有利于出口国，可能因为时间等方面的原因，该出口国的产品早已被迫退出市场。所以，选择 WTO 体制来解决“碳关税”问题，最终的结果可能会令人很失望。这样一来，寻求其他的解决争端的方法就显得尤为必要。其中“欧盟航空碳税案”便是个经典的例子，美国没有选择 WTO 争端解决方式，而是以欧盟的行为违反了《芝加哥公约》的规定为

---

① World Bank. *International Trade and Climate Change - Economic, Legal, and Institutional Perspectives, Overview* [M]. World Bank Publications, 2007: 11.

由提起诉讼，将欧盟告上了法庭。从某种程度上来说，虽然 WTO 体制具有限制发达国家利用“碳关税”实施绿色贸易壁垒的作用，但是归根结底，并不能从根本上解决问题。就我国来说，建立有自己特色的碳减排体系并开征碳税已经刻不容缓①。

5.2.4 公平原则下碳减排责任的国际承担

5.2.4.1 发达国家立场：平等地承担责任

发达国家认为无论是现在还是将来，作为气候变化主要促成者的各国政府都应当采取减少温室气体排放的政策。这些政策必须让燃烧矿物燃料、砍伐森林以及参与其他导致全球变暖活动的人付出更大的代价。具有绿色意识的环保人士的自愿减排行动是一个良好的开端，但显然还不够。从理想的角度说，政府要确定某种税额（如碳税）来弥补一定产品的使用或消费对气候带来的损害。当然，还有其他替代性的政策，如碳排放权交易制度，又称“限额交易”制度，即在限制温室气体排放总量的基础上，通过买卖行政许可证的方式进行排放。在该制度下，排放许可是可以出卖和交易的。这些替代性措施可能不如征收碳税那样奏效，但从政治角度来看，它们也许更可行。

1. 通过国际协议平等承担责任

无论选择哪种措施——征收碳税、碳排放权交易制度，还是别的措施，世界各地的政府（或至少是所有主要问题的促成国政府）都有必要相互协调采取某些措施，而且这往往是通过协议来实现的。国际协议的重要性再怎么强调也不为过。气候变化是全球性问题，全球变暖源于全球土地受侵蚀、大气（还包括海洋和森林）存储二氧化碳和其他温室气体的能力降低。如果一个国家在其国境内大力控制排放，但其他国家不这么做，那么，首个这样做的国家就要付出极大的成本，而且不能给自身或世界带来多大的益处。原因是，排放在其他国家照样发生，这些排放会继续导致气候变化而危及这个国家。

更糟糕的是，大量排放二氧化碳的工业有可能会从限制排放的国家转移到不限制排放的国家，而与此同时，不限制排放的国家仍像往常一样排

① 陈红彦．碳关税的合法性分析［J］．法商研究，2013（4）：87－94.

放温室气体，这是“碳泄漏”（carbon leakage）[①] 问题。由于不同国家在地理位置、地理特征和经济发展水平上存在种种差异，合乎情理的做法是，把严厉的减排措施聚集、落实到某些特定的地方（而非别的地方）——因为这些地方的减排措施实施起来代价相对要低一些，同时，要对主动负担了减排成本的国家予以补偿。由于上述步骤不可能单方面进行，因而国际协议是必需的。

许多国家的政府已经意识到了这一点。在20世纪90年代，各国一致认同并签署了《联合国气候变化框架公约》，该公约为气候协议的谈判提供了一般性原则。这些谈判促成了1997年的《京都议定书》，对解决环境问题有着不可估量的作用，2005年，《京都议定书》正式生效。发达国家认为《京都议定书》存在严重的乃至致命性的问题：它没有对中国和印度这样的发展中国家施加任何限制，而这些地方的排放量正在激增。基于此，它不可能把温室气体的排放减少到可容许的水平之下。而且，美国认为《京都议定书》向其施加了极其苛刻的责任和义务，因而，美国拒绝加入该协议。在2008年11月的巴厘气候大会上，这些问题得到了某种改进，美国承诺有条件地加入部分气候协议。发达国家也觉得，发展中国家似乎多少要比过去更愿意承认，他们同样必须为减少温室气体担责、尽力。

2. 平等承担减排义务引发的公平问题

与此同时，外交官、学者、新闻记者和其他各方评论人士都在评论气候谈判的原则。设计此类谈判原则的技术难度是很大的。各国必须就可接受的大气中温室气体的含有量达成一致，尽管未来存在大量科学上和经济上的不确定因素，但是他们还得就减排措施和监督执行的方式取得一致意见。另外，他们还必须就如何分配减排措施的执行任务达成一致意见。最后一个问题也许是最难解决的，穷国辩称，富国应当负担大部分的减排成本，由此引发了关于公平的争论。中国、印度和巴西主张，经济较为发达的欧洲地区与美国应积极开展节能减排活动，并且为发展中国家提供技术支持与资金支持。对此，富国坚决反对，其中某些国家断言，最大的排放

---

① 碳泄漏（carbon leakage）是衡量旨在减少CO_2排放量的单边政策效果的一种指标。碳泄漏采用非减排国家的碳排放增量与减排国家的碳排放减量的比值来衡量。这是一个非常重要的衡量指标，因为它反映了无论是单个国家或者欧盟整体实施碳税导致的高碳行业转移到其他国家的潜在可能。

国（包括穷国）才应当承担最大的责任。其他国家则倡导各种不同的公平原则，这一点将在后面详细阐述。

各国不仅主张采用不同的公平原则，而且以不同的方式来看待气候变化所带来的风险。他们即便就公平原则达成了一致意见，也会以不同的方式来实施公平原则。某些穷国自认为面临严重的气候变化风险，他们希望富国马上采取行动减少排放；而某些富国则认为，他们并没有遭受到气候变化的严重威胁，他们不明白为何应当付出巨大的代价来解决在他们看来是发生在遥远未来的臆想的问题。某些穷国认为，气候变化远非他们所面临的最严重的威胁，相反，他们认为真正的威胁与贫困相关，因而，为增长经济、减少贫困而增加温室气体排放量是极为可取的。对他们应当作出巨大牺牲来减少排放的观点，他们深表疑虑。由此，这些不同的想法引发了人们对公平的进一步思考。

3. 实利主义与道义主义在责任承担上的分歧

关于减排的讨论，始终围绕“公平（fairness）和正义（justice）”展开。在有些专家看来，减排协议对落后国家提出的要求更加严苛，想要从根本上做到减排，最应该做到的是加大对产生温室气体最多国家的整治；或者，对全世界每一个国家都一视同仁①。发达国家的观点是，公平是一个更需要集中讨论的话题。但是，发展中国家的观点是，这一协议没有充分考虑功利主义的影响，没有分清措施和目的的区别。气候变化协议不能对当前的财富进行再次调整，它也不能获得最好的结果。假如有更好的手段对当前的财富进行二次调整，那么我们就不应该通过气候变化协议来实现这种调整。从理念论出发的一些论点也有相似的主张，比如那些集中精力于矫正正义和以往过错的论断。

此外，即便依据自身主张的论断是正确的，他们也没有考虑到基本的实利性或可行性方面的制约因素。他们一旦这样做，就有脱离气候变化协议正常轨道的危险，由此，最有可能损害的恰恰是持有上述论断的发展中国家和国民的利益。在伦理主义和实利约束之间有某些联系：国家不按照道德准则去做，并不等于在替违反道德要求的行为开脱罪责。一方面只重视道德而忽视国家权益的观点是不务实的；另一方面只注重最强国家权益的观点从道德上来说也是不成立的。重点在于，如何在上面两个部分中找

① Bert Metz, et al. Climate Change 2007: Synthesis Report [R]. 2007: 142-147.

到平衡点，从而设计一个在道德和权益层面都可接受的协议。

如同我们看到的，这两者处在某种紧张关系中，但这种张力不一定像显现的那样有破坏性。发达国家旨在表明，一份协议是怎样可行的，它如何增加全世界人民的福利，同时，它又如何合乎公平的要求。他们强力支持气候变化协议，尤其是因为它有助于发展中国家的穷人，他们也赞同财富从富人向穷人的再分配，但与此同时，他们拒绝这样的主张，即某些直觉式公平观应当在气候协议的设计中发挥主要作用的观点。他们的主张及理由如下：

第一，要前瞻，不要总纠结于历史排放。各国应当向前看，从实利的角度来看待气候问题。许多人认定，气候协议应当体现矫正正义和分配正义的原则。他们把气候谈判当作是解决世界上某些最严重的问题——公认的南北之间财富分配的不公平、难以根除的殖民主义后遗症和后续伤害等的一种机遇。发达国家拒绝这样的看法和处理方式。这些论点会遭遇到对其原则的严厉的反对意见，因而也存在让气候变化协议变得极不可行的危险。任何试图消除世界上所有的不幸的努力注定要淹没在各国互不相同的价值观和利益当中。那些持上述论点的人最终损害的很可能是穷国的利益。因为，如果他们对富裕地区要求得太多，富裕地区就会消极对待、不予合作。

发达国家认为发展中国家应该采取一些经济激励和约束措施，如碳税和碳排放权交易等，他们指出，2007 年，中国超过美国成为世界上领头的二氧化碳排放国，但中国却强调按人均计算，认为美国的排放量是其五倍。中国、印度以及其他国家认为是富裕国家的经济发展造成了绝大多数生存问题，因此发展中国家认为他们达到富裕国家的排放水平以前是不应该非减排不可的，这是唯一的公平。但发达国家认为这是一个会引发全球灾难的公式，因为影响全世界气候的是总的排放量，而不管这类排放源自何处①。

第二，对个人合乎情理的道德论断并不总是适用于国家。关注气候变化的政府和评论家通常这样来看待国家，国家似乎是独立的行为体，可以引起伤害或遭受伤害，有可能受到谴责，并对其他国家承担道德义务。尽

① 曹荣湘．全球大变暖：气候经济、政治与伦理［M］．北京：社会科学文献出社，2010：57－60.

管这套话语是国际法的重要组成部分和国际关系上的修辞，但它模糊了根本性的道德问题。气候变化成为世界关注的话题，是因为它对人类造成了威胁，而不是因为它对国家的权益有损害。人们往往并不需要在道德上对源自国家政策的损害承担义务。因此，我们把规范公民行为的道德准则运用到国家层面的时候，务必要小心。

第三，国际帕累托主义与可行性问题。任何一项协议都必须满足国际帕累托主义原则，即所有国家必须相信自己会因气候协议的签署而使自身境况自然好转①。国际帕累托主义不是一条伦理原则，而是一种实利性制约因素，在国家间制度下，假如有国家不认可这一协议的实施，那么它是难以达成的，国家只会加入服务于自身利益的协议。诚然，国家可能会受到道德论断的影响，但历史很少提供这样的案例——某国家为了遵从别的国家的道德准则，自愿放弃自己的权益实施某种行为。然而，实际上，各个国家通常都从其国民福祉的角度来界定自身的利益。由此可见，国际帕累托主义的实利性制约因素是符合有限的道德观的，那就是，各国赞同减少温室气体的排放，以协作的手段提高各国公民的权益，从而为全人类谋求更好的福利。可行性和福利主义是成功气候协议的两大支柱。

第四，全球最佳的减排与本土差异问题。最理想的气候协议会提供温室气体在大气中的含量水平。考虑到减排的所有效果（包括好的和坏的），从全球来讲，这个水平是最佳的。协议会按理想状态来设定排放的水平，以便使减排所付出的成本尽可能同被避免的损害相当——充分考虑到排放可能带来的未知的危险和损失。由于气候变化带给不同国家的消极影响是有差异的，全球最佳的水平会比某些国家的最佳水平要高，也会比另一些国家的最佳水平要低。因此，我们有必要为前一类国家部分地支付减排的成本，以确保它们在减排项目中参与合作；而后一类国家可能得支付减排的成本。

总之，发达国家强调他们与大多数福利主义者所做的一样，首先持有人类平等原则。他们认定，全世界所有的个体拥有同等分量的福利，印度人的价值或重要性并不比美国人大，也不比美国人小。他们同时还认定，子孙后代拥有同等的价值，2024 年出生的人的重要性既不大于也不小于

---

① Jonathan B. Wiener. Global Environmental Regulation：Instrument Choice in Legal Context［J］. *Yale Law Journal*, 1999（108）：677.

2014 年出生的人的重要性。这些设想常常会导致更有利于财富再分配的行为规范。由于从福利的角度讲，穷人要比富人更多地从一定单位的金钱中获益，因此，福利主义意味着，富国的富人应当把大量的金钱转移给贫困国家的穷人。但是，他们认为同样应该正视他们生活在其中的国家间体制，正视普通人愿意为他人的福祉而作出牺牲的实际限度。他们也认为国际帕累托主义会确保将讨论限定在那些具有现实可行性、有望被签署的协议上①。

5.2.4.2　发展中国家立场：有区别地承担责任

1. 有区别地承担责任是公平原则的体现

首先，开征碳税对发展程度不同的国家影响是不一样的，我们需要遵循区别对待的原则。《联合国气候变化框架公约》（以下简称《公约》）在其前言中制定了共同但有区别的责任原则，其存在的前提是，无论从过往还是现实来看，发达国家都是温室气体的主要排放国；对于发展中国家，其温室气体排放对全球气候的影响相对较小；为了满足经济发展的需要，发展中国家排放的温室气体在将来一段时间会有所增加。这一《公约》还表明，各缔约方应该遵从公平的原则，按照共同但有区别的责任，在自身能力的基础上，为人类当前发展和后代福利建立气候保护系统。《公约》制定区别对待的原则是从发展中国家的角度出发的，是基于对发达国家历史排放的考虑，这体现了公平原则。

对于发展中国家而言，生存和发展是它们首先要考虑的问题，正如《公约》第四条："发展中国家缔约方能在多大程度上有效实行其在本公约下的承诺，将取决于发达国家缔约方对其在本公约下所承担的有关资金和技术转让承诺的有效履行，并将充分考虑到经济和社会发展及消除贫困是发展中国家缔约方的首要和压倒一切的优先事项。"所以，发达国家缔约方应当率先应对气候变化及其不利影响，并切实地履行其在《公约》下的承诺②。

从根本上说，发展问题是一个公平问题，同发达国家一样，发展中国

---

① ［美］波斯纳，韦斯巴赫著．气候变化的正义［M］．李智，张键译．北京：社会科学文献出版社，2011：3－13．

② 吴卫星．从哥本哈根会议透视全球气候变化法律规制中的几个问题［J］．南京大学学报，2010（5）：44－51．

家的人民有权获得同等质量的生活。在实现工业化的过程中，发达国家向大气中排放了大量的温室气体，可以说，全球气候变暖更多是由发达国家造成的。以此为代价，发达国家享受到了经济高度发展的便利。在这样的背景下，假如为了减少温室气体排放而限制发展中国家的发展明显是不公平的。发展中国家环境问题的根源也在于它们的贫困，贫困问题的解决有待于发展，因为发展是克服贫困的唯一出路，也是解决生态问题的根本有效的途径。

其次，《公约》要求各国编制温室气体清单，并以此为依据制定减排目标和监测实施状况。温室气体清单是遵循“国家领土内的排放责任”或者“生产者污染负担”原则编制的，如果一个国家按照该原则综合优化经济和环境战略，那么很可能将污染排放强度高的产业或其部分生产过程转移到环保法规要求较宽松的国家或地区，同时进口相应的产品或原料。有研究表明许多发达国家变得环境清洁是由于转移了污染，这对全球的可持续发展是不利的，也违背了公平原则。

国际贸易中的隐含碳排放没有体现在国家温室气体清单的编制中。依据“生产者污染负担”原则对各国二氧化碳排放进行核算易引起碳排放强度大的生产从发达国家向发展中国家转移，从而引发碳泄漏问题，这将严重影响《京都议定书》预期所要达到的减排效果。如果采用“生产者与消费者共同负担”原则，不但可以减少碳泄漏，而且能促使生产者和消费者都改变自身行为、减少对生态环境的破坏。

最后，对于碳排放的净出口国（如丹麦）和一些发展中国家（如中国和巴西等）对“国家领土内的排放责任”原则的公平性提出质疑。这些国家的产品出口到其他国家供消费，而隐含的碳排放却被计算在这些国家的排放清单中，这一问题也被认为是发展中国家不愿承担减排责任的原因之一。近 20 年，一些新兴的发展中国家（如中国、印度、巴西等）经历了快速的经济发展，而经济发展主要是依靠出口，导致了这些国家的温室气体排放增长很快①。碳减排想要达到相应的目标，必须坚持公平才能实现。和发展中国家比较起来，发达国家的碳足迹最深。因此，要实现公平的目标，就要明确有区别地承担责任原则。

---

① 周新．国际贸易中的隐含碳排放核算及贸易调整后的国家温室气体排放［J］．管理评论，2010（6）：17－23.

2. 生存权是发展中国家最基本的权利

生存权是碳减排需要满足的基本权益，目前的关键问题是气候难民问题。这里所说的气候难民主要指的是因为气候变化而离开本国土地的人民。早在 20 年前，政府间气候变化委员会（IPCC）就指出了气候变迁会让人类社会偏离原来的发展轨迹，其原文是“当前，最大的气候灾害是海平面不断上升、洪水泛滥和农业生产环境的破坏，其可能造成数以亿计的人口迁移”。而环境公平基金会所做的调查显示，因为温室气体排放的增加，在将来的半个世纪，世界人口的十分之一将会陷入“气候难民”的泥潭，到时候他们将会被迫转移到别的国家。当前，这种人口的人数是 2600 万人，到 21 世纪中叶，这一数字将会上升至 1.5 亿人①。

当前，出现气候难民的主要是发展中国家，它们没有能力根据气候的变化做出调整，为了生活下去人们只能跨国或在一国内部进行迁移。而当前针对气候变化的法律都侧重于减少温室气体的排放，从《公约》规定的相关条款上可以看出：“公约签订国之间应该制定预防方案，预防并找出气候变化的相关因素，并削弱不利因素的影响。”从维护公民的生存权、解决气候难民的层面来说，当前的《公约》缺少特定的制度安排，就像某些学者所说：“从国际的角度来看，《公约》是一个法律文件，其重点维护的是国家间的关系。对于国家对公民应尽的责任并没有论及，比如如何解决难民问题。”② 尽管《公约》中提出了国家应该尽量采取行动适应气候变化，但是其出发点并不是为了缓解气候难民的矛盾。因此，气候难民所代表的生存权问题成了当前协议在公平方面明显不足的证明。除了这一方面的缺陷，对疾病的控制也是全球关注的另一个重要问题，气候变化会加速疾病的蔓延，因为气候变化会导致更多疾病，而疾病在因贫穷而没有得到很好控制的情况下会传播得更快③。

3. 发展权是发展中国家优先考虑的权利

发达国家在环境与发展关系上，优先考虑的是环境。他们强调的是代

---

① 张建伟. 气候正义与气候变化的国际法律应对［J］. 武大国际法评论，2010（2）：285 - 296.

② Hari M. Osofsky. Learning from Environmental Justice：A New Model for International Environmental Rights［J］. *STAN ENVTL.* L. J，2005（1）：71，75 - 88.

③ Jody Freeman，Andrew Guzman. Climate Change and U. S. Interests［J］. *Columbia Law Review*，2009（109）：1531.

际间的平等。发达国家在强调代际平等的同时，却忽略了代内平等，忽略了当代影响发展中国家最主要的问题，即生存问题。所以，发达国家应该承认发展中国家具有发展的权利，不能借口对环境的影响来限制发展中国家对自然资源的开发与利用。发展中国家认为，代际平等虽然很重要，当代人应该为下一代人或下几代人留下共同的享受生态环境资源的权利。但现在发展中国家贫穷落后，温饱问题尚未解决，并不具备发达国家的高舒适度的生活水平，而且由发达国家历史排放积累所造成的气候异常，无疑又是对发展中国家生存困难的人民雪上加霜，造成了更多的损害。

对发展中国家来讲，如果不解决贫困问题，即吃饭问题，却奢谈代际平等，只能有下一代同样落后的代代贫穷的平等。发达国家目前所拥有的高舒适度的生活水平，是以发展中国家的落后为代价得来的。一方已有舒适、安逸的生活，并欲为自己的后代争取同样的生活；另一方却自顾不暇，代内公平尚且没有争取到，双方显然没有处在同等的起跑线上，若要求双方在相同的时间内达到同样的水平，要求双方具有同样的愿望，显然是不公平的。发达国家建立的是高消费模式，它们的排放大多为了满足“奢侈的生活”，而发展中国家多是为了摆脱贫困，其排放是为了满足“发展经济”。发展中国家的首要任务是消除贫困，解决的唯一办法就是“发展”①。

发展权是实现气候公平目标所必须维护的一个权利，当前采取的主要措施是气候减排“双轨制”。这里所说的“双轨制”，指的是为了实现减少温室气体排放的目标，按照共同但有区别的责任原则，发达国家应该担负更多的减排责任，而发展中国家则可以从自己能力出发制定减排目标。在减排过程中，发达国家应该投入更多的资金和技术。在目前的经济模式下，减排会在一定程度上影响国家经济的发展，这种影响对于不同发展程度的国家也是不同的。同时，发展中国家和发达国家对气候变化的适应能力也是有区别的，发展中国家无论在资金方面还是在技术方面都存在不足，需要发达国家的支持。

当前《公约》在维护国家发展权方面，虽然考虑了减排“双轨制”的实施，但是还存在很多的缺陷，特别是发达国家对发展中国家的支持还

---

① 中国气候变化国别研究组．中国气候变化国别研究［M］．北京：清华大学出版社，2000：291－292．

很不够，无论是技术援助还是资金投入都很欠缺。尽管《公约》制定了相应的条款对发达国家进行了约束，如“附件二要求，发达国家缔约方和别的发达国家缔约方应提供足额的资金，用来支付协议中规定的自身需要支付的全部资金，同时也包括协议中发展中国家缔约方应该支出的费用。这些费用在《公约》的第 11 条、第 12 条第 1 款中以及第 4 条第 3 款中都有明确的规定。同时，附件二提出，公约中的发达国家和别的发达组织应该制定切实可行的方案，根据具体情况为《公约》中别的国家尤其是发展中国家提供资金和技术支持，让它们获得对环境不产生危害的技术，从而有能力承担它们在《公约》中所应该承担的责任”。但目前的实际情况是，发达国家提供的资金和技术并不能从根本上解决发展中国家为改善环境所需的资金和技术问题。所以，《公约》在发展权方面制定的相关规定并不能从根本上解决问题，这是现有法律和《公约》在实现气候公平方面的另一不足。发展不仅是发展中国家消除贫困的主要方法，同时也是它们有能力更好地控制气候变化的保障，它们的发展对世界的和平、稳定和发展是非常重要的。

5.2.4.3　国际环境责任分配的批判：权利义务失衡

1. 权利与义务的阐释

法律是以权利与义务为机制调整人的行为和社会关系的。权利与义务贯穿于法律现象逻辑联系的各个环节、法的一切部门和法律运行的全部过程。权利可以被解释为规定或隐含在法律规范中的、实现于法律关系中的、主体以相对自由的作为或不作为的方式获得利益的一种手段；义务可以被理解为设定或隐含在法律规范中的、实现于法律关系中的、主体以相对受动的作为或不作为的方式保障权利主体获得利益的一种约束手段[①]。

第一，权利与义务是法律规范中最重要的内容，参与了从法律规范一直到法律责任所涉及的所有环节，是其中的重要因素。一个法律规范之所以成为标准，就是告诉人们授予了哪些权利，确定了哪些义务。

第二，权利与义务存在于法的所有部门。在国内法层面，权利与义务存在于民法、刑法等各部门法；国际法则通过惯例、条约和协定等形式确定国家间的权利与义务，它也是以权利与义务为构成要素的。以《联合

① 张文显．法理学［M］．北京：高等教育出版社，2003：108－119.

国气候变化框架公约》来说，虽然仅是一个框架，但是它却明确了各缔约国采取行动应对气候变化的规定。

第三，权利与义务贯穿于法的运行和操作的所有环节，包括立法、守法、司法、执法与法律监督。国际法上的权利与义务贯穿于国际法的制定或认可，各国的守法（包括国内范围的执法和司法）、司法（参加国际司法机构的诉讼、仲裁等方式）和国际法律监督等环节。

第四，权利与义务全面表现和实现法律存在的意义。从国内法律层面来说，通过权利、义务的设定，体现了立法者的价值观和政治取向，并借助国家机器来实现这些价值。在国际法律层面上，由于不存在超国家的政治机构，国际法律所确定的权利与义务通过"约定必须信守"的习惯法规则、《联合国宪章》和《维也纳条约法公约》等予以确保各缔约国依国际法行使权利（权力）并履行义务。对于那些不守规矩者，则适用不遵约程序或者国际制裁。《京都议定书》就有自身的不遵约程序和遵约委员会处理那些不遵守该国际条约的行为。

权利与义务是对立统一的，两者之间相互依存、相互对应。任何一项权利都对应着义务，两者互为存在的基础，而法律关系中的主体则同时是权利与义务的主体。权利与义务不仅存在着总体等量的关系，还具有价值一致性和功能互补性。其价值一致性体现在设立的目标都是为了满足立法的需求；功能互补性则是要求权利与义务在对待同一主体的过程中存在激励和限制、启动和抑制、主动和被动、获得和付出两种机制。

2. 应对气候变化的权利与义务

各缔约国所争论的也就是权利分配与义务承担问题。美国作为温室气体排放量位居世界前列的超级发达国家，它本应当积极承担自身的义务，但它总是辩解自己对于温室气体的历史排放并不负有什么债务，尤其是对于那些新兴的发展中国家而言。

有学者认为，按照权利与义务主体的差异，可将其划分为下述几个类型：个体权利与义务、集体权利与义务、国家权利与义务、人类权利与义务。所谓国家的权利，一般是指国家作为法律关系主体以国家或社会的名义享有的权利，其义务是保护和促进社会发展，维护社会秩序和保护民众以及法人的权利等；除此之外，我们还应该了解的问题是人类的权利，一般是指地球上所有居民作为一个整体所共享的权利，譬如说发展权、和平权以及环境权等，其义务是指世界上所有国家、各个群体以及每个成员均应承担的义务，例如，维护生态平衡、防止反人类和不人道的暴行、维护和平、保护人权以及尊重人格等。

在应对气候变化的问题上，存在着个人、集体、国家和人类四个维度的权利与义务，但是其中主要是国家和人类的权利与义务。当今世界是一个民族国家的世界，国家之间还没有消失疆界，人类社会还没有大同。国家之间的差别林林总总。因此，对于应对气候变化这样的世界性难题，只能从人类的发展权利和保障可持续发展的义务出发，通过国际协调，最终把各种应对气候变化的权利与义务具体到每个缔约国。再由各个国家通过立法或政策的方式，将其权利与义务分解到本国的集体和个人。没有国家这一层面的运作和支持，仅仅从人类主义的立场出发谈论应对气候变化的权利与义务，是缺乏执行力的①。

权利具有一定的界限，超越了界限就会滥用权利。一方面是法律规定的那些可拥有的权利和不能拥有的权利；另一方面是权利的行使时间、范围和对象界限等。那些超越了时间性、空间性和行使对象的权利，都是得不到法律承认和保护的。在这一点上，权利的对象就更加重要，即对人权和对世权的区别。对人权是指权利相对于特定人而言，对世权则指权利相对于其他所有人而言，超出界限而滥用的权利就会导致法律上的责任。

因为世界温室气体容量还没有一个绝对的、世界广泛接受的科学评估定量结果，更无法准确划分和计算出一个国家的应排放量，所以缺乏明确的标准认定某一个国家是否滥用了排放权。具体到应对气候变化的问题，发达国家担心发展中国家会后来居上增加排放量，发展中国家谴责发达国家滥用排放权导致温室气体的历史积存和今天气候变化的恶果，并要求其偿还历史气候债，承担主要的减排责任和援助发展中国家资金与技术的义务。所以，世界各国开始谈判，就排放的权利与义务划分问题无法达成一致。虽然不能简单地确认某一个国家滥用了排放权，但发展中国家和部分发达国家都认为发达国家是造成气候变化的主要责任方。

3. 国际环境责任分配的公平原则

国际环境责任的分配必须遵循权利义务相一致的公平原则。在讨论减排义务分担方法时，公平原则常常要综合考虑政治意愿、人口社会因素、

---

① 郭锦鹏．应对全球气候变化：共同但有区别的责任原则［M］．北京：首都经济贸易大学出版社，2014：128－129.

经济发展水平以及自然地理环境特性等诸多复杂因素。

Pew 全球气候变化中心（Pew Center on Global Climate Change）的一篇题为《全球公平的复杂因素》的研究报告[①]，将义务、支付能力和减排机会三者都作为全球公平的基本要素，并据此将应负担不同减排义务的国家划分为三类：第一，须马上行动的国家（must act now）：较大的现实和历史责任、较强的支付能力和较多的减排机会三个条件均具备的国家，包括多数附件一国家和一些发展中国家；第二，只能等状况改善后才可能采取行动的国家（could act now）：较小的现实、历史及未来责任、较弱的支付能力和较少的减排机会三个条件都不具备的国家，主要是极低收入的发展中国家；第三，应该马上行动，但应承担有区别的责任的国家（should act now，but differently）：介于以上两者之间，有一项或两项但不是全部指标超过全球平均水平的国家，包括多数发展中国家以及一些波罗的海地区国家。

实际上，国际环境责任分配的公平原则不仅是一个非常综合的概念，而且包含了相当丰富而深刻的伦理学内涵。它不仅包括人与人的关系，也涉及人与自然的关系；既包括代内公平，也包括代际公平；既要保证过程公平，也要实现结果公平。尽管国际上针对气候变化相关的公平问题开展了大量研究工作，但人类社会对公平原则的理解至今仍难以找到一个普遍接受的标准。

温室气体减排义务分担是国际气候谈判的一个焦点问题，国际上提出众多的分担原则和分担方法。在实际应用中，为了兼顾各种复杂的因素，减排义务的分担方法往往不只是基于一个原则，而是包含多个不同的公平原则。国际社会提出了许多温室气体排放空间分配的不同方案和减排义务分担的不同方法。其中多数源于发达国家，发达国家不仅在相关研究中明显占有信息上的优势，而且为发展中国家设计了以不同程度参与全球减排行动的多种方案。

这些方案中，在国际上具有较大影响力的有巴西案文的方法、欧盟内部的分担方法和紧缩与趋同的方法。尽管它们提出时的本意是只针对附件一国家或附件一国家集团中的部分成员，但发达国家在对其进行一定补充

① Pew Center on Global Climate Change. Equlity and Global Climate Change：The Complex Elements of Global Fairness [R]. 1998，10.

和修改后，试图将其适用对象扩展到包括发展中国家在内的全球范围，以建立统一的全球温室气体减排义务分担体系。

第一，巴西案文的方法。1997 年 5 月京都会议前夕，巴西政府代表团推出了《关于〈气候变化框架公约〉议定书的几个设想要点》这项提议，在下文中，我们将这项提议简称为“巴西案文”，它提出了较为系统的定量确定气候公约附件一缔约方温室气体减排目标的方法和模型。

巴西案文根据“污染者付费”原则，通过“温室气体排放→温室气体浓度→辐射强迫→地球表面增温及海平面上升”间的相互关系，提出了基于历史排放的有效排放概念，即：一定初始浓度下，某一段时期内温室气体排放引起的地球表面温度上升，其单位为℃，并以此作为附件一国家温室气体减排相对义务及减排目标的标准。与此同时，允许这些国家间通过排放权交易进行排放配额的买卖。此外，对于非附件一国家，巴西案文还建议设立清洁发展基金（clean development fund，CDF），将附件一国家超标排放的违约罚金给予其他国家，这些资金可以帮助其他国家实施碳减排的项目。

尽管《京都议定书》并未采纳巴西案文提出的分担方法，清洁发展基金也仅仅是名称被借用，演化为内涵完全不同的清洁发展机制（CDM），但巴西案文由于其全新的观点和量化历史责任的方法模型，一经提出即引起了国际社会的广泛关注，尤其获得广大发展中国家的支持。

第二，欧盟内部分担方法。按照相关规定，我们可以将地区经济一体化组织看作为一个整体缔约方，在一起努力完成减排工作时，明确各成员国所应承担的限排或减排任务。欧盟作为国际气候谈判的发起者和积极推进者，为了能在京都会议上就欧盟总体减排目标形成一致立场，早在京都会议之前，欧盟成员国就开始围绕欧盟内部分担问题展开谈判。为了给谈判提供基础分担方案，受荷兰政府委托，荷兰乌特勒支大学和荷兰国立公共健康与环境研究所的研究人员提出了一种用于欧盟内部各国之间分担的 Triptych 方法（以下简称荷兰方法）。

由于欧盟各国在经济发展水平、人口、经济结构、燃料结构、能源效率和气候等方面存在很大区别，而这些因素与减排成本关系紧密，所以，不同的行业可以按照不同的义务承担原则设计相关的基础排放情景及给予这些产业合理的排放配额，两者之间存在的差距就是需要通过努力实现的限排或减排量[①]。

第三，紧缩与趋同方法[②]。1990年英国的全球公共资源研究所提出了"紧缩与趋同"这一方案，它在世界上的影响可能仅次于巴西案文。"紧缩与趋同"所遵循的思路为：根据全球的升温阈值，按照人均原则确定某一目标年（如2040年）对应的全球人均碳排放目标。从现有的实际碳排放情况看，发展中国家的人均碳排放量可以适当提高，而发达国家的人均碳排放量需要逐步降低，在目标年份实现全球人均排放的趋同。然后，统筹各个国家的综合国力，共同实行减排，从而稳定二氧化碳的排放浓度。根据这一方法创建的模型主要分为两大部分，第一部分称为"紧缩"，主要是确定全球未来的碳排放轨迹；第二部分称为"趋同"，这一部分主要根据全球每年的限额确定各国未来每年的排放限额。

尽管从目前的实际情况看，"紧缩与趋同"模型的一些假设条件显然已经过时（如假设到2000年全球排放稳定在1990年水平），一些参数的选择也过于理想化，未必可行（如选择450ppmv的稳定浓度目标，以及到2045年实现全球趋同等），但其富有创见的基本思路仍在世界范围内引起了广泛的反响。可以认为，该方法在某种程度上代表了欧盟的立场及其所能接受的"底线"。从承认以人均原则为基础的碳排放权并愿意实施实质性的减排行动的角度看，该方法与美国2002年2月提出的碳排放强度指标相比，对维护发展中国家的权益更有利。

4. 人际公平而非国际公平

所谓公平，并非是指国际公平，其所代表的是人际公平，它要保障所有人享有最基本的权利，特别是在社会中位于底层的弱势群体。这是因为以下原因：人是公平的主体，因而我们不难看出，公平并不是指政治实体，而是指人与人之间的公平关系。政治实体（如国家）是社会个体成员的结合体，政府是政治实体的代表，所以在探讨这一问题时，应该以人为基本单位。而实行公平原则的主要目的并不是改善国家的福利水平，而是提高社会个体的生活水平、改善其福利条件。从政治实体的角度来看，维护国家的经济利益就能够改善社会成员的福利水平，但从社会个体的角度来说，这不是一个必然的结果。从一些国家社会收入严重两极分化的状

① 秦大河．减缓气候变化的经济分析［M］．北京：气象出版社，2003：134－141.

② http：//www.gci.org.uk/，last accessed on 6，12，2014.

况看，处于社会弱势地位的穷人往往享受不到整体社会福利改善带来的好处，反而由于其应对外界变化的脆弱性，而常常较多地承受由此带来的社会成本增加的重负。

对于作为社会个体的人而言，基本权利的公平应是独立的，不应和经济或其他事项结合起来考虑。而且，不管是发展中国家，抑或经济较为发达的国家，公平是针对所有社会成员而言的，特别要保障弱势群体的基本权利，尽可能做到让穷人享有健康、教育、衣、行、住、食等权利，这部分权利的保障不受市场规律调节，也不应受其他因素的干扰。

5. 简单的人均概念并非公平

紧缩与趋同方法承认以人均原则为基础的碳排放权，看起来十分公平，但从碳排放权的人际公平原则看，该方法的实施会侵害发展中国家人民应享有的合理权益，实际上仍是不公平的，因为它没有明确承认现实的不公平。尽管发达国家现实的人均排放水平十倍于发展中国家，大大高于其应享有的排放权，但该方案并没有明确承认现实的不公平，也没有在道义上承担过度占用碳排放空间的责任，更没有包含向节省碳排放空间的发展中国家给予经济上补偿的内容。发达国家仅仅通过承诺在今后一段时间内，逐步压缩自己的消费，向人均排放水平靠近，就在道义上占据了主动地位。

该方案设计了一个从现实起逐渐趋同的相当一段时间的趋同期，这等于认可趋同期内（不论长短）发达国家继续占用发展中国家排放空间的合理性。在趋同期内，发达国家仍然没有在道义上承担过度占用碳排放空间的责任，更不会给予发展中国家相应的经济补偿。这等于是要求发展中国家在现实不公平的基础上，继续为发达国家对碳排放权的过度消费和滥用进行补贴，必然会造成结果的不公平。

历史上，发达国家通过长期过分占用高于世界平均水平的排放空间实现自身较高的人文发展水平。未来，对于发达国家而言，由于其技术、资金优势和对环境质量需求的增加，其碳排放量会不断下降。这在一定程度上是一种必然现象，并非一定是强制“紧缩”的结果。而对于发展中国家而言，该方案仅仅将碳排放的均等作为谈判目标，而忽略了发展中国家与发达国家之间的差距。其设计的趋同过程和紧缩目标，意味着根本不允许发展中国家在一定时间段内的碳排放水平高出世界人均水平。这种权利的丧失意味着发展中国家必须为未来的发展付出更大的代价，用资本、技术、劳动力或其他自然资源来替代碳排放资源。如此一来，必然会限制发展中国家的经济发展。

由此我们不难看出，被发达国家认为是向发展中国家做出了最大让步的“紧缩与趋同”方法，从碳排放权的人际公平原则看，对于发展中国家来说仍然是不公平和不能接受的。

6. 最低碳排放权的保障

在文明民主的现代社会中，保障社会弱势群体的基本权利不仅具有广泛的伦理基础，而且已经得到制度化的保障。在许多国家，尤其是发达国家，都建立了比较完善的法律体系。这是因为社会弱势群体尽管属于低收入阶层或存在特殊困难，但作为社会成员的一部分，他们与其他成员一样同样享有相应的平等权利。社会对他们的关照，是社会义务，非施舍。这实际上也是对当前社会强势群体的保障，因为当前强势社会群体中的个体将来可能变成弱势社会群体中的一员。根据罗尔斯的理论，在“无知面纱”的假设下，只有更好地保障社会弱势群体的权益，才有可能促进整个社会的公平和进步。

总之，温室气体减排中的公平问题是国际气候谈判中的核心问题。现有对该问题的探讨多集中在国际层面，忽视了以保障人的基本权利为最终目的的公平的真实含义。碳税征收公平原则无论是在国内碳税立法，还是在碳税的国际协调与合作中都是最基本的原则。

第 6 章

我国碳税征收公平原则的实现路径

本章前半部分主要回答公平原则是如何在我国碳税法律制度设计中实现的，后半部分则主要回答公平原则是如何在碳税国际环境责任承担中实现。对于前半部分是从如下五个方面来论述的：第一，在税率确定方面，要由低到高，循序渐进；第二，在征税对象方面，以企业的排放为主，主要针对企业消耗的化石燃料；第三，在纳税主体方面，以企业缴纳为主，先不对居民个人征税；第四，在税收优惠方面，要给予低收入群体税收减免的优惠；第五，在税收归属与用途方面，通过转移支付为不发达地区和低收入群体提供帮助，以实现调节社会公平的作用。后半部分着重对“共同但有区别的责任”原则作了详细的解读，其要义是在全球环境保护中，所有国家都负有共同的义务和责任，但是责任的大小又是有区别的，即发达国家承担主要责任，发展中国家承担次要责任，我国是发展中国家，经济发展很不均衡。

6.1 公平原则在碳税法律制度设计中的实现

这部分主要回答公平原则是如何在碳税成本分担与利益分配中实现的，对于该问题的分析，主要是从税收公平的角度出发，税收负担应当被公平地分配到各个不同的社会群体中。对社会中的低收入人群，应根据他们的能力适当分摊税负，并给予特别的保护。另外，碳税的征收要遵从税收中性的原则。

6.1.1 确定税率

通过对世界上其他国家征收碳税的情况看，设计碳税税率是个较难的环节。设计的税率过低，不能达到减排的目的，但设计的税率过高，将会对本国企业的国际竞争力产生负面影响，不利于对外贸易的发展。在我国制定碳税法律制度的时候，也要格外注意税率的问题。循序渐进、由低向高的碳税税率是目前各国在征收碳税时采取的主要方式。关于我国的碳税税率，主要设计了下述几个征收方案：

我国著名学者王金南（2009）认为，应采用循序渐进、逐步提高的原则来设计我国碳税税率，例如，碳税税率在2012年设定为20元/吨二氧化碳，到2020年将会上涨至50元/吨二氧化碳，十年之后，再上涨至100元。折合成各种燃料的碳税税率可见表6－1所示。

表6－1　　碳税税率方案①

指标	2012年	2020年	2030年
碳税税率（元/吨二氧化碳）	20	50	100
煤炭碳税（元/吨煤）	11	27	54

① 王金南，严刚．应对气候变化的中国碳税政策研究［J］．中国环境科学，2009，29（1）：101－105.

续表

指标	2012 年	2020 年	2030 年
石油碳税（元/吨石油）	17	44	87
天然气碳税（元/千立方米）	12	29	59

苏明等专家（2009）对我国碳税税率的看法是，就税率的形式而言，应采用定额税率的形式，即按照从量计征的方式。就税率的水平而言，主要应遵循下述几点思想：

第一，减排二氧化碳等温室气体的边际成本应通过税率水平体现出来。另外，应综合考虑当地经济因素和环境情况来设计税率水平，对企业的生产消费与排放行为均应具有正面影响。也就是说，企业为减少排放所采取的技术措施或使用替代能源的预期边际成本低于其应纳的税收。

第二，碳税税率的设定应充分考虑对产业竞争力以及宏观经济等多方面的影响。如果税率水平设定得过高，就会对产业竞争力和宏观经济造成一定的负面影响。所以，税率的设计要根据本国的实际情况和经济发展目标而定。比如，为了维护我国经济部门与关键性产业在国际市场上的竞争水平，在制定碳税税率时，应给予一些能源密集型产业一定的优惠政策。

第三，差别因素是设计碳税税率时应该给予考虑的事项。对不同的化石燃料，比如，天然气、煤炭和成品油要适用不同的税率。为了使污染型产品逐渐被淘汰，就要对环境友好型的产品给予一定的政策支持。国家税收部门将根据污染物的含量来调整税率水平，不同的化石燃料征收的碳税也不相同。此外，为了减轻经济部门和重点工业的经济负担，应有选择地实行差别税率，这要依据各部门的能源效率水平和需求价格弹性。

第四，应遵循由低至高、循序渐进的原则。在某一阶段内，应控制税率水平稳定、适中，不能太低，亦不能过高。基于策略的角度来说，应在碳税征收的最初阶段，考虑到我国的综合国力与经济水平，实行低税率。随着产业升级与转型，可逐步提高税率水平，这样既可以减少征收碳税时的社会阻力，又可以减轻征税对经济的冲击（见表 6－2）。

表 6-2　　二氧化碳设计税率水平①

税率	2012 年	2020 年
碳税（以 CO_2 计）（元/吨）	10	40
原煤碳税（元/吨）	19.4	77.6
原油碳税（元/吨）	30.3	121.2
汽油碳税（元/吨）	29.5	118
柴油碳税（元/吨）	31.3	125.2
天然气碳税（元/千立方米）	22	88

注：（1）假设碳税征收时间为 2012 年；（2）碳税税率与煤炭、石油、天然气的碳税税率的换算关系为：1 元/吨（CO_2）=1.94 元/吨（煤炭）=3.03 元/吨（原油）=2.95 元/吨（原油）=3.13 元/吨（原油）=2.2 元/千立方米（天然气）。

苏明等人提出我国征收碳税的税率方案，主要根据征收碳税对 GDP 的影响、对各行业经营活动的影响、对物价的影响以及对广大群众生活消费的影响等结果，依照循序渐进、从低至高的原则设计碳税税率。此外，在设计碳税税率的过程中，还应平衡与相关税种之间的关系。同时，资源价格水平、国际碳税实行与否等因素均可对碳税税率水平产生影响，需在设计阶段将其纳入重点考虑范畴。

2009 年 11 月，中国环境与发展国际合作委员会发布了《能源效率和环境保护经济政策》这一研究报告。该报告中指出，在征收碳税的初期，一方面为了减少对经济的影响；另一方面为了减小征收碳税时的阻力，建议税率的设定要偏低一些，每排放一吨二氧化碳最高征税不超过 15 元，也可以设置低、中、高三种税率方案。在征收一段时间后，再根据我国的实际经济情况酌情提高税率水平，建立税率的相关调整机制。

总而言之，在设计碳税税率时，要使制定的税率能起到激励作用，促使纳税人节约能源、减少碳排放。但也要考虑到征税对我国能源密集型企业的国际竞争力的影响，还有对我国低收入群体生活的影响。所以，在设计税率这一环节，要遵循碳税征收公平原则。

6.1.2　征税对象

征税对象在税收课征要素中居于重要地位，是区别各种不同税种的主

① 苏明，傅志华等．中国开征碳税理论与政策［M］．北京：中国环境科学出版社，2011：26.

要标志。我国税收的分类以及税法的分类都是依据征税对象的不同而进行的。根据各国税收立法来看，征税对象主要包含四类：流转额、所得额、财产与行为。依据征税对象的不同，税收被划分为流转税、所得税、财产税和行为税，进而构成一国税法体系的主体框架。其中，“流转额”包括商品流转额与服务的交易费用；“所得额”主要指在一定期间内纳税人获得的纯收益或者净收入；“财产”是指税法规定的特定种类的财产，如房产、土地、车船等；“行为”指税法规定的一些被纳入征收范围的特殊行为，比如碳税针对的是温室气体的排放行为。这四类征税对象都直接或间接地与物相关，它们或表现为流转中的商品或服务，或表现为取得的货币收入，或表现为一定的财产，或表现为与上述征收对象密切相关的行为。因而，可以认为最直接的征收对象就是法定的物，征收对象具有“物化”的特点①。

碳税的征税对象一般是在日常生活、经营与生产过程中排放的二氧化碳，由于企业生产消耗掉大量的化石燃料，对周围环境产生了严重的负面影响。一般来说，引起全球气候变化的温室气体除了二氧化碳，还包括全氟化碳、氢氟碳化物、六氟化硫、臭氧、甲烷和氧化亚氮等。为了应对全球气候的变化，碳税是所能采用的一种有效的减排措施。从长期来看，碳税应该对所有排放的温室气体进行征税。然而，从目前看，在温室气体排放中，由于二氧化碳所占的比例最大，约占所有温室气体排放总量的60%以上，是影响气候变化的最重要因素，所以，我国现阶段以排放的二氧化碳为征税对象，即在生产和经营等活动过程中向生态环境排放的二氧化碳。此外，和对其他温室气体征税相比，对二氧化碳征税更容易实行。二氧化碳的排放通常是由于消耗化石燃料造成的，所以，在实际征收碳税时，成品油、天然气和煤炭等化石燃料成为最终的征税对象。

煤炭的含碳量是所有的含碳能源中最高的，几乎达到100%。如果按含碳量征收碳税，煤炭资源受到的影响最大，价格变化也最大。由于煤炭价格相对便宜，它是低收入阶层的主要能源来源，煤炭价格的上升对低收入阶层的影响最大，因此，对这部分生活受影响的居民应给予一定的补贴，以实现社会分配公平。

以行为为征税对象最能直接和准确地反应环境成本，也最符合庇古的

① 张守文．税法原理［M］．北京：北京大学出版社，2001：50.

外部性理论。但是，将行为作为征税对象的缺点也很明显，主要表现在计算税额时比较复杂，征收成本较高。从税收的公平性考虑，碳税的征收范围应具有普遍性。凡是会造成二氧化碳排放的行为，均应纳入征税范围。但是在实践中，考虑到我国的经济发展水平，对一切与排放温室气体相关的行为都征税并不现实，因为那样会影响到低收入群体的基本生活。环境权虽然重要，但生存权更为基本，更需要尊重，不能以保护环境为理由剥夺部分人的生存权。因此，征收碳税应当首先针对企业的排放行为，这样更符合碳税征收公平原则。

我国还应该建立对温室气体排放行为的监督机制。从国际实践来看，随着技术的进步，企业的排放行为是可控的。除了政府机构进行监控外，还要发挥社会监督的作用，要确立和保护公众的环境知情权，建立和完善公众监督机制。同时要公平合理地对企业的排放行为征收碳税，另外，还要对不同的排放源进行分类并区别对待。从长期来看，碳税的征税对象宜细不宜粗，这样有利于鼓励企业进行技术革新，对二氧化碳进行捕获与封存；也有利于企业在资源开发的过程中节约能源，减少排放。

综合以上的分析，我国碳税的征税对象应当以企业的排放行为为主。在征收过程中，应加强对不同排放行为的分类和区别对待。由于普通消费者的消费行为很难监控，应以倡导减排为主，暂时不对消费者征税。另外，由于碳税可以通过价格机制转嫁给消费者，因此对企业征收碳税而内部化的环境成本最终也由消费者承担了一部分。对上游企业征税后若再对下游消费者的行为征税，就会造成消费者承受双倍的环境成本，是不符合碳税征收公平原则的。

6.1.3 纳税主体

任何一个税种首先要解决的就是国家到底对谁征税的问题①。纳税人，是指按照税法规定直接负有纳税义务的自然人、法人和其他组织。纳税人作为税法上的概念与经济学上的税收负担人并非同一个概念，经济学上的税收负担人是税收的实际负担者。实际承担碳税税负的并不是名义上的纳税人，而是通过商品价格或服务费用转嫁的税收负担人，即消费者。

二氧化碳和其他温室气体的排放者除了包括能源开发企业以外，所有

---

① 刘剑文. 财政税收法［M］. 北京：法律出版社，1997：180.

在生产中消耗化石能源的工厂，在提供服务时排放温室气体的机构和普通的民众都应包含在内。但是，一种税收的征纳必须考虑到征收的成本。如果对所有排放温室气体的主体都征税，不仅管理上非常复杂，排放额度的计算成本太高，而且在实践中难以控制税源，往往会导致国家征税权的受损。因此，在实际设计碳税时，应当考虑到税收征纳的现实，选择一种比较可行的方式，既能够涵盖主要的温室气体排放主体，又能够从管理上降低成本，减少征收的难度。考虑到碳税可以通过产品的价格转嫁给消费者，对上游企业征税，可以通过产品价格机制使实际排放者承担环境成本，因此，应当将向自然环境中排放温室气体的企业设定为碳税的主要纳税人。

开发资源和排放温室气体的企业相对于广大的家庭和自然人的数量有限，对企业的税务监控也相对容易些，这样，碳税的征管成本能够相对降低。但是，世界各国在对本国企业征收碳税时都会考虑是否会对企业的竞争力造成负面影响。征收碳税会增加生产成本，产品的价格在市场上必然提高，从而不利于企业参与国际市场的竞争。通常情况下，各国都会采取补贴的形式降低产品的生产成本，提高企业的竞争力。从另一个角度上讲，对企业进行补贴必须与国际贸易规则接轨，比如世界贸易组织对补贴有特别规定的，就需要格外注意，不然就可能对外国的产品构成歧视从而引起诉讼。同时，对与资源有关的产品进行补贴可能会造成资源的低价流失。因此，在对企业进行补贴的同时，必须防止资源和资源相关产品的低价出口。

尽管普通家庭的生活也会造成温室气体排放，但由于征收成本太高，同时为了不直接加重普通消费者的负担，应暂时不对一般自然人征税。事实上，碳税已通过消费过程将这部分负担转嫁给了消费者，如果再对他们征收碳税，就让消费者承担了两次环境成本，不符合税收公平的原则。此外，农业也是会造成温室气体排放的主要行业，但是，世界上大部分国家都不会对农业人口征收碳税。一方面由于农业是一国的基础行业，一旦加重农业生产成本，可能会对整个国民经济的发展造成严重的危害；另一方面由于农业的生产方式比较零散，对农业生产进行征管十分困难，要计算农业排放的温室气体成本过高。

综合以上的分析，考虑到我国经济发展和税收征纳体系的实际情况，将碳税的纳税人设定为企业，可以降低征纳成本，便于管理。而自然人作为温室气体排放的另一主体，将通过产品价格机制实际承担环境成本，碳税仍然可以起到外部成本内部化的作用，也实现了税收公平。

6.1.4 税收优惠

就国际经验看，碳税的优惠具体涵盖下述几个方面：给予低收入人群补贴，对减排达到相关要求的企业进行奖励，给予能源密集型产业一定的优惠政策。国际社会也认为对低收入群体的优惠是税收公平原则的具体实现。但对能源密集型企业的优惠被认为会对碳税的有效性产生影响，从而在世界范围内引起“碳泄漏”问题。

由于碳税并没有实现在全球范围的征收，大部分征收碳税的国家都对能源密集型行业实行税收优惠，以消除对这些行业的负面影响，保护本国企业的国际竞争力。首先，我国在征收碳税的初期，也应给予一些能源密集型企业一定的优惠政策，对其实行税收返还或者采取低税率制度，这样可以减轻企业因为征收碳税而受到的不利影响。虽然碳减排的实施效果会因此而减弱，但企业的竞争力得到了保障，同时，也有利于我国推行碳税制度。此外，还可建立合理、完善的返还机制与税收减免体系，来鼓励企业积极的纳税行为。

其次，对碳减排达到相关要求的企业进行奖励。减少温室气体的排放是开征碳税的主要目的，所以要奖励那些在碳减排方面做出成绩的企业。对于积极研发并试用新技术的企业要给予一定的税收优惠，例如，推行碳捕获、利用和封存（CCUS）技术并取得一定成果的企业。

最后，对居民个人的优惠。在征收碳税的初期，暂时不对居民个人排放的二氧化碳征税，这主要有两个方面的原因：一方面能够降低征税过程中所产生的管理成本；另一方面是为了维护社会稳定和保障广大群众的基本生活。对社会中的低收入群体尤其要给予更多的关注，环境恶化和资源枯竭带来的环境成本主要转移给了生活在环境中的民众，而低收入人群承担了最多的环境成本。由于低收入人群的经济条件限制，往往无法选择自己的居住环境，在环境恶化的情况下，低收入人群无法改变自己的生存环境，只能接受环境恶化可能带来的健康等问题。所以，对社会中的低收入群体要给予一定的税收优惠，以免降低他们的生活水平。同时，对广大群众在日常生活中使用的天然气与煤炭等必须消耗的能源不征收碳税。

6.1.5　税收归属与用途

碳税税收循环的主要目标是实现公平，实现的途径有：取代税负更重的原有税种、取代更具累退效应的原有税种以及通过转移支付为不发达地区和低收入群体提供帮助。对于如何安排碳税收入，一方面要考虑到碳税在我国节能减排战略中的重要作用，以及碳税在未来与国际温室气体减排行动相协调的意义；另一方面，也要重视调动地方的积极性，只有这样才能使碳税的征收得以顺利实施。所以，可将碳税设计成地方和中央共享税，中央在税收分成中占有更大的比例。碳税实施后，由我国财政部提供对节能事业、新能源技术开发、再生能源利用等碳减排行为的资金和政策支持。

另外，要多关注经济落后的地区和社会中的低收入群体，建立完善的财政转移支付制度，平衡我国东部、西部地区在碳减排上的不同经济负担。征收碳税对不同地区的能源消耗和经济发展的影响是不同的，因为各地区存在着能源资源禀赋、经济发展水平、产业结构等方面的差异。我国东部地区的经济比较发达，经济增长是建立在高效率、低消耗的基础上的，所以，对东部沿海地区征收碳税实际上能够减少能源消耗、优化产业结构、促进经济增长。而中部、西部地区的经济相对落后，经济增长是建立在高消耗、低效率的基础上的，所以，对中部、西部地区征收碳税会抑制经济的增长，使它们处于更不利的地位。这就需要在征收碳税之前，首先优化中部、西部地区的产业结构并提高能源的使用效率。

我国为减小东部、中部、西部的区域经济发展差距，先后实施了西部大开发、中部崛起等大战略。如果要在全国范围内开征碳税，需要充分考虑处于不同发展阶段地区的经济差异，设计一个公平合理的碳税征收体系，防止碳税政策阻碍中部、西部地区经济的发展。政府在征收碳税时，要注意以下几个问题：第一，由于过高的税率水平对中部、西部经济发展的影响程度要显著高于对东部地区经济发展的影响程度，所以要选择合理的碳税税率水平。第二，为了防止因为征收碳税而直接降低中部、西部地区企业的竞争力，所以要实施差异化的碳税税率水平。第三，要充分运用碳税政策实现东部地区向中部、西部地区转移支付和经济扶持，建立碳基金①。

财政转移支付是实现分配公平的一种重要方式，多种理论已证实：支持政府进行转移支付的理论基础是市场经济决定的收入分配结果的不公平，这是政府介入收入分配领域的一个重要前提条件。转移支付实质上是对政府收入的一种再分配，它是政府行使收入再分配职能所采取的主要形式和手段；其社会道义上的目标是公平，经济上的目标是社会效用最大化。在法治国家中，政府通过转移支付手段有助于上述目标的实现②。

就收入分配的角度来说，在我国大部分地区，实施碳税会拉大劳动要素与资本要素的收入差距，主要因为碳税具有明显的分配累退性，这与所得税和财产税等具有调节社会公平的作用是不同的。政府一般会将碳税收入作为资本积累，用于扩大经济规模，促进经济的发展。在这种情况下，财产收益在国民收入中所占的份额将得到提高，而劳动报酬在国民收入中所占的份额将会降低。另外，碳税的征收会导致工资成本的增加，市场对劳动力的需求将会下降。所以，开征碳税后，劳动者与资本所有者间的收入差距必然会增大。这就要求我国在实施碳税前，要健全所得税与财产税的法律制度，使其调节社会公平的作用得以充分发挥③。

由于目前我国经济发展不平衡，很多地区的经济还较为落后，无法提供给节能减排事业大量的资金与技术支持。所以，财政部门应系统、合理规划，利用碳税所得资金，加大在节能减排上的资金支持。在使用碳税收入时，主要应注意下述几点：第一，给予社会上低收入群体一定的补贴；第二，建立专项基金，用于研究节能新技术，提高能源效率，提高可再生能源和新能源的利用，增加植被覆盖面积，加强国际交流与合作，积极应对全球气候变化；第三，采用财政贴息等使用方式，尽量减少直接补贴的形式，使碳税所具有的作用得到充分发挥。

---

① 彭红枫，吴阳．碳税对我国区域经济发展的影响［J］．技术经济，2011（2）：88－92.

② 刘剑文．财税法学［M］．北京：高等教育出版社，2004：129.

③ 张明文等．碳税对经济增长、能源消费与收入分配的影响分析［J］．技术经济，2009(6).

6.2
公平原则在碳税国际环境责任承担中的实现

对于公平原则在碳税环境责任承担中的实现，笔者先是对“共同但有区别的责任”原则作了详细的解读。其要义是在全球环境保护中，所有国家都负有共同的义务和责任，但是责任的大小又是有区别的，即发达国家承担主要责任，发展中国家承担次要责任。这是由于历史上和目前全球温室气体排放的最大部分源自发达国家，发展中国家的人均排放仍相对较低，发展中国家在全球排放中所占的份额将会增加，以满足其社会和发展需要。各缔约方应当在公平的基础上，并根据它们共同但有区别的责任和各自的能力，为人类当代和后代的利益保护气候系统。

6.2.1　“共同但有区别的责任”原则解读

“共同但有区别的责任”原则是一个短语，它包含了几个关键点：其一，这是一项原则，法律原则是指在一定法的体系中作为法律规范的基础、指导思想或本原与稳定的、综合的原理和准则；其二，这项原则是关于责任的原则；其三，这项原则的责任划分存在两个定语，第一个定语是“共同”，这表明了责任的范围界限；其四，责任划分的第二个定语是“区别”，这表明了责任的程度和类别。

按照《现代汉语词典》的解释，“责任”（responsibilities）有两层意思：一是指“分内应做的事”；二是指“没有做好分内应做的事，因而应当承担的过失”[①]。英文词典中对“责任”也有两种解释：一是指“being responsible or accountable”，中文解释为“职责、任务、义务”[②]。在关于“责任”的简单提及中，Simon Blackburn 在《我们时代的伦理学》中讨论

① 中国社会科学院语言研究所词典编辑室．现代汉语词典（第5版）［M］．北京：商务印书馆，2005：1702.

② 牛津高阶英汉双解词典［M］．北京：商务印书馆，1997：1280.

人工流产的道德时说，“这些被称为‘义务论’观念，源自希腊语‘deontos’，意为责任。责任具有强制的一面，它让人超越敬慕、悔意、喜好，甚至超越我们对他人喜好的期待；责任还让我们思考什么是正当的，让我们发出要求”①。

从上述解释中可以看出，“责任”都包含“义务”的意思，或者说是一种应当做的事情，不管是分内应做之事还是因为没有做好应做之事而承担的过失，即为某事负责。在责任的分类中，按社会属性又可以分为道德责任、宗教责任和法律责任。道德责任是指有高度思考能力的个体及群体应当对自然及社会等履行的遵守道德及维护道德的责任。它还是人们在一定的自然及社会关系中所应选择的道德行为和对社会或他人或自然所承担的道德义务。在自然层面中，人类作为道德维护者，享有心智的高度自由及生存的优越条件，故担负有维护生存秩序和道德不被破坏及协调运转的责任。肯定人的行为的道德责任是进行道德评价的前提。在社会生活中，人们对自己的行为具有一定的选择自由，因此必须承担相应的道德责任。履行道德责任，要靠内心信念和高度的道德责任感。有时，道德责任与“道德义务”含义相同。宗教责任主要是针对信教者而言的，对于教义之神和他所传授的宗教应当负有的做或不做某事的义务。此两者的承担不具有国家强制性，主要依赖于个人的自觉和社会的监督。而法律责任是指由特定法律事实所引起的对损害予以赔偿、补偿或接受惩罚的特殊义务。

在法律系统中，由违反义务所引起的法律责任占主导地位，而不以违法或违约为前提的其他法律责任则居于从属地位②。西方法学家就法律责任的本质提出了三种主要理论：一是规范责任论，法是能指引和评价人的行为的规范，它对违反或符合规范的行为人持否定或肯定态度并以此体现社会价值观念；二是社会责任论，由于事物本身的规律性、必然性和因果制约性，违法行为的发生决定于客观条件而非行为人的自由意志，因而只能根据行为人的行为社会危害性和行为环境来确定法律责任的有无和轻重；三是道义责任论。意志自由且能够控制自己行为的人应对出于本意而做的违法行为负责并受到道义上的责难。这三种理论各有其合理性。

---

① ［英］Simon Blackburn. 我们时代的伦理学［M］. 梁曼莉译. 南京：译林出版社，2009：53.

② 张文显. 法理学［M］. 北京：高等教育出版社，2003：142－153.

有国内学者认为，法律责任包含三层意义：其一，法律责任是居于统治地位的社会集团或阶级根据法律标准对行为作出的否定性评价；其二，法律责任是合乎逻辑的不利法律后果，它是自由意志支配下的行为所引起的；其三，法律责任也是强制性分配给某些社会成员的负担，是社会为了维护自身的生存条件而做出的。

法律责任由五元素构成：责任主体、违法行为或违约行为、损害结果、因果关系和主观过错。法律责任的承担包括惩罚、强制和补偿。惩罚包括民事、刑事、行政和违宪制裁四种；强制是通过国家强制力迫使不履行义务的责任主体履行义务的责任方式，其功能是通过保障义务的履行进而实现权利，使法律关系运行正常；补偿是当事人或国家强制力要求责任主体通过作为或者不为的形式赔偿或弥补所造成损失的责任方式，它强调事实且少于道德评价，补偿包括回复性补偿、补救性补偿和防止性补偿，它的作用在于制止对法律关系的侵害以及通过对被侵害的权利进行救济而使受到侵害的社会关系复原。

归结法律责任应遵循责任法定、因果联系、责罚相当和责任自负的原则。“共同但有区别的责任”原则是人类社会为应对气候变化而确立的一项集体行动的原则，因此，这项原则具有全人类性，这也是原则的共同性的体现。截至2011年12月底，公约和议定书的缔约方已经分别达到195个和192个，这足以表明世界各国应对全球气候变化责任的共同性。

“共同但有区别的责任”原则还包括“区别”这一关键定语。从字面上理解，原则本身是关于责任的内容。原则有一个共同责任的前提，在这个前提下，责任是有区别的，关于对“区别的责任”的理解，作者认为，这是在“普遍性责任”即“共同责任”前提下的“具体性分析”，即“个案性的责任”，是关于非对等、非等同内容的责任。区别责任主要包括六项内容：特定原因下的区别责任；责任划分和责任计算方式的区别；责任层次、内容和范围的区别；减缓和适应的区别；不同类别国家间的责任区别；同类国家间的责任区别。

6.2.2 发达国家与发展中国家共同承担责任

6.2.2.1 共同的原因

有因才有果，任何事情的出现或存在总有一定的原因。气候系统的变化和全球变暖是近几十年来世界面临的共同情况。按照科学的解释，引起气候变化的原因可以概括为自然的气候波动和人类活动的影响两类。前者包括太阳辐射源的变化、地球轨道椭圆的变化和轨道倾角的变化，以及地球地质活动的变化，如火山喷发等。自然原因所引起的气候变化非人类所能控制，本书主要论述与人类活动有关的气候变化。

人类活动的影响包括人类燃烧矿物燃料以及毁林等活动引起的大气中温室气体浓度的增加、硫酸盐等大气气溶胶浓度的变化，以及陆面覆盖和土地利用属性的变化等。人类活动所排放的温室气体是全球变暖的重要原因，并引发了气候变化和各种不利影响。这些人类活动包括工业、农业、林业、废弃物和废水排放、能源供应、交通运输、住宅和商业建筑以及人类生活和消费在内的各种活动。

IPCC 的报告进一步指出，根据冰芯记录测定的工业化前几千年大气中的温室气体浓度值测算，具有很高可信度的是，自 1750 年以来的人类活动已经使全球大气中的甲烷、氧化亚氮和二氧化碳的浓度明显提高，纯粹人类活动的影响已经成为全球变暖的原因之一。IPCC 报告（2007）认为，自 20 世纪中期以来，很可能是因为那些观测到的人为温室气体浓度的增加引起了大部分已观测到的全球平均温度的上升。过去 50 年以来，各大陆（南极除外）平均可能出现了显著的人为变暖。

全球气候变暖的共同原因还与温室气体本身的物理特性有关。所有的温室气体都是可飘逸和流动的，虽然肉眼不可见，但人类活动所排出的温室气体却无时无刻不散发到周围的空气中并汇集在大气层里。大气层是没有严格的地理界限的，也没有国家能够把自身所排放的温室气体可以固定在本国的上空或者确保完全被本国的植被等吸纳，任何地方所排放的温室气体都会随着空气流动分散到世界各地。因此，这种物理特性决定了任何人所排放的温室气体都会对他人造成影响。必须强调的是，温室气体的寿命分别长达数十年甚至百年不等。甲烷可以在大气中存在 14 年左右，氯氟烃类物质可以在大气中存在 100 年左右。就大气中存在最多的二氧化碳而言，其在大气中的寿命可达百年甚至更久。因此，任何国家所排放的温室气体都会成为历史积累量的来源之一，最好的结果无非是有些国家的温室气体吸收量和降解量超过原始排放量。所以，从这个意义上说，除了排放数量多少的差别，不存在不排放温室气体的国家。

6.2.2.2　共同的威胁

温室效应所带来的气候变暖的后果和影响分为多种类型，其表现也各不相同，对世界各地的影响也有差异。总体上看，这些影响表现在诸多方面：①冰川融化，海平面上升并淹没沿海低洼地区和低海拔海岛，造成人口迁移甚至气候难民；②极地地区的冻土层融化并释放出更多的温室气体，地上建筑物受损；③海洋变暖并且酸化，海洋珊瑚白化死亡，鱼类等海洋生物和海洋生态受到影响；④不同地域的降水发生变化，农业产区转移，农作物品种出现不适应状况或者需要更替，总体上产量降低并威胁世界粮食供应，降水变化表现不一，导致洪涝灾害增加，干旱地区旱情加重，荒漠化现象将加重；⑤整个生态系统发生变化，约30%的物种灭绝，森林资源因气温升高而减少；⑥人类的心脑血管、呼吸道等疾病增加，传染病传播媒介增多并且更加活跃；⑦自然灾害更加频繁而且日趋严重，风、雨、雪、雷电、虫害和极端气候事件的发生更加频繁①。

这些变化对自然环境和人类社会均有影响，在一个时期内遭到的损失会远比获益大，受损失者比得益者多。这些变化的影响是波及全世界的，没有哪个国家或地区会幸免。那些最不发达国家和地理不利的国家（如小岛屿国家和低海岸线国家）受到的影响最大。

总之，这些气候变化会通过作用于地球生态系统而影响或威胁人类生活的稳定性、可持续存在与发展以及安全和福利水平。这种影响和威胁是表现在当代和未来的，而且未来的变化还无法准确且全面地预测。也就是说，可能还有其他潜在的不利影响或威胁，现有科技尚不能预知和应对。

6.2.2.3　共同的责任

既然温室气体的增加会严重影响人类的发展，人类当然应当积极行动起来以图自救。这种自救既是责任，也是义务。到目前为止，主要是人类自身的活动向大气排放了大量的温室气体，除了人类也没有其他生命体能够担负起这种适应和减缓气候变化的能力与智慧。所以，人类的自救是自己对自己的职责和分内之事，也是人类为自己曾经过量排放温室气体所承担的补偿代价。人类自救之所以是共同责任，是因为每个温室气体排放国

---

① 吴兑．温室气体与温室效应［M］．北京：气象出版社，2003：6－11，157－162.

家都参与其中，其差别只是排放量的不同；之所以是义务，是因为应对气候变化不仅关系到当代人，还是为子孙后代即人类的未来着想，这种义务也属于道德义务。除了人类，地球上还存在着大量的生命，无论是动物、植物，还是微生物，它们都将受到气候变化的影响，出现生存困难、死亡或者难以预计的影响。处在地球生态圈的人类，作为拥有最高智慧的群体，也有义务防止温室效应导致地球生态系统的恶化，这种责任属于道德责任，也可以说是道德义务。

在应对气候变化的问题上，在没有出现国际法律文件之前，是各国可以单独制定相关的法律法规予以执行。在人类发现温室效应后，经过一系列的努力和谈判，国际社会于1992年和1997年分别制定了减排温室气体的《联合国气候变化框架公约》和《京都议定书》。这样，国际社会就有了专门法律来应对气候变化。此时，人类社会在应对气候变化问题上就已经不再是单纯的道德责任，而是新增了法律义务，也可以称为法律上的责任，即履行法律义务的责任。按照国际法"约定必须信守"的要求，发达国家和发展中国家都必须履行自身的约定义务，即约定责任。

截至2011年年底，公约缔约国已经达到194个，议定书缔约国已经达到192个，全世界的国家基本都参与进来，每年的联合国COP/CMP都吸引了全世界人们的关注。这充分说明，各缔约国愿意就承担义务和责任问题开展对话，以保护地球的气候系统和生态系统。现在，这种道德责任是和法律责任相依存在一起的，是生态中心主义基础上的社会决定责任和法律规则责任。

6.2.2.4 共同的行动

当人类发现温室效应后，逐渐开始采取应对行动，走出了一条从斯德哥尔摩到京都之路，尤其是1972年斯德哥尔摩人类环境会议召开并发表《斯德哥尔摩人类环境宣言》以后，历经1982年人类环境大会、两次世界气象大会的讨论和交流，人类进入集体立法应对时代。这就促进了后来《联合国气候变化框架公约》的草拟和谈判、气候变化政府间谈判委员会的建立、1992年里约联合国环境大会的召开和《里约宣言》等一系列国际环境文件的制定与通过，直到1994年《公约》生效；又于1997年通过了《公约》框架下的《京都议定书》，再到后来的议定书生效等一系列的持续进程。公约缔约方会议、议定书缔约方会议和不断强化并走向实践的各种细化规定使实际履约有了一定的保证。

到2011年，公约缔约方会议已经连续召开了17次，议定书缔约方会议也已经与公约缔约方会议同时举行了7次。这些会议陆续形成了“柏林授权”、《京都议定书》以及公约附件一缔约方2008—2012年减排承诺、《马拉喀什协议》、《德里宣言》、“巴厘岛路线图”、《哥本哈根协议》和德班一揽子决定等一系列文件，并开展了共同执行活动的试验，建立了联合履行、排放贸易和清洁发展机制等开展温室气体减排的京都三机制，就2012年后的公约附件一缔约方减排承诺问题进行了多轮谈判。除了这些会议，G8、G20、亚太经合组织等不少国际会议也在讨论“温室气体”减排问题。

现在，这些行动已经有所成效。到2008年，公约附件一缔约方减排承诺的年度温室气体排放当量已经比1990年度减少了近11%。清洁发展机制项目已经在拉丁美洲、亚洲和非洲等地开展起来，从清洁发展机制的2013年年度报告中可知，截至2013年10月，全球已经注册的CDM项目共计7366个，其中，中国注册的CDM项目已经达到了3726个，占全球总量的50.59%[①]。通过这些国内减排行动和国际性的减排项目，国际社会已经在温室气体减排方面取得了一定的成绩。无疑，这些会议的召开、文件成果的达成、国际法律文件的制定和生效、实际减排行动的开展等都是公约和议定书下共同行动的结果。

6.2.2.5　共同的机制

在国际层面上，开展一项活动、执行一项决议或法律是不容易的，因为国际社会不存在“超国家政府”。就减排温室气体这项国际任务而言，没有一定的机制保证履约是不行的。在现有《联合国气候变化框架公约》和《京都议定书》的具体条文下，还有一系列的具体细节问题需要解决，从而把执行活动落到实处。为了把议定书所规定的公约附件一缔约方强制减排承诺落到实处，把发展中国家关于减排的一般承诺贯彻实施，公约和议定书项下分别建立了一系列的机制和组织，从而确保工作的开展。

就公约附件一缔约方而言，有温室气体国家信息年度报告和审查机

---

① 数据来源：Clean Development Mechanism Executive Board Annual Report 2013，http：//unfccc.int/resource/docs/publications/pub_ cdm_ eb_ annualreport_ 2013.pdf.

制，这能在一定程度上考察各缔约国的排放历史和排放现状，从而为检查其履约程度和谈判未来履约奠定基础。对于非公约附件一国家缔约方，则要求从加入公约 3 年后或者接受编制国家信息通报的援助资金后提供本国的温室气体信息通报。

就实际运行的清洁发展机制（CDM）而言，有清洁发展机制理事会、清洁发展机制方法学小组、注册与保险组、毁林与育林组、小型项目组、公约秘书处、委托执行实体等一系列的组织保障和服务机构进行本类项目的论证、审核、检查和监督。这类项目涉及发达国家和发展中国家，技术性和专业性强，其中的条件和要求有严格的限制，因此，必须建立一套能够履行职责并提供服务的机制和组织。目前，机制运转状态正常。

就排放贸易而言，现在公约项下正在开发一套国际适用的交易登记系统，欧盟和美国已经分别建立了各自的碳排放交易所。这些机构系统相互联通后，按照约定规则进行碳排放的国际交易，能够实现碳排放的低成本和国际调剂。就减排问题至关重要的技术和资金而言，公约和议定书项下的资金托管机构主要是全球环境基金（Global Environment Facility, GEF）。全球环境基金接受《联合国气候变化框架公约》缔约方会议（COP）和《京都议定书》缔约方会议（CMP）的指导并开展业务活动。这些活动包括管理和运作公约与议定书项下的各项基金，比如，按照《波恩协议》在公约下建立的“最不发达国家基金”“气候变化专项基金”和根据第 10/COP. 7 号决定在议定书项下设立的“气候变化适应基金”，以及根据《坎昆协议》决定设立的“绿色气候基金”等。这些基金都有各自的管理机构和运作规则，定期接受检查和指导。发达国家援助发展中国家的气候变化应对活动资金基本上都是通过这些基金运作的。目前，全球环境基金已经完成了五次充资谈判。到 2010 年，基金已经实现合作融资 500 亿美元，实际划拨 107 亿美元。其中，全球环境基金共援助 886 个应对气候变化的项目，合计赠款 30. 812 亿美元，实现共同融资 21. 556 亿美元。

在技术方面，建立了《坎昆协议》规定的公约项下的技术开发和转让机制，该机制包括一个技术执行委员会和一个气候技术中心与网络，其目的是扩大技术开发和向发展中国家缔约方转让无害环境技术。关于遵约机制，《马拉喀什协议》确定了议定书的遵约机制，建立了遵约委员会。机制确定了不履约国家的责任和追究方式，确立了上诉通道，为议定书的实际履行建立了最终保障机制。尽管公约和议定书下的机制建设还有很多不足，甚至进展缓慢，但是，这些机制仍然能够在实现公约和议定书关于将大气中温室气体浓度控制在免于受人类干预的危险水平上发挥一定的作用。

总之，关于"共同的责任"问题，无论是关于责任产生的原因相同、应对机制相同，还是要承担责任的问题，这其中都是共同责任的分解，但其落脚点和根本目的却是共同利益，即维护地球气候系统的安全，减缓和适应温室效应所致气候变化对人类造成的影响甚至是灾难，促进人类的福祉和可持续发展。因此，共同的责任还指向宏观人类学意义上的共同利益。

6.2.3　发达国家与发展中国家有区别地承担责任

6.2.3.1　特定原因下的区别责任

世界需要承担全球变暖责任的根本原因是产生了需要全人类共同面对或应对的问题。之所以要划分区别，也是有特定原因的；否则，那就是同等或均等的责任，而不是差别的责任。

从温室气体增加的历史来看，18 世纪中叶开始的工业革命时期是初始阶段。当时，以英国为首的西方国家相继进入了蒸汽时代；自从内燃机发明后，又升级进入了机械化时代；20 世纪初期前后，电灯的发明使美国等国家进入了电气化时代；第二次世界大战后期，人类进入了核科技时代，现在则是网络信息时代。200 多年以来，先进的生产方式和科技革命大多是从西方国家，尤其是英国、美国、法国和德国等国家开始的。

如果以人均 GDP 和科技实力、社会教育水平等为标准划分发达国家和非发达国家，那仍将是早期工业国家的天下。从世界银行 2004 年公布的数据来看，全球总 GDP 为 36 万亿美元，美国、欧盟和日本占据 23.4 亿美元。其中，美国的 GDP 高达 10.9 万亿美元，日本达 4.3 万亿美元。按照地域划分，不包括日本在内的亚洲和太平洋地区 GDP 为 2.8 万亿美元，拉丁美洲和加勒比地区为 1.7 万亿美元，欧盟为 8.2 万亿美元，撒哈拉以南的非洲地区 GDP 最低，仅有 4000 亿美元。

加拿大、美国、德国、法国、日本、英国和意大利组成的"7 国集团（G7）"以世界 11% 的人口占有世界 65% 的 GDP；占世界人口 89% 的其余地区的GDP总量才占世界的35%①。除了日本，"G7"中其余6国都是早期工业化国家。由此可见，世界各国的贫富差距巨大。然而，发达国家和发展中国家的GDP发展都是需要燃烧化石燃料作为基本能源的，可以想象发达国家在过去的几百年里使用了多少煤炭、石油、天然气和其他化石燃料。

根据相关数据得知，1860—1990年间，公约附件一国家中仅7个国家就占据了温室气体排放总量的70.02%，其中美国占31.03%，俄罗斯（含苏联部分）占16.20%，德国占7.01%，英国占5.15%，日本占3.84%，法国占2.79%，加拿大占2.29%，波兰占2.15%②。发达国家在过去几百年里排放了大部分的温室气体，占据了全球大气中主要的温室气体容量，导致温室效应增强和现代气候的变化，并挤压了发展中国家的排放空间和生存空间，发达国家应当为自己的历史行为承担责任，在应对气候变化问题上担负起主要责任。

再考虑到发达国家的GDP占据世界绝大部分总量的情况，发达国家和发展中国家之间存在着巨大的国力差距。历史原因是根本，现实原因是关键。历史责任不同，现实能力差别巨大，这是发达国家和发展中国家在碳减排问题上承担差别责任的两大原因。

6.2.3.2 责任划分和责任计算方式的区别

发达国家和发展中国家在历次气候变化谈判中都存在着各种矛盾。有些发达国家并不愿意面对自身的二氧化碳等温室气体排放历史，或者拒绝承担历史责任。在具体排放量方面，这些国家紧紧抓住近年来发展中国家现实排放总量增加的情况要求其承担责任，甚至是减排的责任。以美国为代表的一些国家还提出了这样的观点：世界各国应当在长远目标上进行谈判，不能过于关注当前和中期减排目标，应当把精力放在2050年甚至以后；以特定国家的减排作为条件进行谈判。美国还认为，美国对世界不欠什么，它的历史排放无可厚非，不需要、也不应当被发展中国家拿来作为"责任谈判"的考量内容和依据，只要关注近年来的现实排放就够了。这

---

① 郭锦鹏．应对全球气候变化：共同但有区别的责任原则［M］．北京：首都经济贸易大学出版社，2014：158－159.

② 潘家华．低碳转型——践行可持续发展的根本途径［M］．北京：学苑出版社，2010：92.

样看来，像中国、印度、巴西、南非等新兴发展中大国在排放总量上不断提升，显得十分突出，因此也应当承担责任。而发展中国家和部分发达国家，如欧盟则反对美国这种只看眼前、无视历史的计算方法。不尊重历史，不计事物的根源和发展历程，这是与伦理学和人类历史进程规律相悖的，或者说是一种历史虚无主义。

对于把本国的减排和行动以特定国家的减排为条件的说法也是存在问题的，尤其是那种抱住发展中国家作为谈判条件不放的态度就更是错误的。在发展中国家中有发展速度较快的国家，如中国、印度等。这些国家近年来经济快速发展的同时温室气体排放量也在不断上升，但是这不能成为他国不履约或者拒绝承担自身责任的理由。发展中大国排放量的增加是公约和议定书都予以明确同意的，属于优先性的可理解、可接受的低阶向高阶转变的排放。发达国家本来就应当承担责任，如果因为其他国家的发展造成了排放增加是它们拒绝承担责任的理由，姑且不论他国的责任有无与大小，这就是一种“因为别人有情况，所以我不承担责任”的不合理借口，因为这样做否定了自身的责任。

很显然，美国的这种责任划分的方式是不正确的。任何一个国家都可以也应当关注当前的排放、未来的排放发展状态等各种情况，这是一个动态的过程，但不能回避历史问题。事实上，按照气候谈判进行的情况来看，世界已经非常关注低碳和低能耗发展路径，并对可再生能源给予了很大的关注，发展中国家也是因为气候谈判才逐渐关注温室效应和气候变化的，它们正在通过各种方式减排，这种努力应当被承认。发展中国家的排放量提高是因为经济发展的原因，而不是因为忽视自身的责任造成的不应有的排放。发展中国家参与气候谈判的过程也就是不断通过各种方式减少温室气体排放的过程，更何况它们本身也是气候变化的受害者呢？更不用说，将来的局面也不会是发展中国家永远不承担强制减排任务，只是历史还没有发展到那一时刻而已。如果美国一直坚持这种“只有等到发展中国家承担了强制减排任务美国才承担减排任务”的条件，等到将来发展中国家都需要承担强制减排责任的时候，那会使美国通过这种方法赖掉自身的历史责任和别国减排时它应承担的责任，并把这种责任最终通过时间推移达到与发展中国家均分的目的。

因此，美国式的责任划分和计算方式是为了推卸自身的责任，是拖延谈判和时间过程的一种战术，它的“战术应用”和它的实际作为一样，作为世界上最大的发达国家却没有批准《京都议定书》。正确的责任确定方式至少应当考虑这些因素：国家情况、历史排放量、现实需要、未来节点或高峰、减排能力和承受能力等，而不是如美国所为的切断历史、以对他国的要求作为条件搁置当前现实、空谈未来的虚空做法。

6.2.3.3 责任层次、内容和范围的区别

应对气候变化的共同责任既然有内在的差别，而且具有历史和现实的原因，那么差别责任应当表现在不同的领域。就责任层次而言，发达国家因为其历史排放积累量和现实综合国力而应当承担主要责任，发展中国家正处在工业化和信息化的双重压力之下，还处在实现现代化的初始阶段或者中间阶段，其经济实力、科技水平、教育层次和社会意识等各方面还存在很多的困难，无力承担起更多的责任。例如，当今世界的清洁生产技术和可再生能源技术的专利与关键设备制造就集中在发达国家手中，仅丹麦王国的维斯塔斯公司就占据了世界风电市场13%的份额。由此可见，发达国家和发展中国家在应对气候变化的责任方面是存在主次差别的。发达国家应当承担主要责任，发展中国家不能也不应当承担与其历史责任和自身能力不相符的责任。

就责任内容而言，应对气候变化主要是应对气候变化的减缓责任和适应责任两种情况：减缓责任主要是指减少温室气体排放的任务；适应责任主要是指适应气候变化的影响。对于减缓责任而言，所能够体现减缓的是减少温室气体排放、增加造林和减少毁林，增加可再生能源的使用等。尽管任何一个国家都有减缓和适应两种责任，但是各国责任的侧重点并不相同。

关于适应问题，主要是指适应气候变化对人类带来的生活方式、生产方式和生存状态的改变和影响。比如，图瓦卢这个西太平洋岛屿国家海拔仅有4.5米。在过去的十几年中，因海平面上升导致海水淹没了图瓦卢至少1%的土地[①]。而图瓦卢整个国家也不过是9个环形珊瑚岛，本身的温室气体排放量并不大，但是全球的温室气体排放后果却集中体现在该国。这样的国家必须把适应气候变化放在首位，比如说，修筑和加高海防堤坝，加固建筑物等。对于其他发展中国家来说，适应也是迫不得已的责

① 吴兑．温室气体与温室效应［M］．北京：气象出版社，2003：6－11.

任，比如要应对频率增加的飓风、迎战更加严重的干旱和洪水等。

总体来说，那些综合国力强且排放较高的发达国家应当承担更多的责任。这些责任主要有四项：①承担公约和议定书所确定的具体减排承诺；②按照公约和议定书的要求向发展中国家提供应对气候变化所需的资金和环境清洁技术；③在现有基础上调整或改变高消费、奢侈型的生活方式；④监督直至确保其他发达国家共同参与减排和适应行动①。

因责任层次不同，发展中国家所承担的任务内容和范围如下：①坚持可持续发展的路径模式，逐渐改变高能耗和高污染的发展状态；②尽可能地为应对气候变化做准备，加强气候变化适应行动，尽量减轻气候变化所造成的危害和影响；③承担公约和议定书所确定的一般承诺，尽力在国内减排；④争取发达国家的资金和技术援助。

从这些承担责任的具体内容看，发达国家所承担的具体任务是立足国内减排并援助发展中国家，具有世界性；发展中国家则主要是关注国内，求援国际。之所以如此，是因为发展中国家本身面临着发展经济的优先任务，需要通过发展经济来加强自身减缓和适应气候变化的能力，它们没有援助发达国家的义务，也不具备支援世界的能力。这也是两者之间责任范围的差别。

6.2.3.4　不同类别国家间和同类国家间的责任区别

当前，世界各国基本可以划分为发达国家和发展中国家两类。除了发达国家和发展中国家之间的责任区别以外，还有另一种国家之间的区别，即同类国家之间的责任也应当对具体情况作具体分析，而不是一律等同。发展中国家是一个内容广泛的概念，这其中还有最不发达国家、小岛屿国家等区别。就公约附件一缔约方来看，其中还有向市场经济过渡的国家这一类型。在责任承担问题上，在公约和议定书谈判的时候就已经明确地将部分经济转型国家排除在公约附件二之外。公约附件二是需要承担向发展中国家转让技术和支持资金任务的部分发达国家。这说明，那些经济比较发达的国家和高度发达的国家相比，它们之间的责任承担也是存在差别的。按照公约的规定，经济转型国家承担具体的强制减排责任，公约附件一缔约方中甚至还有允许排放增长的个例，比如，澳大利亚就被允许从

① ［法］亚历山大・吉斯．国际环境法［M］．张若思译．法律出版社，2000：115.

2008—2012 年相比于 1990 年的排放水平增加 8%。这个结果说明，“共同但有区别的责任”原则在事实上已经明确体现在公约和议定书的谈判过程和谈判结果中了。

再如，在马拉喀什 COP 会议上所通过的文件中有建立“最不发达国家基金”的决定，这也体现了谈判中对发展中国家承担“区别的责任”的判定。在那些最不发达的国家中，很多人还处在比较落后甚至原始的生活和生产状态。比如，使用柴薪取暖、做饭，工业较少甚至没有工业。这样的国家和地区基本上仍旧处在自然生态循环中，没有或基本上没有大规模的温室气体排放。根据公约和议定书的规定，使用柴薪或者草本类植物作为燃料是不算作温室气体排放源的，因为那些柴火本身是自然界中碳排放和碳吸收的一种循环，总体上既没有增加也没有减少排放，属于生态型碳流转，因而是不予计算的。

与此相对照的是，发展中国家之间也应当再作具体的责任区别。在发展中国家中，有些已经接近甚至达到发达国家的水平，例如，韩国和新加坡；有的已经达到中等发达国家的水平，例如，墨西哥和马来西亚；有的则属于不发达国家，例如，利比里亚和布隆迪。还有些属于基本上没有温室气体排放的国家，例如，图瓦卢这样人口很少、以旅游为经济支柱的国家。

按照“共同但有区别的责任”原则，那些发展水平比较高的国家，尤其是那些人均排放也较高的准发达国家或者较高发展程度的发展中国家，比如，新加坡、韩国和阿根廷等，应当在发展中国家集团中首先承担减排责任，并在此基础上承担适当的援助义务。对那些不发达国家，应当提供援助，使它们减少毁林，帮助它们获得发展，以实现低碳转型。对于那些有一定发展程度的国家则可以考虑结合援助和自身发展，实现降低温室气体排放强度，直到将来降低温室气体排放量，比如，中国和印度。对于那些基本没有排放甚至是负排放的国家，则应重点给予适应气候变化的帮助，以防止气候变化造成的灾害影响其生存和发展。这些措施不是互相排斥的，可以根据具体情况适当调整或配套实施。

当然，上述分析并不一定是恰当的，而且现实情况变化很快，因此需要经常调整。关于气候变化共同担责基础上的区别责任问题，是历史的，也是现实的。对责任进行区别划分本质上是公平的要求和体现。如果不在考虑历史的基础上结合各自具体情况进行责任划分，那么，如何团结世界上近 200 个国家应对气候变化呢？在碳减排问题上没有哪个国家愿意接受一个不公平的指导原则，更不愿意接受不公平的结果。因此，与“共同的责任”这一国际合作基础一样，区别划分责任是应当长期坚持和实践的。

第7章

碳税与碳排放权交易制度的协同

在前面第4章第二节，我们曾简单地讨论过碳税与碳排放权交易制度，这一章我们将深入地讨论两种制度如何相辅相成，共同为碳减排在不同领域发挥自己的优势。本章阐述了碳排放权交易的优点和缺点，以及碳税的优点和缺点，对两者进行了比较分析，试图设计出两者未来在我国协同减排的有中国特色的创新模式，为早日实现碳达峰碳中和发挥作用。由于碳税在前面已做了详细的介绍，所以这一章我们先从碳排放权交易的介绍开始。

7.1 碳排放权交易制度

碳排放权交易的概念源于20世纪90年代经济学家提出的排污权交易概念，排污权交易是市场经济国家重要的环境经济政策，美国国家环保署首先将其运用于大气污染和河流污染的治理。此后，德国、澳大利亚、英国等也相继实施了排污权交易的政策措施。排污权交易的一般做法是：政府机构评估出一定区域内满足环境容量的污染物最大排放量，并将其分成若干排放份额，每个份额为一份排污权。政府在排污权一级市场上，采取招标、拍卖等方式将排污权有偿出让给排污者，排污者购买到排污权后，可在二级市场上进行排污权买入或卖出。

1968 年，美国经济学家戴尔斯首先提出了“排放权交易”的概念，即建立合法的污染物排放的权利，将其通过排放许可证的形式表现出来，令环境资源可以像商品一样买卖。当时，戴尔斯给出了在水污染控制方面应用的方案。随后，在解决二氧化硫和二氧化氮的减排问题中，也应用了排放权交易制度。

1997 年，全球 100 多个国家因全球变暖签订了《京都议定书》，该条约规定了发达国家的减排义务，同时提出了三个灵活的减排机制，碳排放权交易是其中之一。国际上认为，虽然 2002 年荷兰和世界银行就率先开展碳排放权交易，但是全球碳排放权交易市场诞生的时间应为 2005 年。伴随着《京都议定书》的正式生效，碳排放权成为国际商品，越来越多的投资银行、对冲基金、私募基金以及证券公司等金融机构参与其中，碳金融市场得到了快速发展。基于碳交易的远期产品、期货产品、掉期产品及期权产品不断涌现，国际碳排放权交易进入高速发展阶段。

碳排放权的法律权属即指碳排放权所有权以及与所有权相关的一系列权利的归属问题。市场行为的本质是权利的转移，而权利转移的前提是权利的明确界定，权利的明确界定则依赖于对其法理依据的分析。碳排放权究竟是一种什么样的权利？对于该问题还在讨论之中，根据法律体系、目的和研究范围的不同有多种解释。

大陆法系对此问题的理论研究更为偏重，Pei Qing 等通过研究 CDM 机制认为碳排放权是一种物权；日本环境省出具的对《京都议定书》和日本国内法律相关联的研究报告认为碳信用是一种动产，其相关权利是物权，具体而言是一种无形财产权；邓海峰认为碳排放权与排污权相同，是一种准物权，其权利客体是环境容量①；杨泽伟从国际法出发，认为碳排放权是一种发展权②；王明远认为碳排放权兼具准物权与发展权属性，两

---

① 邓海峰．海洋环境容量的物权化及其权利构成［J］．政法论坛，2013（2）：131－137.

② 杨泽伟．碳排放权：一种新的发展权［J］．浙江大学学报，2011（3）：40－49.

者辩证统一[①]。

英美法系更注重实践问题，Hepburn 站在澳大利亚碳捕获、利用与封存相关技术和法律的立场上，认为“碳权”是一种新的财产权，具体来说是依附于森林土地之上的一种独特的地役权。E. A. Posner 等站在美国政府面对国际碳减排谈判应该如何应对的角度，对分配正义和矫正正义进行分析，虽然没有专门对碳排放权的属性提出意见，但反对将其纳入发展权。综上所述，可以归纳出四种理论，分别为无形财产权、作为财产权的地役权、作为准物权的环境容量使用权和发展权[②]。

从碳市场建立的法律基础上看，碳排放权交易市场可分为强制交易市场和自愿交易市场。如果一个国家或地区的法律明确规定温室气体排放总量，并据此确定了纳入减排规划中各企业的具体排放量。为了避免超额排放带来的经济处罚，那些排放配额不足的企业就需要向那些拥有多余配额的企业购买排放权，这种为了达到法律强制减排要求而产生的市场就称为强制交易市场。而基于社会责任、品牌建设、对未来环保政策变动等考虑，一些企业通过内部协议相互约定温室气体排放量，并通过配额交易调节余缺，以达到协议要求，在这种交易基础上建立的碳排放权交易市场就是自愿交易市场。

7.1.1 碳排放权交易制度的优点

自美国使用排污权交易制度成功解决酸雨问题以来，排放权交易制度备受环境政策制定者的青睐。理论上，碳排放权交易制度具有以下优点：第一，对环保主义者而言，碳排放权交易有利于保证环境质量，因为碳排放权交易制度能够逐渐降低碳排放的总量。第二，对工业团体而言，碳排放权交易制度会创设一个新的碳信用交易市场，那些能够以较低成本削减碳排放的企业或许借此可以获得利润。第三，对经济学家而言，碳排放权交易制度能将碳排放所导致的社会成本内部化；对政治家而言，排放权交易制度使得他们在应对气候变化的同时无须执行复杂的许可证制度或向化石燃料征收新税。第四，如同其他市场机制一样，碳排放权交易有利于企业以最低的成本实现减排目标。第五，碳排放权交易有利于遏制环境行政

---

① 王明远．论碳排放权的准物权和发展权属性［J］．中国法学，2010（6）：92－99.

② 孙永平编．碳排放权交易概论［M］．北京：社会科学文献出版社，2016：56－57.

管理机关的“寻租”行为，碳排放权交易市场的存在有利于公民表达自己的意愿，扩大环保的群众基础。第六，碳排放权交易制度通过数量控制和价格浮动的方法可以掩盖“税”的实质，从而提高减排措施的可执行性和可操作性①。

理论上讲，无论碳排放权初始配额如何分配，通过个体间自由交换碳排放权配额，在最终的平衡点上，总体而言，企业所支付的减排成本在经济上最划算。

7.1.2　碳排放权交易制度的缺点

尽管碳排放权交易制度具有上述的优点，但是，它所存在的缺点同样不少。第一，要想制定合理的碳排放总量并非易事，因为确定最优的环境污染水平在现有的技术条件下无法完成。第二，碳排放权通常被免费分配，这就导致碳排放权交易制度无法激励企业进行技术革新。第三，碳排放权交易制度中通常存在补偿条款，这就导致它无法确保减排目标的实现。第四，碳排放权交易制度的社会成本不确定，如果碳排放权的成本太高，那么政策制定者必然面临一定的压力来提高碳排放的总水平。第五，与以往的排放权交易制度相比，碳排放权交易制度较为复杂，因为它涉及的排放源数额巨大，而以往的排放权交易制度所涉及的排放源数额不大，比如美国的二氧化硫排放权交易制度主要针对 111 个工厂。碳排放权交易制度由于需要设定排放权的分配方法，需要监督和执行复杂的排放权交易，所以较难执行。第六，有人认为，碳排放权交易制度推动技术革新的能力非常有限。第七，碳排放权交易制度容易导致热点问题，从而违背环境正义原则。

---

① 王慧，曹明德．气候变化的应对：排污权交易抑或碳税［J］．法学论坛，2011（1）：111－112.

7.2 碳 税

7.2.1 碳税的优点

7.2.1.1 简明

以美国为例，有待国会去讨论的碳排放权交易制度是《2008年气候安全法案》，它是一个非常复杂并且长达300多页的法案。其他碳排放权交易的提案也有这样长而复杂的条款，历经数百页。碳税提案的内容则要少得多，但也有一个比较长的提案，多达17页，它是由美国国会议员约翰·拉森发起的。

为什么碳排放权交易比碳税复杂得多呢？碳税本质上很简单，碳税是对主要的二氧化碳排放源按照每吨的碳含量征税，如煤、石油和天然气，但是像甲烷等并不包括在内。征收“上游”税，也就是从生产和进口开始征税，这意味着和以前相比，只有大约2000个纳税人（500个煤矿厂和进口商，750个石油生产商和进口商，还有750个天然气生产商和进口商）。碳信用将被给予碳捕获、利用与封存项目和其他的用于减少温室气体排放的项目，尽管这将需要以一种不削弱价格信号的方式或不增加更多复杂性的方式来解决，出口实行减免税。

碳排放权交易本质上更加复杂。排放上限也可以在“上游”企业征收，它的几个特点必然会导致这种复杂性。第一，为了设置排放的总量，需要确定一个基础线。第二，这个制度需要决定如何创设和分配配额，无论是通过免费分配还是拍卖的方式。免费分配就需要决定哪些行业能得到配额，而拍卖需要复杂的监督程序以防止作弊。第三，需要建立配额的交易机制并监督配额的交易情况，还需要设计一种机制以防止同一个配额被使用两次，需要对排放超标的企业设定惩罚机制。第四，如果配额需要与其他国家交易，国际配额交易也需要被监督。第五，为了防止成本的不确定性，碳排放权交易特有的复杂条款是关于配额的储备和预借，它们能提供安全阀（safety valve）。第六，对碳捕获、利用与封存项目和类似的项目应给予抵销，那比对碳税减免进行归因更加复杂。第七，大多数碳排放权交易的提案都包括和其他国家碳排放权交易相协调的条款，并惩罚没有控制温室气体排放政策的国家。

值得注意的是，在最初的提案阶段，在任何立法的修改和实施之前，对这两种制度内在复杂性的分析判断，我们可以得到的结论是碳排放权交易制度比碳税更复杂。这就是为什么国会议员拉森的碳税法案可以简单地设想在原有国内税法的消费税部分增加三个新的相对较短的部分即可，而碳排放权交易是一个新出现的制度。如果政府决心实施碳排放权交易，即使国会马上开始行动，也需要至少两年才能使整个程序在国会通过并实施，这是由于立法本身固有的迟延性。而碳税与之相比，却能被切实地制定并执行，这说明碳税也许更好，就如碳税和传统的管制方法相比一样，这些往往需要时间的检验。

此外，碳排放权交易固有的复杂性也使得它执行起来更困难。在碳排放权交易中，需要一个精心设计的制度来分配和交易配额，并确保配额的真实性（这是一项艰巨的任务，特别是如果被许可的配额不是本国的，而是其他国家的），如果污染企业排放的温室气体没有配额，那就应该受到处罚。为了实现这个目的，需要设立一个新的行政机构，或者至少是美国环保署（EPA）的一个新办事处，还要雇用相关专业的新员工。而碳税能被已有的国家税务局执行，它已具有在收缴其他消费税过程中积累的经验。

碳排放权交易也引起了附带的问题，这在碳税中是不存在的，例如，需要证券交易委员会去执行那些关于期货配额的规定。一个很好的例子就是关于税的两种政策。作为联邦税的碳税，它仅仅是征收并没有扣除。另外，碳排放权交易中的配额产生了大量的税务问题，免费分配配额的税是多少？配额交易的税率是多少？为了避免买卖配额所产生的税，配额的交换是否被允许？企业购买的价格高低应该根据它的配额而定吗？若是存在配额的预借和储备，那又该怎么收税？碳税中就不会出现这些问题。

7.2.1.2　税收收入

根据定义碳税能产生税收。在美国，10 美元/吨的碳含量是一个相对适中的税，估计每年能产生 500 亿美元的税收。美国能源保障信托基金法案设想了一个 16.5 美元/吨的税，相应地会产生更多的税收。而现有的联邦预算赤字，甚至更大的精算赤字可以证明，在总体上，税收已有提高。来源于碳税的税收应该被分离出来，用于解决碳税的负面效应和减少温室气体排放。一些关于碳税的建议会承诺“税收中立”，采取措施削除碳税的负面效应。我们认为负面效应必须加以解决，将来可以使用来自碳税的税收为可替代性能源的开发和更节能环保的汽车提供碳信用，因为研发需要资金，它常常供给不足，这些资金是由私人部门以碳税提供的。税收也可以用来支持碳捕获、利用与封存项目和其他减少温室气体排放的项目，像公共交通和绿色建筑。

从碳税中分离出部分税收，并利用这些税收来支持温室气体的进一步减排是合理的，因为它减少了环境效益的不确定性，这种不确定性是碳税和碳排放权交易相比最大的缺点。此外，分离税收通常可能会减少一些政治上的关于增加税收的反对意见，至少在某种程度上，这样的反对是基于一种感觉，认为政府是在浪费。

在理论上，如果拍卖所有的配额，碳排放权交易可以创造和碳税等量的税收。但在实践中，所有碳排放权交易的提议都在国会讨论，大多数的学术建议以及在美国和国外现有的碳排放权交易计划中，都包括一些免费分配的配额。例如，欧盟的碳排放权交易制度有 95% 的配额是免费分配的，大部分国会议员的提议中有一半以上的配额是免费的。原因很明显，对政客而言，一个重要的有吸引力的地方是：碳排放权交易虽然不可能创造出一个崭新的、稀缺的资源，但它们能被用来回报他们的选民和捐助者。如果配额是免费发放的，碳排放权交易产生的税收比碳税要少，这意味着没有过多的资金去支持研发碳捕获、利用与封存技术，以及其他温室气体的减排。

此外，免费分配的配额似乎不太可能会促进温室气体的最优减排。一些排放行业更乐于得到很多的配额，那将会影响交易价格。极端的方面，其结果就像曾在欧洲发生过的事情，政界人士创造了很多免费的配额，根本没有要求企业像往常那样减排，配额的价格崩溃了，欧盟未能按照《京都议定书》实现其减排的目标。

就碳税来说，和免费分配配额相类似的风险是税收减免，要承受相关产业所施加的压力。制定减免税的过程比制定免费分配配额的过程更透明。然而，对三个易受影响的行业（煤、天然气、石油）中的任何一个的减免税都将会被其他两个行业抵制，最终根本没办法实现减免。

7.2.1.3　成本确定性

碳税能保证成本的确定性，成本是税收的总量，无论税率是多少（例如，它是否能转嫁到消费者身上），成本不能超过税收总量。这使企业要提前做好计划，确保合法，如果提高的税率超过它本身的调整，这就需要国会再次投票表决，决定他们希望发生的结果。

碳排放权交易制度的缺点是成本的不确定性。而最初的配额可以是免费分配的。对排放企业而言，关键问题是需要获得配额来解决总量的减少，以确定未来配额的价格。现存的碳排放权交易制度，例如，针对氮氧化物的排放所建立的南加州回收制度，在 2000 年，它的配额价格猛涨，高达历史水平的 20 多倍。再如，欧盟温室气体排放交易机制（ETS），当免费分配太多配额的时候，配额的价格出现了崩溃，这说明碳排放权交易成本的不确定性问题。成本的不确定性给企业提前做计划带来了极大的困难。根本问题是减少碳排放权交易中的排放总量，这必然使配额变得更加昂贵。贵到何种程度取决于未来技术的发展，在很长一段时间（50 年或更长）里都不能准确地预测，这取决于碳排放权交易制度实现环境目标的程度。

碳排放权交易的支持者认为成本的不确定性可以通过规定来减小，这些额外的配额是留着将来使用，然而，现在就已在透支将来的配额。这些规定增加了碳排放权交易的复杂性，目前还不清楚它们是否会有效。在制度实施的早期，没有保留的配额。今后，随着配额的不足，当排放上限降低时，企业将面临透支配额的风险。

最终，唯一能防止碳排放权交易成本不确定性的方法是建立一个安全阀，如果市场价格变得太高，它将允许企业以固定的价格买或卖额外的配额。在美国国会中，有几个建议更倾向于内置安全阀。然而，安全阀的问题是其牺牲了确定的环境效益，这是碳排放权交易的主要优点。根据定义，当排放总量降低的时候，提供额外的配额，这意味着增加排放总量。

即使碳排放权交易制度从一开始就没有建立任何安全阀，追求环境利益的确定性可能是个误导。如果规定的排放总量比较少，并开始严重地威胁公司利益，同时配额的价格飞涨，人们就会期望当权者因为巨大的压力而停止降低排放总量。正在实施的碳排放权交易的环境利益确定性会因此变得不可能，而成本的不确定性则很明显。

7.2.1.4 信号传导

碳税给排放者发出了一个明确的信号：排放给他人带来了负外部性，排放者应该通过交税把负外部性内化到成本中。对于想要传达的信息，在理解上不会产生歧义。温室气体的排放是昂贵的，即使排放者愿意付出代价，他们也应该意识到他们正在增加的社会成本。

然而，碳排放权交易发送了一个截然不同并且更加模糊的信息。一方面，其目的是为了减少温室气体的排放；另一方面，为了实现这一目标，要么它通过允许排放者购买排放权（从政府那里或从彼此公司），要么通过获得免费排放的许可证。其隐含的信息是，政府允许你排放，只要你愿意付费。当然，不论是付费还是购买配额，传达的信息可能是一样的。如果是免费配额，情况可能就不同了。然而，名称是很重要的，称成本税和称购买价发送的是不同的信号，成本税表明有排放的权力。

诚然，大多数的活动导致了温室气体的排放，征收碳税直到最近才被认为是非常合理的，甚至是积极的。开车或乘飞机没有内在的道德价值，经营一家工厂能够创造就业机会。但是，我们现在知道这些活动需要额外的集体成本，对这些活动征税就是以一种明确的方式直接或间接地迫使我们认识到这个成本。允许排放者购买碳排放权并不传递相同的信号。

7.2.2 碳税的缺点

7.2.2.1 政治阻力

在美国2008年的选举中，两位总统候选人都支持碳排放权交易，其他领导人和许多学者也支持碳排放权交易，而不是碳税，一个主要的原因，它反映出了一种担心，因为碳税是一种税，所以制定碳税几乎是不可能的。大家还记得1993年克林顿和戈尔因为提出BTU税（按每百万英国热量单位耗能征税）的建议而遭受的命运，“BTU”已经在克林顿政府的老职员中留下深刻的记忆，提出不受欢迎的政治建议的政客就会是这样的结果。

然而，2009年，对于美国采取果断的行动减少温室气体排放，公众显示了极大的热情。当有人问到时，他们表示就像愿意支持碳排放权交易一样，也愿意支持碳税。如果新的管理者在2009年提出碳税，后果可能不像过去的经验所暗示的那样，尤其是，如果把税收用于减少温室气体的排放，尽管这是碳税面临的最大的现实挑战。

此外，碳排放权交易的反对者不可避免地会把它与碳税相比。如果排放配额被拍卖，或者他们不得不从私人那里购买，由此产生的成本可能会转嫁到消费者身上。因此，碳排放权交易不仅仅是比较复杂的问题，它也被看作是一种碳税，受到了同样的批评。它会迅速增加燃气的价格——这是每位选民都认同的说法。如果想要减少温室气体的排放，政客们会面对一个不可避免的阻力，他们是否要提出征收碳税或采取碳排放权交易的建议。

大部分对碳税的反对意见可能来自于有组织的团体，它们有可能得益于碳排放权交易。这包括那些很容易减少排放的工业集团，他们可以预算出由于卖掉未用完的排放配额而获得的收益。这能想象，华尔街由于从事了买卖配额和对冲期货交易风险，所以它将收取巨额的费用。然而，碳税也有它的支持者，主要是那些在碳排放权交易中遭受成本不确定性风险的产业集团，产业集团更乐于接受碳税，因为它能保证成本的确定性。

7.2.2.2 环境效益的不确定性

和碳排放权交易相比，碳税的主要的缺点是环境效益的不确定性。我们不能保证任何能考虑到的税收会使温室气体排放量减少到理想的状态。如果不能获得理想的环境效益，税率可能需要提高，这将导致新的政治上的阻力，它可能会阻止税收的增加，从而限制了碳税的环境效益。

然而，虽然碳税有环境效益不确定性的缺点，但碳税仍能被民众所接受，主要有如下几个原因：第一，如上所述，碳排放权交易实际上也可能存在类似的环境效益不确定性，因为当成本上升得太多，如果没有内置的安全阀，压力会使最初设定的排放总量得到调整。

第二，事实上，税率可以调整。其他税种的普遍经验表明，一旦征收碳税，尽管政治上会遭遇有关增加税收的反对意见，但通常提高它的税率不是特别困难。这也是为什么人们说，“一个老的税就是一个好的税”。美国所得税始于1913年，税率仅为1%，从那以后提高了很多次。增值税（VAT）是当前世界上最重要的税，已有100多个国家使用增值税，那时比现在的税率低得多。显而易见，只有提高碳税的税率，才能达到必要的减少温室气体排放的目的。历史经验表明，尽管要面对政治压力，只要选民们仍然认为有必要减排，税率还是可以提高的。

第三，既不是碳排放权交易，也不是碳税能真正实现环境效益的确定性，因为所需达到的排放水平（450ppm）是基于世界上所有国家的二氧化碳排放量，而不是几个国家的排放量。事实上，碳税和碳排放权交易在促进世界上所有国家的减排中都起到了重要的作用。所以，碳税和碳排放权交易都是减排的有效方法。除了上面所提到的原因外，碳税比碳排放权交易实行起来可能更快。

7.2.2.3 税收优惠

碳排放权交易的支持者认为，它比碳税更好，因为各集团为了获得成本上的减免，不得不使自己排在减排名单前面，然后作为决策的一部分，如何去分配配额，这是政治博弈的结果。他们也认为，碳税为受影响的行业制定永久性的优惠，这将遭受巨大的压力，同样，将削弱其减排效果，并加剧其环境效益的不确定性。事实上，现在我们还不清楚，碳税的减排效果是否真的会被任何税收优惠所削弱。

碳排放权交易的免费配额和碳税的税收优惠两者的比较，就如那些税收文献中经常讨论的直接补贴和间接补贴两者哪个更优一样。然而，传统的观点更青睐直接补贴，因为它们可能更透明和易于管理。最近达成的共识和过去相比已有所改变，两种不同类型的方法都同样透明，所以，最终的选择取决于管理者的想法。在碳排放权交易和碳税的讨论中，免费配额和税收减免之间的选择比较简单。税收减免根本不是必需的，如果它们被制定，也将相当透明，但还是免不了会受到很多批评。碳税由国家税务部门管理，这比较容易实现，而免费配额的分配和监督都要复杂得多。

7.2.2.4 国际协调

另一个所谓的碳排放权交易的优点和碳税的缺点就是碳排放权交易更容易与其他国家配合实施（例如，欧盟）。碳排放权交易的支持者设想在美国的碳排放权交易和欧盟的碳排放权交易之间直接转让排放配额，以及和其他潜在的碳排放权交易体系协调，例如，和加拿大、中国等。

随着时间的推移，如果碳排放权交易成为全球解决气候变化问题的主要办法，那么，将来国际协调问题可能会更重要。最初，欧盟碳排放权交易制度并不成功，因为有太多的配额被分配。此外，与他国碳排放权交易体系进行配额交易，很大程度上增加了实施碳排放权交易的困难。对外国的配额必须严格监督，以防止重大的作弊。这个问题在欧盟碳排放权交易制度中不断加剧，因为配额被分配到“下游”的许多排放企业。而碳税则不同，它很容易在进口时征收，在出口时退还。同样，它也适用于对国内生产的征收，而且它不会和 WTO 已有的规定产生较大的冲突。

7.3 碳税与碳排放权交易制度的评述及协同设想

为什么研究者们一直在比较着碳税和碳排放权交易制度孰优孰劣？为什么我们总在思考采用哪种制度来促进我国的碳减排才是最明智的？也许我们可以换个思路来考虑这个问题，如何将两者协同起来，创建第三条道路？这就涉及制度的顶层设计问题，如何在不同的领域设计不同的碳减排制度？又如何使两者相辅相成地为实现碳中和的目标发挥积极的作用？可以肯定的是，在我国仅靠碳排放权交易制度是很难在 2060 年实现碳中和。

这个问题的源起可能和斯特恩的一篇报告有关，2008 年，斯特恩在《气候变化经济学》中提出碳税与碳排放权交易两者是彼此替代的。如果碳税和碳排放权交易在一个国家或地区同时采用，就可能在建立明确和统一的碳价格上出现问题，导致信号混乱和效率低下①。碳排放权交易制度在全世界的快速发展，制约了碳税的进一步发展。之后的学者们就在此基础上进行了深入的研究，研究结果分成两类：一类认为碳排放权交易制度更优；另一类则认为碳税更优，很少有学者考虑建立一个两者相辅相成的协同机制。

我国在两者之间经过慎重的权衡，选择了先实行碳排放权交易，已建立了全国性的碳排放权交易机制，并颁布了《碳排放权交易管理办法》，于 2021 年 2 月 1 日起施行。现在我国还没有实行碳税，也许在等待一个

① Nicholas Stern. The Economics of Climate Change [J]. *American Economic Review*, 2008, 98 (2): 1-37.

合适的时机，而这个时机很快就会到来。我们应该提前做好相应的准备工作，两者在我国不同的领域中同时实行会出现哪些问题，又该如何采取相应的补救措施？哪些行业适用碳排放权交易制度，又有哪些领域更适用碳税？碳税的试点城市仍选择碳排放权交易的那些试点城市吗？

构建碳税和碳排放权交易两种制度之间的转换机制是一种很好的设想。我国在构建碳税制度的时候可以适当尝试赋予符合要求的企业享有碳税和碳排放权交易的自主选择权。政府可以制定碳税和碳排放权交易之间的转换机制，给予符合条件的排放者在两种模式之间自由选择的权利。由政府根据碳市场的实时情况制定转换比例，被纳入配额管理范围的企业可以将碳排放权交易费用按照相应的比例转换成碳税，碳税也可以按照相应的比例转换成碳排放权交易费用，这样可以显著提高固定税率的碳税制度的灵活性。符合要求的企业可以自主选择只缴纳碳税，或者只受碳排放权交易制度的约束，从而有效地削弱开征碳税的潜在政治阻力和企业的抵触情绪①。

以特定能源的使用量而不是二氧化碳的排放量为征税对象，可以减少碳税和碳排放权交易对同一个企业重复管控的概率，也能极大地缓解两种制度共存所造成的制度协同上的复杂程度。例如，英国将气候变化税（广义的碳税）的管控目标放在特定能源的使用量上，既可以避开碳排放权交易的重复管控，也不会影响英国政府的减排目标，因为各企业仍然会出于财政支出、成本合算的考虑，为了抑制能源的使用量而在生产过程中有意识地减少二氧化碳等温室气体的排放。我国可以借鉴英国的做法，将碳税的管控目标放在生产作业中会排放二氧化碳的能源的使用量上，从而促使企业积极限制能源的使用。

总之，这部分提供了一个碳税和碳排放权交易制度的比较，最终认为两者各有优势，且两者不相互排斥，可以在一个国家中同时存在，彼此相辅相成，共同为减少碳排放发挥作用。碳排放权交易适合电力、钢铁、水泥这样的大规模企业，而碳税更适合一些中小企业和个人，碳税和碳排放权交易相比更容易实现公平这一因素。国外有些国家就是两种制度同时存在（比如英国），共同为实现碳中和的目标在不同领域发挥各自的作用。笔者对两者的协同机制还在进一步研究中，还未完全设计出一种适合我国实际情况的模式。

---

① 龙英锋，丁鹤．英国气候变化税与碳排放权交易综合运用的经验及借鉴［J］．税务研究，2020（1）：82－85．

结　语

由以上分析可知，无论是在国内还是在国际上，碳税征收公平原则都是碳减排中一项非常重要的原则。在一国之内，碳税征收公平原则是碳税立法的指导原则，并对整个税收制度的公平发展起着促进作用；在国际上，“共同但有区别的责任”原则是碳税征收公平原则在国际碳减排中的具体化。《联合国气候变化框架公约》确立的“共同但有区别的责任”原则和公平原则，凝聚了国际社会的共识，反映了各国经济发展水平、历史责任、当前人均排放上的差异。

在国际环境问题研究中，国外的一些先进经验特别有借鉴价值，因为我们现在所面临的环境问题是发达国家曾经面对的问题，只是他们比我们早面对几十年。工业化的发展对环境必然要造成一定的破坏，在我们寻求解决办法的时候，发达国家对环境的治理已卓有成效。北欧国家的碳税法律制度已制定并实施了许多年，比较成熟和完善，非常值得我们借鉴。

国内对碳税的研究时间并不长，而且研究主要集中在碳税制度的构建上以及碳税征收对经济和碳排放的影响，对碳税基础理论的研究比较少，对碳税征收公平原则的研究就更少。碳税征收公平原则是个全新的概念，对其特殊性的总结概括没有可以参照的相关资料，这使研究的难度增大。每个关心“碳达峰”和“碳中和”的研究者都肩负着一种社会责任，面对气候的逐渐恶化，人类的生存面临着危险，“升温两度，自取灭亡”(two degrees，suicide)。

我国作为负责任的发展中大国，已加入了《联合国气候变化框架公约》，宣布中国将实行可持续发展战略，制定并出台了《中国环境与发展十大对策》。同时，出台了一系列政策以减少温室气体排放，应对气候变化。《中华人民共和国国民经济和社会发展第十二个五年规划纲要》（以下简称《国家“十二五”规划》）强调要积极应对全球气候变化，充分发挥先进技术的作用，坚持减缓和适应气候变化同等重要，完善相应政策体系，加强自身在应对气候变化方面的能力。党的十八届三中全会对此问题也十分重视，建设生态文明，必须建立系统完整的生态文明制度，用制度保护生态环境。要划定生态保护红线，健全自然资源用途管制制度和产权制度，实行生态补偿制度与资源有偿使用制度，改革保护环境的管理体制。

2004 年，中国开始实施节能中长期专项规划，到 2010 年的时候，总的节能量达 4 亿吨标准煤。2005 年，《中华人民共和国可再生能源法》出台了，制定的能源发展目标为：到 2020 年实现可再生能源占能源总量的 15%。《中国应对气候变化国家方案》于 2007 年 6 月颁布。同时，国家科技部联合国家发展和改革委员会、国家环保总局、教育部、外交部、财政部等部门发布了《中国应对气候变化科技专项行动》。《中华人民共和国节约能源法》于 2008 年颁布，《中华人民共和国循环经济促进法》于 2009 年实施，《中华人民共和国清洁生产促进法》于 2012 年实施，《中华人民共和国固体废弃物污染环境防治法》于 2013 年再次被修改。《碳排放权交易管理办法（试行）》已于 2020 年 12 月 25 日由生态环境部部务会议审议通过，自 2021 年 2 月 1 日起施行。

清洁发展机制（clean development mechanism，CDM）是一项有效的减排措施，2004 年开始进入中国，2005 年中国在联合国注册的 CDM 项目仅有 3 项，从 2006 年开始，全球的 CDM 发展很迅速。从清洁发展机制的 2013 年年度报告中可知，至 2013 年 10 月，全球已经注册的 CDM 项目共计 7366 个，其中，中国注册的 CDM 项目已经达到了 3726 个，占全球总量的 50.59%。

2009 年，国家发展和改革委员会能源研究所、国务院发展研究中心产业经济研究部、清华大学核能与新能源技术研究院联合发表了《2050 中国能源和碳排放报告》，该报告提出，碳税在发展低碳经济中是一项较好的选择，其他还包括能源税、燃油税、出口税（以遏制高能耗产品出口）、节能标准、节能监管、节能投入、可持续发展城市投资政策、国家投资引导政策、国家投资政策、地区发展政策、可再生能源政策、循环经济政策、消费方式引导政策、新技术开发政策等。

事实上，这些年我国碳减排已取得了一定成果，并且正在积极借鉴国外节能减排方面的先进经验，不断引进先进技术。但我们还应该看到自己的不足，根据《联合国气候变化框架公约》及其《京都议定书》的指引，依据《中国应对气候变化国家方案》及其执行白皮书的要求，不断完善我国碳减排制度。并对碳税作进一步的深入研究，寻找合适的时机将碳税引入我国的税收体制，而碳税征收公平原则应成为我国未来碳税法的基本原则。

笔者虽然在对碳税征收公平原则的研究中有一定的创新，但由于时间和精力有限，研究还不够深入，还有许多问题有待今后进一步研究。例如，各国对碳税法的相关规定，这还需要查找更多的外文文献。另外，美国总统拜登对碳减排的态度和美国碳减排政策未来会有怎样的改变以及对国际碳减排的影响。在国际碳减排中，如何排除障碍建立区域性的碳减排合作机制，我国在国际碳减排中所持有的立场以及建立怎样的碳减排法律应对机制等。本书关于蓝碳方面涉及的较少，以后会做进一步的研究。

参考文献

[1] Alfred Verdross & Herbert Franz Koeck. Natural law: The Tradition of Universal Reason and Authority [M]. The Hague: Martinus Nijhoff Publishers, 1983: 17-19.

[2] Benjamin Bureau. Distributional Effects of a Carbon Tax on Car Fuels in France [J]. *Energy Economics*, 2011 (33): 129.

[3] Bernard P. Herber & Jose T. Raga. An international carbon tax to combat global warming: an economic and political analysis of the European Union proposal [J]. *American Journal of Economics and Sociology*, 1995 (7): 87.

[4] Bert Metz, et al. Climate Change 2007: synthesis Report [R]. 2007: 142-147.

[5] British Columbia, Minister of Finance, Carbon Tax Rate Change, May 2009. http://www.rev.gov.bc.ca/documents_library/notices/Carbon_Tax_Rate_Change.pdf.

[6] Clean Development Mechanism Executive Board Annual Report 2013, http://unfccc.int/resource/docs/publications/pub_cdm_eb_annualreport_2013.pdf, accessed on March 10, 2014.

[7] D. Pearce. Economies, Equity and Sustainable Development, Futures (RU). 1988: 20.

[8] Donald Worster. Natures Economy A History of Ecological Ideas [M]. Cambridge University Press, 1994: 192.

[9] Frank Biermann, Rainer Brohm. Implementing The Kyoto Protocol without The USA: The Strategic Role of Energy Tax Adjustments at The Border[J]. *Climate Policy*, 2005 (4): 292.

[10] Gary C. Hutbauer & Carol Gabyzon. The Evolution of Border Tax Adjustments [R]. Report Prepared for the Center for Strategic Tax Reform, March 1993.

[11] GATT Panel Report, United States – Taxes on Petroleum and Certain Imported Substances (L/6175 – 34S/136), adopted on 17 June 1987, para. 3. 2. 7 – 3. 2. 11.

[12] George H. Sabine. A History of Political History [M]. New York: Holt, Rinehart and Winston, 1961: 164.

[13] Gilbert E. metcalf & David Weisbach. The Design of a Carbon Tax [J]. *Harvard Environmental Law Review* 2009 (2): 499 – 506.

[14] H. E. Daly, Beyond Growth: The Economics of Sustainable Development [M]. Beacon Press, 1996: 35.

[15] Hari M. Osofsky, Learning from Environmental Justice: A New Model for International Environmental Rights [J]. *STAN ENVTL.* L. J, 2005 (1): 71, 75 – 88.

[16] http: //www. gci. org. uk/, last accessed on June 12, 2014.

[17] Jennifer Hochschild. What's Fair: American Beliefs about Distributive Justice [M]. Harvard University Press, 1981: 106 – 111.

[18] Jody Freeman, Andrew Guzman. Climate Change and U. S. Interests [J]. *Columbia Law Review*, 2009 (109): 1531.

[19] John Dryzek. The Politics of the Earth [M]. Oxford: Oxford University Press, 1997: 145.

[20] Jonathan B. Wiener. Global Environmental Regulation: Instrument Choice in Legal Context [J]. *Yale law Journal*, 1999 (108): 677.

[21] Klok J., A. Larsen, A. Dahl and K. Hansen. Ecological Tax Reform in Denmark: History and Social Acceptability [J]. *Energy Policy*, 2006 (34): 905 – 916.

[22] Lenzen, M., Murray, J. & Sack, F. Wiedmann, T. Shared Producer and Consumer Responsibility – Theory and Practice [J]. *Ecological Economics*, 2007, 61: 27 – 42.

[23] Luiz Pinguelli Rosa & Mohan Munasinghe. Ethics, Equity and International Negotiations on Climate Change [M]. Edward Elgar Publishing Limit-

ed, 2002: 36 -46.

[24] Marjorie E. Kornhauser. Equality, Liberty and a Fair Income Tax [J]. *Fordham Urban*. L. J. , 1996 (23): 612.

[25] Martha Nussbaum. The Frontiers of Justice: Disability, Nationality Species Membership [M]. Cambridge: Belknap Press of Harvard University Press, 2006: 101.

[26] Nicholas Stern. The Economics of Climate Change [J]. *American Economic Review*, 2008, 98 (2): 1 -37.

[27] Note by the Secretariat, Taxes and Charges for Environmental Purposes - Border Tax Adjustment, WT/CTE/W/47, 2 May, 1997: 24.

[28] Peters, G. P. & Hertwich, E. G. CO_2 Embodied in International Trade with Implications for Global Climate Policy [J]. *Environmental Science & Technology*, 2008 (42): 1401 -1407.

[29] Peters, G. P. & Hertwich, E. G. Post - Kyoto Greenhouse Gas Inventories: Production Versus Consumption [J]. *Climatic Change*, 2008 (86): 51 -66.

[30] Peters, G. P. From Production - Based to Consumption - Based National Emissions Inventories [J]. *Ecological Economics*, 2008 (65): 13 -23.

[31] Pew Center on Global Climate Change. Equality and Global Climate Change: The Complex Elements of Global Fairness [R]. 1998, 10.

[32] Piero with M. H. Dobbed. , Works and Correspondence of David Ricardo [M]. Vol. IV: Pamplets and Papers. Cambridge University Press, 1951: 1815 -1823.

[33] Report of the Working Party established by GATT on 28 March 1968, Border Tax Adjustments (L/3464), Adopted on 2 December 1970, para. 4.

[34] Report of the Working Party established by GATT on 28 March 1968, Consolidated Document on the Examination of Practices of Contracting Parties in relation to Border Tax Adjustments (L/3389), 6 May 1970.

[35] Reuven S. Avi - Yonah, David M. Uhlmann. Combating Global Climate Change: Why a Carbon Tax is a Better Response to Global Warming than Cap and Trade [J]. *Stanford Environmental Law Journal*, 2009, 28 (3):

14 - 25.

[36] Robert Socolow & Stephen Pacala. Stabilization Wedges [J]. Science, 2004 (305): 968 - 972.

[37] Simon James & Christopher Nobes. The Economics of Taxation [M]. Philip Allan Publishers Limited, 1983: 84.

[38] Stefan Speck, The Design of Carbon and Broad - Based Energy Taxes in European Countries, in Janet E. Milne (ed.). The Reality of Carbon Taxes [M]. Indianapolis: Western Newspaper Publishing, 2008: 42.

[39] World Bank. International Trade and Climate Change - Economic, Legal, and Institutional 35 Perspectives, Overview [M]. World Bank Publications, 2007: 11.

[40] Zhang Zhongxiang & Lucas Assuncao. Domestic Climate Policies and the WTO [J]. *The World Economy*, 2004, 27 (3): 359 - 386.

[41] [奥] 凯尔森. 法与国家的一般理论 [M]. 沈宗灵译. 北京: 中国大百科全书出版社, 1996: 73.

[42] [法] 经济合作与发展组织. 税收与环境: 互补性政策 [M]. 张山岭, 刘亚明译. 北京: 中国环境科学出版社, 1996: 64 - 67.

[43] [法] 卢梭. 社会契约论 [M]. 何兆武译. 北京: 商务印书馆, 1980: 23.

[44] [法] 亚历山大·吉斯. 国际环境法 [M]. 张若思译. 北京: 法律出版社, 2000: 115.

[45] [美] J. 范伯格. 自由、权利和社会正义 [M]. 王守昌, 戴栩译. 贵州: 贵州人民出版社, 1998: 144.

[46] [美] 爱蒂丝·布朗·魏伊丝. 公平地对待未来人类: 国际法、共同遗产与世代间衡平 [M]. 汪劲等译. 北京: 法律出版社, 2000: 16 - 50.

[47] [美] 奥尔多·利奥波德. 沙乡年鉴 [M]. 侯文蕙译. 吉林: 吉林人民出版社, 1997: 197 - 199.

[48] [美] 本杰明·卡多佐. 法律的成长: 法律科学的悖论 [M]. 董炯等译. 北京: 中国法制出版社, 2002: 130.

[49] [美] 波斯纳, 韦斯巴赫著. 气候变化的正义 [M]. 李智, 张键译. 北京: 社会科学文献出版社, 2011: 30.

[50] [美] 博登海默．法理学——法哲学及其方法 [M]．邓正来，姬敬武译．北京：华夏出版社，1987：238.

[51] [美] 约翰·罗尔斯．正义论 [M]．何怀宏等译．北京：中国社会科学出版社，2009：47.

[52] [美] 霍尔姆斯·罗尔斯顿．环境伦理学 [M]．杨通进译．北京：中国社会科学出版社，2000：255.

[53] [美] 霍尔姆斯·罗尔斯顿．哲学走向荒野 [M]，刘耳，叶平译．吉林：吉林人民出版社，2000：4.

[54] [美] 凯斯，费尔．经济学原理（上）[M]．郭建青等译．北京：中国人民大学出版社，1994：618－619.

[55] [美] 里斯本小组．竞争的极限：经济全球化与人类的未来 [M]．张世鹏译．北京：中央编译出版社，2000：198.

[56] [美] 马斯格雷夫．财政理论与实践 [M]．邓子基，邓力平译．北京：中国财政经济出版社，2003：230－235.

[57] [美] 麦金太尔．谁之正义？何种合理性？[M]．北京：当代中国出版社，1996：56.

[58] [美] 威廉·D. 诺德豪斯．京都之后的生活：全球变暖政策的另一种选择 [J]．周军华译．北京：经济社会体制比较，2009（6）：18－21.

[59] [美] 阿瑟·奥肯．平等与效率 [M]．王奔洲等译．北京：华夏出版社，1999：90.

[60] [美] 彼得·斯坦．西方社会的法律价值 [M]．王献平译．北京：中国法制出版社，2004：71.

[61] [美] 斯蒂格利茨．经济学 [M]．北京：中国人民大学出版社，1997：517.

[62] [日] 富井利安．环境法的新展开 [M]．北京：法律文化社，1995：57.

[63] [日] 金子宏．日本税法 [M]．战宪斌等译．北京：法律出版社，2004：64.

[64] [日] 金子宏．日本税法原理 [M]．刘多田等译．北京：中国财政经济出版社，1989：47.

[65] [苏] 莫基切夫．政治学说史（上）[M]．北京：中国社会科

学院法学研究所编译室译．中国社会科学出版社，1979：164.

[66]［意］桑德罗·斯奇巴尼．正义和法［M］．黄风译．北京：中国政法大学出版社，1992：35.

[67]［瑞典］克里斯蒂安·阿扎．气候挑战解决方案［M］．杜珩，杜珂译．北京：社会科学文献出版社，2012：123.

[68]［英］Simon Blackburn．我们时代的伦理学［M］．梁曼莉译．南京：译林出版社，2009：53.

[69]［英］安东尼·吉登斯．气候变化的政治［M］．曹荣湘译．北京：社会科学文献出版社，2009：79－80.

[70]［英］哈耶克．通往奴役之路［M］．王明毅译．北京：中国社会科学出版社，1997：107.

[71]［英］霍布斯．利维坦［M］．黎思复，黎廷弼译．北京：商务印书馆，1985：269.

[72]［英］洛克．政府论（下篇）［M］．叶启芳，瞿菊农译．北京：商务印书馆，1964：78.

[73]［英］威廉·配第．配第经济著作选集［M］．北京：商务印书馆，1981：72.

[74]［英］锡德里克·桑德福．成功税制改革的经验与问题［M］．北京：中国人民大学出版社，2001：44－47.

[75]［英］亚当·斯密．国民财富的性质和原因的研究［M］．北京：商务印书馆，1981：38.

[76]［英］梅因．古代法［M］．沈景一译．北京：商务印书馆，1984：170.

[77]［英］穆勒．功用主义［M］．北京：商务印书馆，1957：48.

[78]［英］欧洲环境局．环境税的实施和效果［M］．刘亚明译．北京：中国环境科学出版社，2000：50－55.

[79]［英］帕特莎·波尼，埃伦·波义尔．国际法与环境［M］．那力，王彦志，王小钢译．北京：高等教育出版社，2007：693.

[80] 刘建伟．绿色发展与生态文明［M］．陕西：西安电子科技大学出版社，2020：11－13.

[81] 王吉春，宋婧．能源企业产业发展视域下我国碳税立法框架建议——结合加拿大英属哥伦比亚省碳税实施经验［J］．经济研究参考，

2019（7）：103－104.

［82］杜祥琬，谢和平，刘世锦．生态文明建设的重大意义与能源变革研究［M］．北京：科学出版社，2020：203－206.

［83］刘燕．新时代生态文明空间格局研究［M］．北京：中国社会科学出版社，2020：32－35.

［84］徐丽媛．生态补偿财税责任立法的国际经验论析［J］．山东社会科学，2017（3）：169－171.

［85］白书祥．对政府分配功能和税收分配功能的重新界定［J］．学习与探索，2004（2）：90－92.

［86］张书慧．税收公平的经济分析及路径选择［J］．地方财政研究，2018（8）：48－50.

［87］李捷．学习习近平生态文明思想问答［M］．浙江：浙江人民出版社，2020：89－91.

［88］陆雪飞．生态文明自然观的理论出场［M］．北京：人民出版社，2020：56－58.

［89］倪国锋．我国生态税制建设的困境与出路——基于公平视角的分析［J］．生态经济，2018（1）：214－215.

［90］贾卫列，刘宗超．生态文明：愿景、理念与路径［M］．厦门：厦门大学出版社，2020：22－24.

［91］侯欢．改革开放40年中国对外税收法律制度的现实与转型［J］．商业研究，2019（2）：140－142.

［92］蔡守秋．调整论——对主流法理学的反思与补充［M］．北京：高等教育出版社，2003：637.

［93］曹明德．气候变化的法律应对［J］．政法论坛，2009（4）：158－160.

［94］曹明德．生态法新探［M］．北京：人民出版社，2007：23－24.

［95］曹荣湘．全球大变暖：气候经济、政治与伦理［M］．北京：社会科学文献出版，2010：57－58.

［96］杨海燕．税收公平与正义：从书房到江湖——《税收公平与民间正义》译者荐评［J］．国际税收，2019（9）：76－77.

［97］潘文卿．碳税对中国产业与地区竞争力的影响：基于 CO_2 排放

责任的视角［J］. 数量经济技术经济研究，2015（6）：8－10.

［98］陈斌. 碳税边境调整的困境与发展［J］. 税务与经济，2011（1）：104－107.

［99］陈斌. 碳税边境调整的起因及主要争议［J］. 涉外税务，2011（3）：26－29.

［100］陈丹. 论税收正义：基于宪法学角度的省察［M］. 北京：法律出版社，2010：62.

［101］陈共. 财政学［M］. 北京：中国人民大学出版社，2009：222－230.

［102］陈红彦. 碳关税的合法性分析［J］. 法商研究，2013（4）：87－94.

［103］陈红彦. 碳税制度与国家战略利益［J］. 法学研究，2012（2）：84－100.

［104］陈泉生. 环境法学基本理论［M］. 北京：中国环境科学出版社，2004：214.

［105］［美］杰里米·里夫金. 零碳社会：生态文明的崛起和全球绿色新政［M］. 北京：中信出版社，2020：78－79.

［106］张云飞，周鑫. 中国生态文明新时代［M］. 北京：中国人民大学出版社，2020：90－92.

［107］方时姣. 建设生态文明发展绿色经济［M］. 北京：经济科学出版社，2020：123－125.

［108］陈泉生. 环境权之辨析［J］. 中国法学，1997（2）：61－69.

［109］陈少英. 生态税法论［M］. 北京：北京大学出版社，2008：126－128.

［110］程宏伟等. 自然契约、生态利润与企业可持续发展［J］. 中国工业经济，2010（6）：88－98.

［111］邓小平文选（第3卷）［M］. 北京：人民出版社，1993：373.

［112］邓远军. 中国所得课税管理研究［M］. 北京：中国财政经济出版社，2006：171.

［113］杜放，于海峰. 生态税循环经济可持续发展［M］. 北京：中国财政经济出版社，2007：94－95.

［114］生态环境部环境与经济政策研究中心. 生态文明理论与制度

研究［M］. 北京：中国环境出版社，2019：143－145.

［115］刘经纬. 中国生态文明建设理论研究［M］. 北京：人民出版社，2019：89－90.

［116］福建省国税局课题组. 欧盟间接税协调的回顾与启示［J］. 涉外税务，2006（3）：38－42.

［117］潘家华等. 生态文明建设的理论构建与实践探索［M］. 北京：中国社会科学出版社，2019：134－135.

［118］［德］魏伯乐，［瑞典］安德斯·维杰克曼. 翻转极限：生态文明的觉醒之路［M］. 上海：同济大学出版社，2019：97－98.

［119］高翔，牛晨. 美国气候变化立法进展及启示［J］. 美国研究，2010（3）：39－51.

［120］公丕祥. 论当代中国法制的价值基础［J］. 法制与社会发展，1995（2）：1－9.

［121］葛察忠. 王金南，高树婷. 环境税收与公共财政［M］. 北京：中国环境科学出版社，2006：138－141.

［122］张怡. 税收法定化：从税收衡平到税收实质公平的演进［J］. 现代法学，2015（3）：30－32.

［123］高志宏. 公平视角下的欧盟航空碳排放税研究［J］. 东方法学，2018（4）：26－28.

［124］常纪文. 生态文明体制改革与法治建设的理论和实践［M］. 北京：中国法制出版社，2019：60－62.

［125］燕芳敏. 现代化视域下的生态文明建设研究［M］. 山东：山东人民出版社，2016：114.

［126］李丰. 低碳经济战略视角下碳排放交易市场研究［J］. 四川轻化工大学学报（社会科学版），2020（2）：56－60.

［127］葛克昌. 所得税与宪法［M］. 北京：北京大学出版社，2004：86.

［128］古祖雪，陈辉萍. 国际法学专论［M］. 北京：科学出版社，2007：12－14.

［129］郭冬梅. 应对气候变化法律制度研究［M］. 北京：法律出版社，2010：51.

［130］郭锦鹏. 应对全球气候变化共同但有区别的责任原则［M］.

北京：首都经济贸易大学出版社.2014：124－125.

［131］崔伟宏等．中国绿色低碳发展的对策及国际碳税的审视［M］．北京：人民出版社，2019：89－91.

［132］陈渊鑫．全球环境正义视域中的国际碳税制度研究［M］．北京：中国政法大学出版社，2017：180－182.

［133］王文举，姚益家．碳税规制下地方政府与企业减排行为分析［J］．财经问题研究，2019（11）：40－41.

［134］蒋丹，张林荣，孙华平，方恺．中国征收碳税应对碳关税的经济分析——以美国为例［J］．生态学报，2020（1）：441－443.

［135］高鹏飞，陈文颖．碳税与碳排放［J］．清华大学学报，2002（10）：1335－1338.

［136］何建坤．低碳发展——应对气候变化的必由之路［M］．北京：学苑出版社，2010：85－86.

［137］侯作前．从税收法定到税收公平：税法原则的演变［J］．社会科学，2008（9）：112－117.

［138］侯作前．税收公平原则的系统分析及其价值定位［J］．山东财政学院学报，2003（3）：31－33.

［139］邵从清．辩证法视域下中国生态文明的国际话语建构［J］．南京师大学报（社会科学版），2016（5）：15－16.

［140］罗贤宇．“美丽福建”视域下生态文明建设协同治理探析［J］．福建论坛（人文社会科学版），2017（2）：205－206.

［141］胡鞍钢，管清友．中国应对全球气候变化的四大可行性［J］．清华大学学报，2008（6）：120－132.

［142］胡万种．也谈公平［J］．学术论坛，2000（2）：13－16.

［143］任超，赖芸池．税收显著性视域下我国碳税制度构建的路径分析［J］．财会月刊，2020（11）：149－151.

［144］魏守道，汪前元．基于碳排放责任视角的碳税征收方式选择［J］．商业经济与管理，2016（4）：72－73.

［145］霍军．收入分配差别与税收分配调节［J］．税务研究，2002（6）：51－55.

［146］贾康．中国与国际气候融资问题研究［M］．北京：当代中国出版社，2013：28－30.

［147］蒋冬梅．经济立法的生态化理念研究［M］．北京：中国法制出版社，2012：62.

［148］罗艺．生态文明建设视域下环境法的生态化转向［J］．甘肃政法学院学报 2017（4）：81－90.

［149］孙佑海．从反思到重塑：国家治理现代化视域下的生态文明法律体系［J］．中州学刊，2019（1）：56－57.

［150］金鑫，许毅．新税务大辞海［M］．北京：九洲图书出版社，1995：39.

［151］科姆波利·K．史密斯．基于社会契约理论的动物伦理［J］．南京林业大学学报，2010（2）：79－87.

［152］梁慧星．民法总论［M］．北京：法律出版社，2007：47－48.

［153］厉以宁．经济学的伦理问题［M］．北京：生活·读书·新知三联书店，1995：3－4.

［154］拉米表示世贸组织尚未向碳关税开绿灯［N］．中国气象报，2009－09－15（3）．

［155］雷芸．环境税正义论［D］．西南政法大学博士学位论文，2009.

［156］李昌麒．经济法学［M］．北京：法律出版社，2008：81－82.

［157］李昌麒．寻求经济法真谛之路［M］．北京：法律出版社，2005：93－95.

［158］李昌麒，应飞虎．论需要干预的分配关系——基于公平最佳保障的考虑［J］．法商研究，2002（5）：8－10.

［159］蔡春光．能源要素替代及碳税政策效果分析［M］．北京：经济科学出版社，2016：90－93.

［160］鲁敏．生态文明建设中地方政府的权责配置研究［M］．北京：中国社会科学出版社，2019：153－155.

［161］李传轩．环境税法律制度研究［D］．华东政法大学博士学位论文，2008.

［162］李传轩．欧盟航空碳税的正义性拷问［J］．检察风云，2012（3）：39.

［163］李传轩．气候变化背景下的碳税立法：必要性与可行性［J］．甘肃政法学院学报，2010（3）：11－15.

[164] 李传轩．生态经济法——理念革命与制度创新［M］．北京：知识产权出版社，2012：118－120.

[165] 李芙蓉，郭红雨．100多位美国市长聚焦“碳税”［N］．中国税务报，2007－11－14（5）．

[166] 伍红．节能减排税收政策研究：基于生态文明的视角［M］．北京：经济管理出版社，2019：178－180.

[167] 黄锡生．生态文明视阈下的环保监管模式创新研究［M］．北京：中国社会科学出版社，2019：55－57.

[168] 李刚．税法公平价值论［A］．刘剑文．财税法论丛［C］．北京：法律出版社，2002：511.

[169] 李齐云，商凯．二氧化碳排放的影响因素分析与碳税减排政策设计［J］．财政研究，2009（10）：41－44.

[170] 刘剑文．WTO体制下中国税收政策合法化问题研究［M］．北京：法律出版社，2007：202.

[171] 刘艳萍．生态文明视域下煤炭企业环境成本控制模型研究［J］．财会通讯，2018（1）：74.

[172] 郝永平，吴江华．习近平生态文明思想的鲜明特色——社会结构理论视域下的生态文明建设［J］．中共中央党校学报，2018（3）：11－12.

[173] 刘剑文．财税法学［M］．北京：高等教育出版社，2004：129.

[174] 刘剑文．财政税收法［M］．北京：法律出版社，1997：180.

[175] 刘剑文．税法专题研究［M］．北京：北京大学出版社，2002：91.

[176] 李志伟，赵志峰．生态文明视域下县域城镇低碳发展的创新思路［J］．科学管理研究，2018（1）：56.

[177] 蒋云飞．论生态文明视域下的环境“两法”衔接机制［J］．西南政法大学学报，2018（1）：70－72.

[178] 刘洁．有失公平，法国碳税法案遭否决［N］．中国税务报，2010－02－10（7）．

[179] 刘京希．法律文化中的生态与反生态——以政治生态理论为视域［J］．江海学刊，2004（3）：106－113.

[180] 刘喜丽．税收促进节能减排研究［D］．博士学位论文，山东

大学，2010.

[181] 刘作翔．公平：法律追求的永恒价值——法与公平研究论纲 [J]．天津社会科学，1995（5）：99－104.

[182] 练晓月．生态文明背景下我国环境税征收现状与发展——评《生态文明背景下我国环境税征收改革研究：基于政治经济学的视角》[J]．水利水电技术，2020（6）：202.

[183] 李鹏，魏巍贤．生态文明建设视角下征收环境税对河北省的宏观经济影响 [J]．中国人口·资源与环境，2016（26）：374.

[184] 吕忠梅．环境法 [M]．北京：高等教育出版社，2009：197－199.

[185] 吕忠梅．论环境使用权交易制度 [J]．政法论坛，2000（4）：126－128.

[186] 吕忠梅．再论公民环境权 [J]．法学研究，2000（6）：129－139.

[187] 崔恩帅，李章印．比较视域下习近平生态文明思想的四重超越 [J]．贵州社会科学，2019（9）：26－27.

[188] 柴自贵．生态文明建设视域下的政府工作报告（2014—2019）考察 [J]．中学政治教学参考，2019（1）：20－23.

[189] 马克思恩格斯全集（第3卷）[M]．北京：人民出版社，1960：147.

[190] 林秀群．生态文明之碳均衡 [M]．北京：冶金工业出版社，2019：67－69.

[191] 马克思恩格斯选集（第2卷） [M]．北京：人民出版社，1972：539.

[192] 马世骏，王如松．社会—经济—自然复合生态系统 [J]．生态学报，1984（1）：1－9.

[193] 孟强．米歇尔·塞尔论自然契约 [J]．世界哲学，2011（5）：133－139.

[194] 闵丽男．11部门要求贯彻实施《节约能源法》 [N]．中国税务报，2008－09－05（2）.

[195] 温湖炜，钟启明．环境保护税改革能否撬动企业绿色技术创新——来自中国排污费征收标准变迁的启示 [J]．贵州财经大学学报，

2020（3）：99－100.

［196］那力，杨楠．加强国际法对气候变化安全威胁的应对：减缓、适应、资金与技术援助［J］．法治研究，2010（6）：46－49.

［197］牛津高阶英汉双解词典［M］．北京：商务印书馆，1997：1280.

［198］潘家华．低碳转型——践行可持续发展的根本途径［M］．北京：学苑出版社，2010：92.

［199］潘伟尔．我国能源管理体制问题的讨论［J］．中国能源，2002（9）：9－10.

［200］彭红枫，吴阳．碳税对我国区域经济发展的影响［J］．技术经济，2011（2）：88－92.

［201］秦大河．减缓气候变化的经济分析［M］．北京：气象出版社，2003：134.

［202］齐延平．法的公平与效率价值论［J］．山东大学学报，1996（1）：69－73.

［203］何娟．社会主义生态文明视域下的绿色生活方式［J］．哈尔滨工业大学学报（社会科学版），2019（1）：121－122.

［204］任际．财政法的正义价值判断与选择［J］．法学，2011（04）：66－72.

［205］尚杰．《社会契约论》导读［M］．成都：四川教育出版社，2002：114－116.

［206］沈宗灵．法理学［M］．北京：北京大学出版社，2003：52－54.

［207］施正文．论征纳权利——兼论税权问题［J］．中国法学，2002（6）：144－150.

［208］单飞跃．经济法基本原则研究［A］．李昌麒．经济法论坛［C］．北京：群众出版社，2003：126.

［209］苏明，傅志华等．我国开征碳税的效果预测和影响评价［J］．经济研究参考，2009（72）：24－28.

［210］苏明，傅志华等．中国开征碳税的障碍及其应对［J］．环境经济，2011（4）：10－23.

［211］苏明，傅志华等．中国开征碳税理论与政策［M］．北京：中国环境科学出版社，2011：6－8.

[212] 罗明，范如国，张应青朱超平．环境税制下政府与企业环境治理协同行为演化博弈及仿真研究 [J]．技术经济，2019 (11)：86 - 87.

[213] 苏明等．碳税的国际经验与借鉴 [J]．经济研究参考，2009 (72)：17 - 23.

[214] 孙国华，宋景文．法理学 [M]．北京：中国人民大学出版社，1999：274 - 279.

[215] 孙尚清．商务国际惯例总览（财政税收卷）[M]．北京：中国发展出版社，1994：382.

[216] 宋一欣．碳税及其法律制度 [N]．国际商报，2010 - 10 - 27 (16).

[217] 汪曾涛．碳税征收的国际比较与经验借鉴 [J]．理论探索，2009 (4)：68 - 71.

[218] 王鸿貌，陈寿灿．税法问题研究 [M]．杭州：浙江大学出版社，2004：55.

[219] 王鸿貌．税收公平原则新论 [J]．浙江学刊，2005 (1)：178 - 180.

[220] 陆小成．生态文明视域下的技术批判与低碳创新观 [J]．中国科技论坛，2016 (6)：110 - 112.

[221] 刘珊．税收共治视野下环境税涉税信息共享最优规则 [J]．南京工业大学学报（社会科学版），2019 (5)：88 - 89.

[222] 王慧，曹明德．气候变化的应对：排污权交易抑或碳税[J]．法学论坛，2011 (1)：110 - 115.

[223] 王金南，严刚．应对气候变化的中国碳税政策研究 [J]．中国环境科学，2009 (1)：101 - 105.

[224] 王相坤．税收公平的法价值分析 [J]．河北学刊，2007 (5)：172 - 174.

[225] 王宇松．碳关税法律制度研究 [D]．安徽大学博士学位论文，2012.

[226] 王淑芳．碳税对我国的影响及其政策响应 [J]．生态经济，2005 (10)：66 - 69.

[227] 王珉，聂利彬．低碳经济研究现状述评 [J]．山东大学学报，

2011 (2): 66 – 76.

[228] 魏涛远，格罗姆斯洛德．征收碳税对中国经济与温室气体排放的影响 [J]. 世界经济与政治，2002 (8): 47 – 49.

[229] 吴兑．温室气体与温室效应 [M]. 北京：气象出版社，2003: 6 – 11，157 – 162.

[230] 吴卫星．从哥本哈根会议透视全球气候变化法律规制中的几个问题 [J]. 南京大学学报，2010 (5): 44 – 51.

[231] 邱高会，丁明刚．生态文明视域下低碳发展水平评价及预测——以四川省为例 [J]. 生态经济，2016 (11): 206 – 208.

[232] 吴晓晖．论宏观调控决策的法律调整 [D]. 华东政法大学博士学位论文，2010.

[233] 谢鹏程．基本法律价值 [M]. 济南：山东人民出版，2000: 56.

[234] 邢丽．碳税的国际协调 [M]. 北京：中国财政经济出版社，2010: 25 – 30.

[235] 徐孟洲．论税法原则及其功能 [J]. 北京：中国人民大学学报，2000 (5): 87 – 94.

[236] 徐祥民．环境权论——人权发展历史分期的视角 [J]. 中国社会科学，2004 (4): 125 – 138.

[237] 肖江平．中国经济法学史研究 [M]. 北京：人民法院出版社，2002: 228 – 229.

[238] 夏璐．浅议“后哥本哈根时代”中国碳税之路 [J]. 贵州警官职业学院学报，2010 (4): 96 – 98.

[239] 熊彬．基于低碳经济背景的碳税立法思考 [J]. 江西社会科学，2011 (6): 171 – 175.

[240] 杨斌．治税的效率和公平 [M]. 北京：经济科学出版社，1999: 240.

[241] 杨姝影，蔡博峰等．国际碳税研究 [M]. 北京：化学工业出版社，2011: 76.

[242] 杨松．法治与和谐社会的构建 [J]. 辽宁法治研究，2007 (3): 43.

[243] 杨兴，刘最跃．我国气候变化立法的缺陷及其对策分析[J].

时代法学.2006（2）：68－74.

［244］张津，刘建，韩鹏飞．我国税收制度现代化的推进路径选择——基于公平维度的比较分析［J］．税收经济研，2019（4）：9－10.

［245］杨紫烜．经济法［M］．北京：北京大学出版社、高等教育出版社，2006：420.

［246］姚怡昕．关于应对全球气候变化的碳税等相关问题研究［R］．博士后研究工作报告，东北财经大学，2009.

［247］雍灵．经济法视野中的公平［D］．西南政法大学博士学位论文，2006.

［248］袁曙宏．统一公法学原论——公法学总论的一种模式（上）［M］．北京：中国人民大学出版社，2005：5.

［249］张会萍．环境税及其国际协调［D］．厦门大学博士学位论文，2002.

［250］张济建，丁露露，孙立成．考虑阶梯式碳税与碳交易替代效应的企业碳排放决策研究［J］．中国人口·资源与环境，2019（11）：44－46.

［251］张建伟，蒋小翼等．气候变化应对法律问题研究［M］．北京：中国环境科学出版社，2010：69.

［252］张建伟，钟钦才．论碳税制度在中国的构建［J］．公民与法，2010（7）：14－16.

［253］张建伟．气候正义与气候变化的国际法律应对［J］．武大国际法评论，2010（2）：285－296.

［254］张明文等．碳税对经济增长、能源消费与收入分配的影响分析［J］．技术经济，2009（6）：48－51.

［255］张明喜．我国开征碳税的CGE模拟与碳税法条文设计［J］．财贸经济，2010（3）：61－66.

［256］张守文．宏观调控权的法律解析［J］．北京大学学报，2001（3）：123－131.

［257］张守文．税法原理［M］．北京：北京大学出版社，2001：32－50.

［258］李雪慧，李智，王正新．中国征收碳税的福利效应分析——基于2013年中国家庭收入调查数据的研究［J］．城市与环境研究，2019

(4)：66－68.

[259] 张文显．法理学［M］．北京：高等教育出版社，2003：108－119，142－152.

[260] 张文显．法哲学范畴研究［M］．北京：中国政法大学出版社，2001：116.

[261] 王传玲，杨建民．资本逻辑与生态文明［M］．山东：山东人民出版社，2019：67－69.

[262] 张晓君．国家税权的合法性问题研究［M］．北京：人民出版社，2010：110－112.

[263] 杨朝霞．生态文明观的法律表达［M］．北京：中国政法大学出版社，2020：93－95.

[264] 张忠伦，万思志．自然价值的伦理精神［J］．自然辩证法研究，2006（4）：1－4.

[265] 张梓太．关于我国碳税立法的几点思考［J］．法学杂志，2010（2）：98－100.

[266] 赵君．碳税征收公平原则的实现［J］．人民论坛，2014（6）：87－89.

[267] 赵君．我国碳税研究综述［J］．生态经济，2014（3）：76－79.

[268] 中国气候变化国别研究组．中国气候变化国别研究［M］．北京：清华大学出版社，2000：291－292.

[269] 中国社会科学院语言研究所词典编辑室．现代汉语词典[M]．北京：商务印书馆，2005：1702.

[270] 何锦前．生态文明视域下的环境税收法治省思——从平移路径到并行路径［J］．法学杂志，2020（3）：95.

[271] 钟钦才．基于气候变化的我国碳税法律制度研究［D］．河南大学硕士学位论文，2011.

[272] 周剑，何建坤．北欧国家碳税政策的研究及启示［J］．环境保护，2008（22）：70－73.

[273] 周全林．税收公平研究［M］．南昌：江西人民出版社，2007：73.

[274] 周新．国际贸易中的隐含碳排放核算及贸易调整后的国家温

室气体排放 [J]. 管理评论, 2010 (6): 17 - 23.

[275] 刘画洁. 个人碳排放行为的法律规制——以碳中和理念为中心 [J]. 江淮论坛, 2012 (07): 23 - 28.

[276] 刘画洁. 个人碳中和法律制度的环境正义问题探究 [J]. 山东社会科学, 2012 (09): 109 - 112.

[277] 邵忍丽. 欧洲拟在 2050 年前实现碳中和 [J]. 生态经济, 2020 (02): 1 - 4.

[278] 郑秀君. 碳达峰、碳中和目标下绿色债券环境效益测算研究——以资源循环利用项目环境效益为例 [J]. 价格理论与实践, 2020 (10): 109 - 113.

[279] 张雅欣, 罗荟霖, 王灿. 碳中和行动的国际趋势分析 [J]. 气候变化研究进展, 2020 (12): 88 - 97.

[280] 郭新双. 大力发展绿色金融 助力实现碳中和目标 [J]. 清华金融评论, 2021 (01): 44 - 46.

[281] 刘满平. 我国实现"碳中和"目标的意义、基础、挑战与政策着力点 [J]. 价格理论与实践, 2021 (02): 421 - 426.

[282] 李俊峰, 李广. 碳中和——中国发展转型的机遇与挑战[J]. 环境与可持续发展, 2021 (02): 50 - 57.

[283] 安国俊. 碳中和目标下的绿色金融创新路径探讨 [J]. 南方金融, 2021 (02): 3 - 12.

[284] 廖虹云, 康艳兵, 朱松丽. 碳中和: 国际社会在行动 [J]. 中国发展观察, 2021 (03): 59 - 62.

[285] 李宗瀚, 王建良, 冯连勇. "碳中和" 博弈里的中国机遇 [J]. 能源, 2021 (03): 33 - 36.

[286] 王涵宇, 吴思萱等. 德国推进碳中和的路径及对中国的启示 [J]. 可持续发展经济导刊, 2021 (03): 27 - 30.

[287] 丁烈云. 尽快完善碳达峰、碳中和立法 推动我国绿色低碳健康发展 [J]. 中国勘察设计, 2021 (03): 18 - 19.

[288] 陈婉. 碳达峰碳中和激活绿色金融发展新空间 [J]. 环境经济, 2021 (03): 28 - 31.

[289] 杨长进, 田永, 许鲜. 实现碳达峰、碳中和的价税机制进

路［J］. 价格理论与实践，2021（03）：20－26.

［290］张昕. 以碳达峰、碳中和为引领 深化建设全国碳排放权交易市场［J］. 中国生态文明，2021（04）：66－67.

［291］巢清尘. “碳达峰和碳中和”的科学内涵及我国的政策措施［J］. 环境与可持续发展，2021（04）：14－19.

［292］王遥，包婕，金蕾. 绿色金融支持绿色低碳发展的作用与路径［J］. 金融纵横，2021（04）：23－27.

［293］常纪文，田丹宇. 应对气候变化法的立法探究［J］. 中国环境管理，2021（04）：16－19.

［294］刘丛丛，吴建中. 走向碳中和的英国政府及企业低碳政策发展［J］. 国际石油经济，2021（04）：83－91.

［295］杨解君. 实现碳中和的多元化路径［J］. 南京工业大学学报（社会科学版），2021（04）：14－25.

［296］王遥，吴祯姝. 绿色金融助力实现碳中和［J］. 中国经济评论，2021（05）：44－47.

［297］谢超，李瑾，徐恩多. 构建“碳市场为主，碳税为辅”的碳定价体系［J］. 国际金融，2021（05）：20－31.

［298］杨博文.《巴黎协定》后国际碳市场自愿减排标准的适用与规范完善［J］. 国际经贸探索，2021（06）：102－112.

［299］冯帅. 论“碳中和”立法的体系化建构［J］. 政治与法律，2022（02）：15－29.

［300］孙佑海，王甜甜. 推进碳达峰碳中和的立法策略研究［J］. 山东大学学报，2022（01）：157－166.

［301］加快气候变化立法，助力“双碳”目标实现［N］. 科技日报，2021－08－16（008）.

［302］吴斌等. 复合的碳税和碳排放权交易政策：欧盟的经验与启示［J］. 广西师范大学学报，2020（07）：84－94.

［303］李宗录. 碳封存侵权责任研究［M］. 北京：光明日报出版社，2016：3－4.

［304］毛涛. 碳税立法研究［M］. 北京：中国政法大学出版社，2013：28－29.

［305］陈迎，巢清尘编．碳达峰碳中和 100 问［M］．北京：人民日报出版社，2021：3－4.

［306］孙永平编．碳排放权交易概论［M］．北京：社会科学文献出版社，2016：15－17.

后　记

寒来暑往，匆匆数载。在辽宁大学读博士期间，有太多让自己感动的人和感动的事，这段经历是我人生中的一笔宝贵财富。

首先，最应该感谢的是我的恩师任际教授，在我读博士期间，她不仅在学习上谆谆教诲，而且在生活上悉心关怀。虽然她平时工作繁忙，却给了我许多无私的帮助，这份感激是无法用语言来表达的。从论文的选题、开题到预答辩，导师倾注了太多的心血与汗水，我的每一点进步都与导师的培养和指导分不开。曾记得在校园里的长凳前，她耐心地为我指导外文报告，从题目调整到布局谋篇。也曾记得她对我说："只要不断努力，不断进取，就会有一点一滴的收获。"学生一定铭记在心，在今后的学术道路上，我会怀一颗感恩的心踏踏实实地走好每一步。

同时，非常感谢辽宁大学法学院的杨松教授、郭洁教授、石英教授和张锐智教授，正是由于各位导师在学习上的指导和帮助，才使我能顺利完成学业。记得杨松教授给我们讲解撰写论文综述的方法，在我写毕业论文的时候受益颇多。还要特别感谢邱本教授对我论文提出的中肯建议，一直记得他对我说的话："一定要围绕着问题来写"。在此学生对各位恩师表示深深的谢意！

感谢培养过我的辽宁大学法学院和法学院的每一位老师，张晓飞老师给每一位同学留下的都是感动。感谢武警沈阳指挥学院林军政委对我的关怀与鼓励，他是一位严肃的领导，也是一位和蔼可亲的朋友。感谢我的挚友隋丽，每当我遇到困难时，她都会及时伸出援手，三十多年的相伴相随，从乡村小镇到繁华都市。在写作论文的过程中，得到了王慧、胡荣、毕琳琳、李新仓、卢显洋、索玲玲、郑萍、赵素艳、郭金良、卢岩、马喆等同学好友的鼓励与帮助，感谢有你们一路相伴！

我要特别感谢我的家人和朋友，没有他们的理解和支持，我很难走过这段长长的求学路。在我撰写论文的过程中，学习并引用了国内外大量珍贵的文献和学术观点，在此亦表示衷心的感谢和崇高的敬意！也要感谢本书的责任编辑卢关平，在整个书稿交付印刷过程中做了很多工作、付出了努力！

最后，由于作者水平有限，文中难免有错漏之处，敬请各位专家、学者和读者朋友批评指正！

赵 君

2022 年初春